Ulrich Remanofsky

●

Die wilden Alten

Ulrich Remanofsky

Die wilden Alten

Bibliografische Information der Deutschen Nationalbibliothek Die Deutsche Nationalbibliothek verzeichnet diese Publikation in der Deutschen Nationalbibliografie; detaillierte bibliografische Daten sind im Internet über http://dnb.d-nb.de abrufbar.

ISBN: 978-3-902656-30-8

Es wird darauf verwiesen, dass alle Angaben in diesem Buch trotz sorgfältiger Bearbeitung ohne Gewähr erfolgen und eine Haftung des Autors oder des Verlags ausgeschlossen ist.

1. Auflage, 2021, Printed in Austria

Umschlagbild: Der 96-jährige Schweizer Bergsteiger Marcel Remy in den Kletterfelsen von Saint-Loup, nördlich von Lausanne

6323 Bad Häring, Kötsching 9,
Tel.: +43/5332/850 49
www.alpinverlag.at

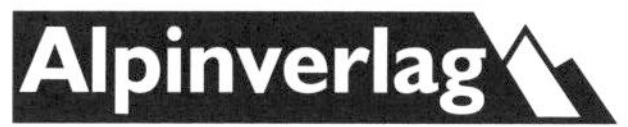

Danksagung

Ich bedanke mich bei allen Protagonisten dieses Buches sehr herzlich für die tatkräftige Unterstützung, das Vertrauen und die viele Zeit, die sie mir geopfert haben: Bernd Arnold, Peter Habeler, Oswald Oelz, Claude Remy, Marcel Remy, Yves Remy, Pit Schubert, Walter Spitzenstätter, Manfred Sturm und Otti Wiedmann.

Mein Dank gilt außerdem

Prof. Dr. Dr. Martin Burtscher (A), Dr. Felix Butzlaff (D), Julia Busse (A), Simon Messner (I) und Hans Tobler (CH) für ihre Textbeiträge

Daniel Anker (CH), Klaus Brodersen (D), Peter Brunnert (D), Gilles Christoph (F), David Haefeli (CH), Reinhold Messner (I), Sabine Remanofsky (F), Dr. Dietrich Sturm (D), Robert Troier (A), Jürgen Winkler (D) für die Überlassung von Fotos und/oder für wichtige Hinweise

den beiden Geschäftsführern des Alpinverlags, Andreas Jentzsch und Axel Jentzsch-Rabl, für die Idee zu diesem Buch und die wohlwollende Unterstützung des Projekts

und nicht zuletzt meiner Frau Monique für ihre Nachsicht und Geduld, wenn ich immer wieder mit meinem Buchprojekt beschäftigt war.

Inhalt

Vorwort

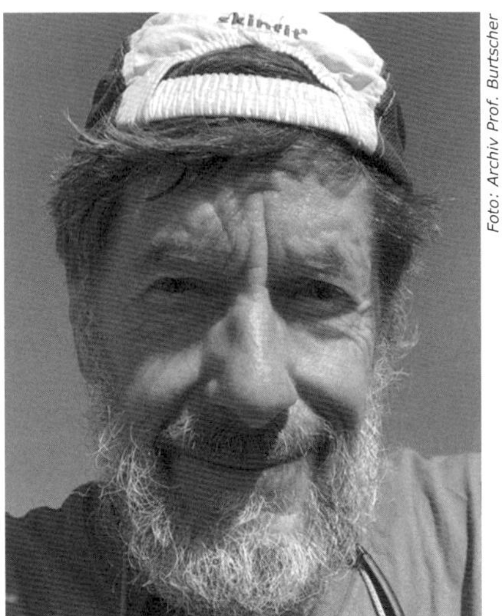

Prof. Burtscher während einer Bergtour

Berge üben seit jeher eine besondere Faszination auf den Menschen aus und Klettern zählt zu den Grundformen menschlicher Bewegung, was an den Bewegungsvorlieben von Kindern leicht zu erkennen ist. Allerdings schrumpft die Personengruppe, die Klettern im vorgerückten Erwachsenenalter oder gar in hohem Alter noch ausübt, beträchtlich. Besonders letztere haben einerseits die mit dem Bergsteigen verbundenen Gefahren mehr oder weniger wohlbehalten überstanden und andererseits die dafür notwenigen Fertigkeiten aufrechterhalten. Während das eine oft glückliches Schicksal ist, steckt hinter dem anderen natürlich die Freude am Bergsport, aber meist auch lebenslange harte Arbeit, Enthaltsamkeit und ein unbändiger Wille. Der enge Zusammenhang zwischen regelmäßiger körperlicher Aktivität, Fitness und gesundem Altern ist heute wissenschaftlich überzeugend belegt.

George Vaillant, Professor an der Harvard Medical School, fasste die Ergebnisse seiner vielbeachteten Langzeitstudie zum Alterungsprozess so zusammen: „Erfolgreiches Altern liegt nicht so sehr in den Sternen und unseren Genen als vielmehr an uns selbst". Er macht damit klar, dass gesund und zufrieden alt zu werden, nicht unwesentlich auch von unserem persönlichen Einsatz abhängt. Wenn Marcel Remy mit fast 100 Jahren noch Routen im 5. Schwierigkeitsgrad klettert, ist dies zweifellos das bewundernswerte Ergebnis seines lebenslangen Engagements für den Kletter-/Bergsport und eine dafür förderliche Lebensweise.

Die bergsportliche Tätigkeit umfasst 3 wesentliche Aspekte, die zu gesundem Altern besonders beitragen:

1. Fitness durch Ganzkörperbelastung,
2. soziale Kontakte
3. Naturerlebnis

Bergsteigen und Klettern beanspruchen und trainieren den gesamten Skelettapparat, den Energiestoffwechsel, Herzkreislauf und Atmung, Gleichgewicht und Koordination. Damit verbunden sind nicht nur ein außerordentlicher Fitnessgrad und entsprechend hohe Lebensqualität, sondern auch wirkungsvolle Vorbeugung von Herzkreislauf- und Stoffwechselerkrankungen sowie Muskel- und Knochenabbau. Neben reduzierten Herzkreislauf-Risikofaktoren fördern laufend neue Bewegungsaufgaben auch kognitive Prozesse und können Demenzerkrankungen entgegenwirken.

Bergsport wird in den meisten Fällen zusammen mit anderen Personen ausgeübt und verhindert so soziale Isolation. Gerade für allein lebende Senioren stellt gemeinsames Klettern in der Halle oder im Gebirge eine motivierende Möglichkeit dar, seine alte Leidenschaft weiter zu leben. Und wenn Klettern aufgrund gesundheitlicher Einschränkungen nicht mehr möglich ist, so schaffen auch Bergwanderungen in der Gruppe soziale Nähe und fördern das Zusammengehörigkeitsgefühl.

Bergsteigen ist Naturerleben. Bisher meist unterschätzt wird die Wirkung der Natur auf die menschliche Gesundheit. Untersuchungen belegen, dass Menschen, die sich häufiger in der Natur (Berggebiete, Grünflächen, Wald) aufhalten, weniger erkranken und gesünder altern als jene, die diese Möglichkeit nicht haben oder nutzen. Die damit verbundene positive Beeinflussung des autonomen Nervensystems und des allgemeinen Wohlbefindens zählen zu den bekannten Wirkungsmechanismen. Diese Fakten machen verständlich, warum Bergsteigen/Klettern in ganz besonderer Weise zu allen Aspekten der individuellen Gesundheit bis ins höchste Alter beitragen kann.

Diese Tatsache wird dem Leser dieses wunderbaren Werkes von Ulrich Remanofsky durch die Vorstellung von ganz außerordentlichen Bergsteigerpersönlichkeiten eindrücklich vor Augen geführt und wird wohl vielen jungen und junggebliebenen BergsteigerInnen als erstrebenswertes Beispiel dienen.

Prof. Dr. Dr. Martin Burtscher

Ehrenpräsident der Österreichischen Gesellschaft für Alpin- und Höhenmedizin
Bergführer und Skilehrer

KAPITEL 1

Bernd Arnold

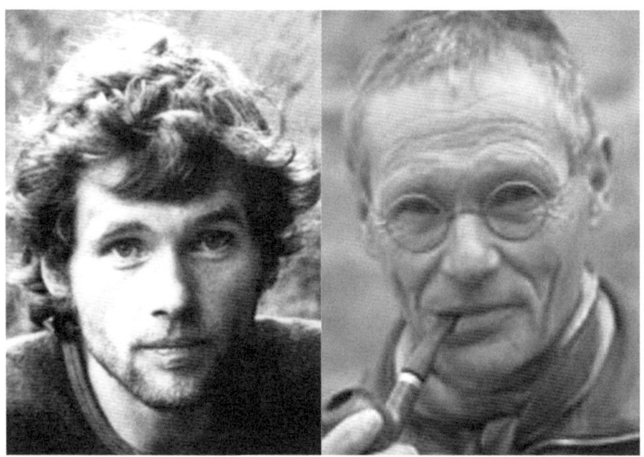

Bernd Arnold links auf der Höhe seines Könnens (1985) und als 71-Jähriger
Fotos: Archiv Bernd Arnold

Bernd wird 1947 in Hohnstein geboren, einer malerischen Kleinstadt am nördlichen Rand der „Sächsischen Schweiz“, wie der deutsche Teil des Elbsandsteingebirges auch genannt wird. Von hier aus entdeckt er in seiner Kindheit zuerst den Wald, dann die in unmittelbarer Nähe liegenden Felsen und schließlich das gesamte Elbsandsteingebirge. Als 12-Jähriger unternimmt er seine erste Klettertour. Ein älterer Kletterer führt ihn und einige Kameraden über den „Alten Weg“ auf den Panoramafels. Zunächst ist ein Quergang zu bewältigen, dann geht es in einem Kamin weiter. Zwar liegen die Schwierigkeiten kaum über dem 2. Grad, aber für einige der Kinder mit ihren kurzen Beinen wird das Spreizen im Kamin zu einer großen Mutprobe und es fließen auch einige Tränen. Am Gipfel ist dann alle Pein schnell vergessen und die Jungen schreiben stolz ihre Namen ins Gipfelbuch.

Zwei Tage später steht Bernd mit vier Kameraden wieder am Einstieg. Die Wäscheleine seiner Mutter dient als provisorisches Kletterseil und hilft etwas über die Angst hinweg, die alle empfinden. Sie schaffen es bis auf den Gipfel und auch wieder zurück, aber ihr Unternehmen dauert bis in die Nacht, und sie schrammen nur knapp an einer Katastrophe vorbei. Bernd erhält von seinem Vater Stubenarrest, der aber letzten Endes nicht viel nützt, denn Bernd ist von nun an vom Klettervirus befallen. Rasch verbessert sich sein Können und es gelingt ihm, sich von seiner anfänglichen Angst zu befreien, die bisweilen dazu geführt hatte, dass er in schwierigen Routen entmutigt aufgab.

Lehrjahre

Als 15-jähriger Youngster schließt sich Bernd dem Kletterklub „Hunskirchler 38“ an, dem auch eine ganze Reihe von Herrschaften gesetzteren Alters angehört. Zwar lauscht er gern den „Heldentaten“ ihrer Jugendzeit, er weiß aber auch, dass sie heute bereits in einem „Vierer“ so ziemlich am Ende ihres Lateins sind. Also bietet er großzügig seine Dienste als Seilschaftsführer an, die die Herren mit Freude annehmen.

Ihr heutiges Ziel ist die Südwand (VI-/V-)* des Winklerturms. Der Einstieg, ein gut passender Handriss, läuft problemlos. In der nachfolgenden Schlüsselstelle aber steht Bernd ohne Sicherung auf Reibungstritten und weiß nicht mehr weiter. Die reifen Herren sparen nicht mit vielen guten Ratschlägen, die ihn aber mehr irritieren, als sie ihm helfen. Mit vom langen Stehen brennenden Waden wird ihm klar: Hier muss er alleine durch! Die Flucht nach vorn, weites Spreizen und entschlossenes Stützen ist die einzige Lösung – und es gelingt!

Die Lösung eines anderen Problems ist mindestens genauso schwierig - die Materialbeschaffung! Kletterseile gibt es nur selten zu kaufen - je nachdem wie es der 5-Jahres-Plan der DDR gerade vorsieht. Das gilt auch für andere Ausrüstungsgegenstände wie beispielsweise Karabiner. Als Bernds Eltern trotz aller Überzeugungsarbeit ihren Sohn nicht mehr vom Klettern abhalten können, sagen sie sich: „Wenn er schon unbe-

**Angabe der Schwierigkeiten im Porträt von Bernd Arnold wie folgt: Links: Sächsische Skala; rechts: UIAA-Skala*

dingt klettern will, dann wenigstens so sicher wie möglich!“ Und so erhält Bernd mit 14 Jahren sein erstes Kletterseil und danach, jeweils zum Geburtstag oder zu Weihnachten, schenkt ihm seine Mutter immer wieder mal einen Karabiner. Was Kletterschuhe anbelangt, so hat Bernd keine großen Ansprüche, denn er klettert als junger Mensch wie auch noch auf dem Höhepunkt seines Könnens oft barfuß!

Bernd ist inzwischen auch gut mit den im Elbsandsteingebirge gültigen Kletterregeln vertraut, die der sächsische Kletterer Rudolf Fehrmann, basierend auf den Vorarbeiten anderer Elbsandstein-Pioniere wie Oscar Schuster, bereits 1913 schriftlich festgehalten hatte. Sie beruhen auf dem Grundsatz des freien Kletterns. Einige wesentliche Punkte: Geklettert werden darf nur an freistehenden Felsen und Türmen, nicht aber an Massiven (Felsabbrüche, die auf ihrer Rückseite über Gehgelände erreicht werden können). Der Kletterer hat die auf ihn wirkende Schwerkraft mit eigener Körperkraft an natürlichen Haltepunkten zu überwinden. Künstliche Hilfsmittel wie Haken oder Schlingen dürfen also nur zur Sicherung, nicht aber zur Fortbewegung genutzt werden. Die Sicherung erfolgt mittels gebohrter Haken, „Ringe“ genannt, und mit Schlingen oder Knotenschlingen. Die Ringe dürfen nur vom Erstbegeher gesetzt werden und sind aus der Kletterstellung heraus anzubringen - und nicht etwa beim vorherigen Abseilen vom Gipfel. Auch über ihren Abstand von Ring zu Ring gibt es Vorschriften. (Diese inzwischen über ein Jahrhundert alten Regeln gelten weitgehend auch in unserer Zeit weiter; außerdem ist der Einsatz von modernen Hilfsmitteln wie Klemmkeilen, Friends und Magnesia untersagt.)

Angesichts dieses strengen Regelwerks ist es nicht verwunderlich, dass viele führende Kletterer zwischen den Weltkriegen und in den ersten Jahrzehnten nach dem 2. Weltkrieg aus dem Elbsandsteingebirge kamen. Neben Rudolf Fehrmann waren dies z.B.: Fritz Wiessner, Karl-Heinz Gonda, Wulf Scheffler, Lothar Brandler und Dietrich Hasse.

In den siebziger und achtziger Jahren aber wird ein Name besonders herausragen: Bernd Arnold. Mitte der sechziger Jahre ist er allerdings noch ein gutes Stück von seinem späteren Leistungsniveau entfernt. Mit ständigem Training, im Winter auch in der Turnhalle, macht er jedoch kontinuierliche Fortschritte und wagt sich im Sommer 1964 als 17-Jähriger an die Gonda-Kante (VIIIa/VII-), die Karlheinz Gonda 1948 mit vier Gefährten als Erster durchstiegen hatte. Gonda, einer der besten Elbsandsteinkletterer, sollte 1953 beim Versuch der Durchsteigung der Eiger-Nordwand, bereits in Gipfelnähe, ums Leben kommen. Bernd schreibt zu seiner Begehung der Gonda-Kante:

„Sommer 64. Inzwischen hatte ich die Kinderstube hinter mir gelassen, war inzwischen ein ‚jugendlicher Kampfbergsteiger‘ geworden, womit sich naturgemäß auch neue Ziele ergaben. Am Rauschenstein – nur einen Wunsch, die ‚Gonda-Kante‘. Eine Route, die entsprechend ihrer Historie, sowie dem Anspruch an Klettertechnik und Mut, zu einem Muss für alle aufstrebenden Kletterer galt. Bis in die heutigen Tage hat sich daran nichts geändert.

Unser (Bernd ist mit seinem Freund Wolfram Nolte unterwegs, Anm. des Verf.) Respekt vor der Kante war so riesig, dass wir uns vorher ausführlich informiert hatten. Zumindest waren uns die wichtigsten Sicherungspunkte bekannt und in der Reihenfolge des Gebrauchs wurden die Sicherungsschlingen auf meiner linken Schulter platziert. Im Vertrauen auf unsere extra trainierte Ausdauerkraft stiegen wir ein ... und dann, in der kleingriffigen Wand nach dem ersten Sicherungsring fielen die Selbstzweifel ab. Zug um Zug reihte sich aneinander, offenbar waren wir den Anforderungen gewachsen. Unsere Zweifel schlugen in Hochstimmung um. Damit wurde das lange Mittelstück, die wirkliche Kante mit den großen Platten ein wahrhafter Genuss. Auch der Balanceakt zur Ausstiegsrinne, von dem einige Schauergeschichten kursierten, fiel uns förmlich in den Schoß. Ein Sturmlauf zum Gipfel. Wir waren die ‚Größten'! Ein Glaube von kurzer Dauer.

Am nächsten Tag, nach gewittriger Boofennacht (Übernachtung im Freien, ähnlich eines Biwaks) holte uns die Realität wieder ein. An der Linksquerung, über dem 2. Ring der Nordostwand des benachbarten Winklerturms, war ich ratlos und scheiterte ...“

Auf Neulandsuche

Im Jahre 1969 hat Bernd alle lohnenswerten Routen des Elbsandsteingebirges durchklettert, und es reizt ihn ungemein, nach neuen Wegen zu suchen. Am 17.5. 1970 gelingt ihm mit Günter Lamm und Wolfram Nolte eine neue Route am Rokokoturm, die sie „Siebziger Weg“ taufen. Nach „Königshangel“ von Fritz Eske und Gefährten am Frienstein im Jahre 1965 ist dies die zweite Route im Schwierigkeitsgrad IXa/VIII-, damals wohl die schwierigste Kletterroute weltweit.

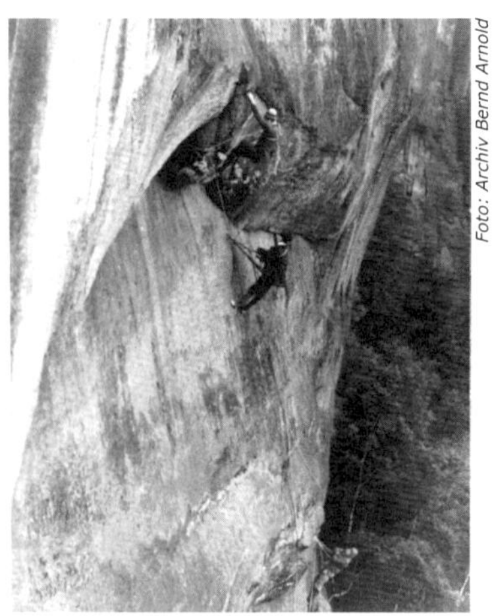

Foto: Archiv Bernd Arnold

Bernd und Gefährten in der Schwager-Nordwand (1970)

Nur wenige Wochen später toppt Bernd seine Leistung am „Siebziger Weg“ mit der ersten Begehung der von vielen für unmöglich gehaltenen Schwager Nordwand im Schwierigkeitsgrad IXb, nach der UIAA-Skala eine glatte VIII! Wenn man bedenkt, dass die in Mitteleuropa gültige UIAA-Skala damals als höchste Schwierigkeit „nur“ den Grad VI+ kannte, dann ist die Leistung von Bernd und seinen Kameraden gar nicht hoch genug einzuschätzen. Hätte er nicht in der total abgeschotteten DDR, sondern in Westdeutschland gelebt, dann wäre er mit großer Wahrscheinlichkeit bereits 1970 zu einem international bekannten Kletterstar aufgestiegen.

Frank Richter, der Bernd oft bei seinen Erstbegehungen mit der Kamera begleitet hat, schreibt zu dieser Durchsteigung: „Den ganzen Tag hingen Bernd Arnold und Wolfram Nolte an diesem 6. Juni 1970 in der Nordwand, bis sie schließlich in der Dunkelheit völlig ausgelaugt, aber überglücklich auf dem Gipfel ankamen. 14 Versuche waren nötig gewesen, um über die äußerst schwierige Stelle zwischen dem 3. und 4. Ring zu kommen. Die beiden sich anschließenden versetzten Risse wurden noch einmal ein Dauerkraftakt. Fast eine ganze Woche war Bernd halb krank von den unerhörten Anstrengungen dieses Weges.“

Ein Jahr später klettert Bernd die Talseite der Teufelsspitze, ebenfalls eine IXb. Diese Durchsteigung hat sich nachhaltig in sein Gedächtnis eingeprägt; deshalb soll ausführlicher auf diese Route eingegangen werden und Bernd auch selbst zu Wort kommen.

Als letzter freistehender Felsturm des Elbsandsteingebirges wird die Teufelsspitze 1953 zum ersten Mal bestiegen. Selbst der Normalweg weist an der Schlüsselstelle Schwierigkeiten auf, die Bernd „Inbegriff teuflischer Kletterei“ nennt. Mit 19 Jahren gelingt ihm die Besteigung und er empfindet eine gehörige Portion Stolz, jetzt zum auserlesenen Kreis der Teufelsspitzenbesteiger zu gehören.

Bernd hat inzwischen die Prüfung zum Buchdruckermeister abgelegt und 1971 übernimmt er einen Druckereibetrieb mit mehreren Mitarbeitern. Er ist beruflich so stark ausgelastet, dass eigentlich kaum noch Zeit zum Klettern bleiben dürfte, aber wer das glaubt, der kennt Bernd schlecht. Bei Schlechtwetter arbeitet er zwölf Stunden - bisweilen auch mehr - und bei bestem Kletterwetter nimmt er sich schon mal einen Tag frei.

Schon seit einiger Zeit kreisen seine Gedanken ständig um die Teufelsspitze, nicht mehr um den Normalweg, sondern um die Talseite, durch die er unbedingt einen Weg finden möchte. Am 10. Juli 1971 erreicht er mit seinen Gefährten Günter Lamm und Armin Börnert den schrägen Absatz unter dem Gipfelaufbau. Er ist in Hochstimmung, denn mit etlichen Tricks hat er die unter ihm liegende Wandstelle überlisten können. Das Stimmungshoch hält aber nicht lange an, denn die nun folgenden Meter bieten nur wenig Struktur, außerdem ist der Fels mit Flechten bedeckt und dementsprechend rutschig. Würde er hier stürzen, würde er auf dem etwa sechs Meter tiefer liegenden Absatz aufschlagen.

Willy Häntzschel, ein früherer Spitzenkletterer und väterlicher Freund von Bernd, steht am gegenüberliegenden Massiv und rät den dreien, einen „menschlichen Steigbaum“ einzusetzen. Und das machen sie nach kurzer Beratung auch. Armin steht glücklicherweise gut, er hat auch die Hauptlast zu tragen. Günter steht auf Armins Schultern und hat nur prekäre Haltepunkte: ein Fingerloch für die rechte Hand und die linke packt die runde Kante auf Reibung. Bernd macht sich nun so leicht wie möglich, steigt auf Günters Hüfte, dann auf die Schultern. Das Ächzen und Stöhnen seiner Freunde treibt ihn zur Eile, aber Vorsicht und Eile – das passt schlecht zusammen. Zwei wacklige Züge und er steht wieder stabil.

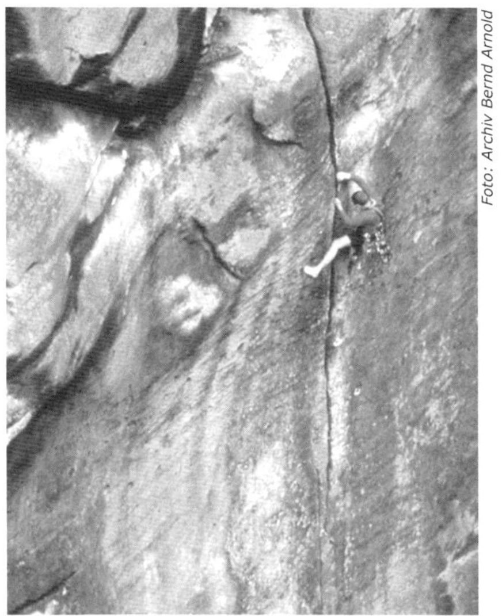

Foto: Archiv Bernd Arnold

Bernd im Einstiegsriss bei einer späteren Wiederholung seiner Neuroute an der Teufelsspitze-Talseite

Ein kurzer, schwach ausgeprägter Riss vermittelt den Weiterweg zu einem waagerechten Einschnitt, dem Ende der Schwierigkeiten. Mit einer Drahtbürste säubert Bernd den Fels. Schon wähnt er sich am Ziel, doch noch kann er den rettenden Riss nicht erreichen. Ein oder zwei Zwischenzüge auf flachen Auflagen sind unumgänglich. Bernd schreibt später:

„Wacklig! Ein Sturz aus dieser Position – nicht auszudenken! Die Ernsthaftigkeit der Situation überschüttet mich wie eine Lawine. Sicherung! Ein Ring muss geschlagen werden! Dann, aber erst dann werden diese Züge zum Minimalproblem. Balance an der Kante. Ausgestreckt drehe ich den Kronenbohrer millimeterweise in den Fels. Zu hoch, überstreckt, habe ich angesetzt. In dieser Position können Bohrer und Hammer nicht zueinander finden.

Meine Energie ist fast aufgebraucht. Nur noch ein Flämmlein, das sich da duckt gegen den aufziehenden Sturm. Die Ausweglosigkeit meiner Situation würde im Sturz Klärung finden ... Alle wissen das, reden mir zu, den Bohrer nochmals tiefer und in kurzen Druckphasen anzusetzen. Viel Zeit bleibt mir nicht mehr. Hilfesuchend geht mein Blick zu Günter am Ring. ‚Du schaffst es. Wir haben es doch immer geschafft ...' Sicher denkt er das.

Das Seil, unsere Verbindung, wird zur Lebensader. Ich versuche, seine Ruhe aufzunehmen, versuche, meine Gedanken und Bewegungen zu ordnen. Jetzt, von Angst, Wut und Tränen getrieben, das letzte mir mögliche Aufbäumen. Die winzigen Zähne des Bohrers haben gefasst, er steckt fest. Gerettet!

Eine Stunde später ist der Ring platziert. Dann stehe ich oben auf der Teufelsspitze, im letzten Sonnenlicht, bin glücklich, juble, schreie meine Freude hinaus, hinaus in den noch freien, geradezu himmlischen Raum ..."

Erste Kontakte zu Kletterern aus dem „Westen"

Als junger Kletterer ist Bernd nicht frei vom Vergleich der eigenen Leistung mit der anderer. Im Laufe der Zeit merkt er aber, wie hemmend diese Denkweise für ihn und die eigene Leistungsentwicklung ist. Also versucht er fortan, sich von allen Vergleichen freizumachen.

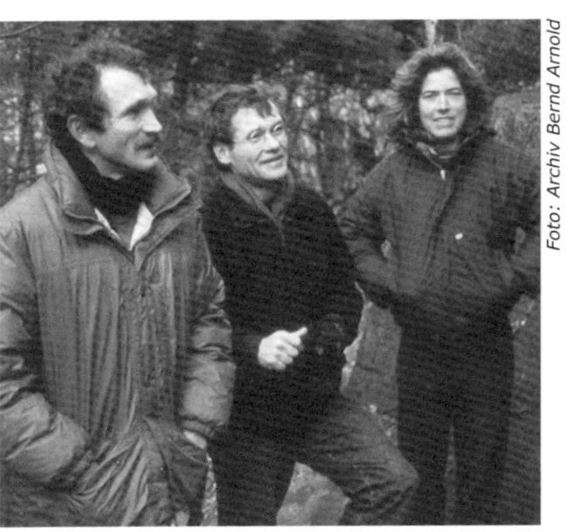

Foto: Archiv Bernd Arnold

Kurt Albert, Bernd Arnold und Lynn Hill im Elbsandsteingebirge

Als dann Anfang der siebziger Jahre die ersten Kletterer aus dem westlichen Ausland das Elbsandsteingebirge aufsuchen, verunsichert dies Bernd zunächst. Da er ja bisher in seinem „Schneckenhaus" eingeschlossen war, weiß er nicht so recht, wie er diesen Kletterern begegnen soll. Andererseits sagt er sich: „Wenn all die tollen Kletterstars aus dem Westen zum kleinen Bernd Arnold kommen, um mit ihm zu klettern, dann muss da ja was dran sein an dem Kerle."

Einer der ersten „Wessis“ ist im Jahre 1973 Kurt Albert. Im Nachwort zu Bernds Buch „Vom Schneckenhaus zum Dom“ äußert sich Kurt folgendermaßen zu diesem ersten Kontakt: „Erstmals bekam ich den sächsischen Sandstein im Juni 1973 unter die Finger. Für uns fränkische Kletterer war das damals eine völlig neue Erlebnisdimension beim Klettern. Fünfundzwanzig Jahre waren wir in den ‚extremen‘ fränkischen oder alpinen Routen vorwiegend an den Haken hängend und mit den Trittleitern klappernd unterwegs gewesen. Jetzt waren klettersportliche Erfolge vorprogrammiert.

Im Elbsandsteingebirge betraten wir das Reich ‚stilreinen‘ Kletterns. Wir mussten – und wir wollten dies ja auch! – die Fehrmannschen Regeln akzeptieren. So wurde für uns das Klettern von den technischen Fesseln befreit und zum abenteuerlichen Sport erhoben. Vor allem faszinierten uns die Kletterwege von Bernd Arnold, die uns in ihrer sportlichen Kühnheit zugleich lähmten, aber auch dazu inspirierten, diese Art des Bergsteigens in die ‚Fränkische Schweiz‘ zu übertragen. So entstand dort 1975 das Rotpunktklettern.

Während der folgenden Jahre bescherte uns Bernd immer wieder aufregend intensive Stunden beim Wiederholen seiner Routen, beim Klettern zwischen Erfolg und Niederlage, zwischen Angst und Glück, beim Idealaufstieg zum Gipfel. Diese Routen waren für uns in ihrer Harmonie zwischen Kletterei und Landschaftserlebnis wie Kunstwerke, und ihre Begehungen sind mir heute noch wertvolle Erinnerungen.“

Im Mai 1976 besucht der Elbsandsteinpionier Fritz Wiessner, der 1929 in die USA ausgewandert war, mit amerikanischen Kletterfreunden das Elbsandsteingebirge. Einer seiner Begleiter, Henry Barber, ist tief beeindruckt: „Von der ersten Minute an, nachdem wir – der Elbsandsteinpionier Fritz Wiessner, Ric Hatch, Steve Wunsch und ich – am Checkpoint Charlie die Berliner Mauer passiert hatten, bis zum letzten Tag, als wir vom Klettern am Teufelsturm nach Schmilka zurückkehrten, waren wir absolut überwältigt. Von der Schönheit der Felslandschaft, von der Tradition, vom Stil und der Ethik der Kletterei, der Schwierigkeit der Routen und von der Einstellung der Menschen, die dort unterwegs waren: Das alles machte das Elbsandsteingebirge für mich zum besten Klettergebiet der Welt. (...)

Meine Kletterleidenschaft hat mich mittlerweile in über dreißig Länder rund um die Welt geführt. Das Elbsandsteingebirge besuchte ich in den siebziger Jahren – auf dem Höhepunkt meiner Leistungsfähigkeit – gleich zweimal, und trotzdem war es das einzige Klettergebiet, in dem ich mich etlichen Kletterrouten nicht gewachsen fühlte. Ein Zeugnis für die hohen Schwierigkeiten, die schon von den frühen Erschließern gemeistert worden waren, und für den Stil, in dem sie ihre Erstbegehungen eröffneten. Perry-Smith, Fehrmann, Strubich, die Rosts, Hasse, Richter und Bernd Arnold wurden meine Vorbilder.“

Steve Wunsch äußert sich ähnlich enthusiastisch, differenziert aber etwas bei der Einschätzung der Leistungsfähigkeit der verschiedenen Elbsandsteinkletterer: „Genau genommen sind es Herbert Richter und Bernd Arnold allein, die weitaus das meiste, ja fast alles zum modernen sächsischen Bergsteigen beigetragen haben und deren Leistungsumfang auch in der westlichen Welt des Kletterns bisher unerreicht ist. Gäbe es einen Bernd Arnold nicht, der sächsische Klettersport wäre längst ins Hintertreffen geraten."

So viele lobende Kommentare tun Bernd natürlich gut, verstärken aber auch seinen Wunsch, endlich einmal aus der Enge der DDR auszubrechen, um auch Berge und Klettergebiete „auf der anderen Seite der Welt" (B. Arnold) zu erleben. Mehrfach erhält er Einladungen aus dem „kapitalistischen Ausland", vor allem von Fritz Wiessner, aber auch von vielen anderen Freunden. Er füllt unzählige Formulare und Ausreiseanträge aus – jedoch ohne Erfolg. Die DDR-Behörden zeigen sich jedes Mal unnachgiebig und verweisen auf „fehlende Sportbeziehungen" oder verwenden andere an den Haaren herbeigezogene Argumente.

Momente höchster Erfüllung am Großen Wehlturm

Was bleibt Bernd anderes übrig, als auch weiterhin nach neuen Zielen im Elbsandsteingebirge zu suchen – so wie am Großen Wehlturm?

Die Felsenbühne Rathen befindet sich in der Talsohle des Wehlgrundes, überragt von den Wehltürmen und ihren Trabanten. Seit 1950 gastieren hier die Landesbühnen Sachsen mit Opern, Operetten, aber auch Abenteuerstücken wie „Old Shatterhand" von Karl May. An einem Spätsommertag des Jahres 1961 besucht Bernd mit seinem Vater das Theaterstück „Wilhelm Tell". Das Interesse von Bernd gilt dabei aber nicht Wilhelm Tell und dem Landvogt Gessler, sondern ausschließlich den Wehltürmen. Die imaginären Linien, die er durch die Felswände zieht, werden Jahre später zu Klettererlebnissen.

In den 70er Jahren eröffnet er, meist mit seinem Freund Günter Lamm, mehrere Routen an den Wehltürmen. Am 23. April 1977 unternimmt er mit vier Gefährten einen ersten Versuch in der „Wand im frühen Morgenlicht". Sie erreichen ein Drittel der Gesamthöhe und platzieren drei Sicherungsringe. In den folgenden Wochen bestimmt diese Wand sein ganzes Leben, Alltagsprobleme werden sekundär. Er unternimmt drei weitere Versuche und beim dritten gelingt es ihm, endlich den 6. Sicherungsring zu setzen.

Der 27. Mai ist dann der Tag der Entscheidung. Seine Lebensgefährtin Christine setzt ihn mit den gesamten Kletterutensilien in Rathewalde ab und übernimmt seine Arbeit in der Druckerei. Er wird begleitet von seinen treuen Mitstreitern Günter, Gisbert, Jürgen, Hans und Fred. Besonders mit Günter verbindet ihn ein enges Verhältnis, und dies nicht nur, weil er beim 3. Versuch einen 10-Meter-Sturz von Bernd gehalten hat. Auch heute wieder kann er sich voll auf Günter verlassen; er beobachtet aufmerksam alle Bewegungen von Bernd, redet intensiv, aber nie laut mit ihm, ja scheint sogar seine Gedanken zu erraten.

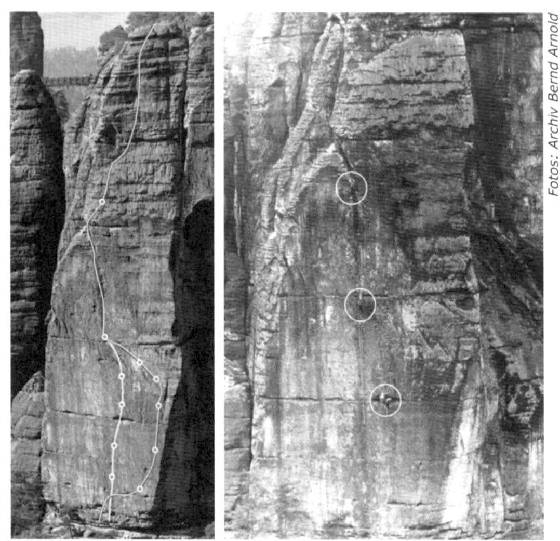

An den Wehltürmen: „Wand im frühen Morgenlicht"; linkes Bild: Die Neuroute von Bernd mit der direkten Variante (hell); die Kreise bezeichnen die Platzierung der Ringe; rechtes Bild: während der Erstbegehung

Bernd befindet sich jetzt an der Schlüsselstelle, einer 8 Meter hohen kompakten Wand. Er schreibt später über diese alles entscheidenden Meter:

„Konzentration, die Luft knistert förmlich davon, als ich mich von Günter am Ring löse. Plötzlich ist alles anders. Habe ich auf ‚Schwerelosigkeit' umgeschaltet? Locker reihe ich Zug an Zug, und die Freude, die sich aus der Lebendigkeit meines Körpers, aus der vollkommenen Anspannung aller Muskeln und Sinne in dieser selbstgewählten Umgebung aufbaut, ist so grenzenlos, dass ich wie ein Hund zu bellen beginne.

Diese Gefühlsöffnung ist das Phänomen des gesteigerten Körperbewusstseins. Nur unter ganz besonderen Bedingungen und auf einer hohen Stufe des klettersportlichen Könnens ist es zu erlangen. Bei einem optimalen Grad der Gewöhnung und technischer Beherrschung der Materie. Dabei erlebt man sich wirklich, wird man erhoben, bringt man tatsächlich unter sich, was über einem war."

Als er sich an einer Sanduhr sichert, weiß er, dass sie es geschafft haben, dass die „Wand im frühen Morgenlicht" unter ihnen liegt. Damit hat er – wie bereits 1972 in der „Langen Westwand" am Rauschenstein – ein weiteres Mal den Schwierigkeitsgrad IXc/VIII+ erreicht.

Zwischen 1978 und 1986 wird Bernd noch weitere Routen am Großen Wehlturm erschließen, darunter eine direkte Variante zur „Wand im frühen Morgenlicht". Hier – wie auch bei all seinen anderen Neurouten – versucht er, sein Bedürfnis nach Vollkommenheit umzusetzen. An besonders guten Tagen empfindet er dabei Momente größten Glücks: „Das Gefühl der Leichtigkeit, gerade als ob die Schwerkraft nicht existierte, lässt uns in die Welt der Felsen entschwinden, lässt uns erleben und vergessen ... Zumindest vorübergehend – und dann immer wieder."

Bernd auf der Höhe seines Könnens

Bernds Drang, immer neue Wege in seiner Felsenheimat zu erschließen, nimmt auch in den folgenden Jahren nicht ab. All diese Wegstationen aufzuführen, würde den Rahmen dieses Porträts sprengen. Deswegen seien von seinen insgesamt über 900 Neutouren nur diejenigen genannt, die die Sächsische Skala um drei weitere Schwierigkeitsgrade erweiterten:

1982: „Schallmauer" (Xa/IX-) an der Amselspitze
1983: „6. Versuch" (Xb/IX) am Schwedenturm
1986: „Barometer für Stimmungen" (Xc/IX+) am Heringstein

Angesichts dieser überragenden Leistungen ist es kein Wunder, wenn dem „Meister des Sports" (offizieller DDR-Ehrentitel) Bernd Arnold von allen Seiten gehuldigt wird. Hier nur einige Stellungnahmen:

Dietrich Hasse: „Auf einsamer Spitze stehend ... fehlte ihm ... so gut wie jede beflügelnde Konkurrenz. Allein aus sich selbst hat Bernd durch disziplinierte Lebensgestaltung und geeignete Trainingspläne seine klettersportlichen Erfolge in bis dahin unvorstellbare Höhen getrieben."

Reinhold Messner: „Bernd Arnold war sicherlich der beste Kletterer weltweit in den 80er Jahren. Er hat das Klettern wie eine Ein-Mann-Show nach oben getrieben, und niemand auf der Welt wusste es ..."

Karl Däweritz, der Bernd bei seinen Klettertouren oft als Fotograf begleitete, geht auch auf die menschliche Seite von Bernd ein. „Bernd Arnold - ein Übermensch? Keinesfalls. Aber ein begeisterter Sandsteinkletterer mit einer herausragenden Technik, ausgestattet mit beinahe unerschöpflichen Motivationskräften. Dazu, so kenne ich ihn seit über 40 Jahren, heimatverbunden, hilfsbereit, verlässlich und großzügig."

Felsenheimat Sächsische Schweiz

Seine Heimat, die Sächsische Schweiz, erlebt Bernd immer wieder von neuem. Für ihn ist sie eine der außergewöhnlichsten Landschaften Europas. Sein Buch „Vom Schneckenhaus zum Dom" schließt mit folgenden Sätzen – man mag sie auch eine Liebeserklärung nennen:

„Von der Bastei ins Elbtal schauen, durch die vom Laubwald gesäumten Gründe wandern, hinaufsteigen zu den Plateaus der weithin sichtbaren Tafelberge, zwischen

Felsklüften hindurch, über Treppen und Leitern immer weiter hinauf, abenteuerlich und heimelig zugleich, wildromantisch mag vielleicht der beste Ausdruck dafür sein.
Ja, jetzt muss man die Tür schließen hinter sich und rausgehen.
Einfach rausgehen.
Und schauen
und klettern
und klettern
und spüren.
Und wissen,
wissen, dass man hier genau richtig ist."

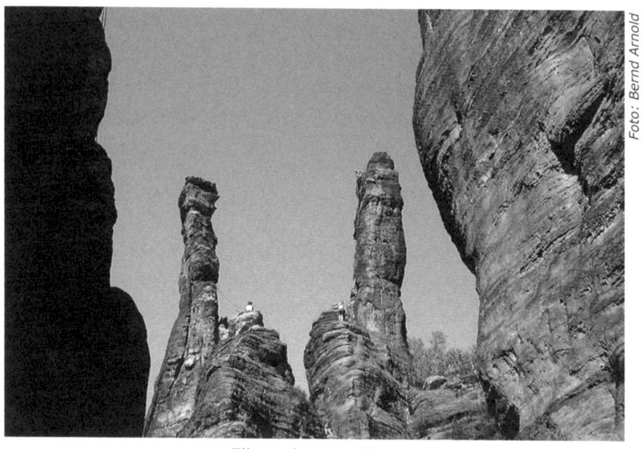

Foto: Bernd Arnold

Elbsandsteingebirge

Auf „Verwandtenbesuch" in München

Im Unterschied zu zahlreichen sächsischen Kletterern zieht Bernd nie ernsthaft in Erwägung, die DDR zu verlassen. Er ist hier zu Hause, in seinem „Schneckenhaus"; mit Christine und der gemeinsamen Tochter Heike hat er sich einen festen Lebensrahmen geschaffen. Er trägt Verantwortung für seine Druckerei und mehrere Mitarbeiter und schließlich – die Felsen des Elbsandsteingebirges sind der Raum, der für ihn wie geschaffen ist. Hier kann er seine Ideen umsetzen, seine Träume verwirklichen und ganz einfach glücklich sein. Eine Flucht in den Westen würde einen Abschied für immer von seiner Felsenheimat bedeuten. Aber: „Der Drang nach der Ferne, der sprichwörtlich weiten Welt, ist nicht mehr zu unterdrücken" (B. Arnold, 1978).

Anfang der achtziger Jahre tritt leichtes politisches Tauwetter zwischen den beiden deutschen Staaten ein. Im Zuge der Milliardenkredite, die die Bundesrepublik der DDR gewährt, werden Besuche von DDR-Bürgern bei westdeutschen Verwandten erleichtert. Diese Möglichkeit nutzt Bernd ein erstes Mal im April 1987 und ein zweites Mal im Oktober desselben Jahres, jeweils für fünf Tage. Verständlicherweise ist ihm dabei das Wiedersehen mit Onkel Hans in München weniger wichtig als die Wiederholung verschiedener legendärer Kletterrouten wie „Locker vom Hocker“ (VIII) an der Schüsselkarspitze im Wettersteingebirge und die „Pumprisse“ (VII) an der Fleischbank im Wilden Kaiser.

Seine guten Kontakte zu Kurt Albert und Wolfgang Güllich führen dazu, dass Bernd zu einer Expedition des DAV ins Karakorum eingeladen wird. Ziel sind die über 6000 Meter hohen kühnen Trango-Türme mit ihren riesigen Granitwänden. Die DDR-Behörden aber erteilen ihm keine Ausreisegenehmigung, und dies mit dem fadenscheinigen Argument, es würden keine Sportbeziehungen zwischen dem DWBO und dem DAV bestehen. Also muss ein Pseudo-Verwandter herhalten - der frühere sächsische Spitzenkletterer Wulf Scheffler. Er lebt bereits seit vielen Jahren in der Bundesrepublik und feiert im Juni 1988 seine Silberhochzeit. Ein fünftägiger „Verwandtenbesuch“ zum angeblichen Cousin Wulf Scheffler wird von der DDR genehmigt.

Aus diesen fünf Tagen aber will Bernd fünf Monate machen, denn vor der Expedition möchte er seinen Traum von etlichen großen Touren in den Alpen verwirklichen. Er hat das Glück, dass Christine voll hinter seinen Plänen steht und auch bereit ist, seinen Part in der Druckerei zu übernehmen, was natürlich sehr viel Arbeit für sie bedeutet. Was sie aber noch nicht wissen kann – in den folgenden Monaten wird sie ständig darum kämpfen müssen, dass die Druckerei nicht geschlossen wird. Dies ist eine der Schikane-Maßnahmen der DDR-Behörden, „weil der zur Führung eines Handwerkbetriebes berechtigte Druckermeister nicht anwesend ist.“

Am 10. Juni 1988 startet Bernd mit dem Zug Richtung München und wird dort von Dietrich Hasse und seiner Frau empfangen. Ähnlich wie Wulf Scheffler war auch Dietrich Hasse bereits Mitte der fünfziger Jahre in die Bundesrepublik geflohen und hatte sich u.a. mit der Direktroute („Hasse-Brandler“) in der Nordwand der Großen Zinne einen Namen gemacht. Als Dietrich seinen Gast Bernd fragt, was er bis zu seinem Abflug mit der DAV-Expedition nach Pakistan noch in den Alpen machen will, antwortet Bernd mit einem entwaffnenden Lächeln: „Um ehrlich zu sein: alles!“ Wenn er diese vielleicht einmalige Gelegenheit hat, viele große Touren zu klettern, dann will Bernd sich das selbstverständlich nicht entgehen lassen. Dass gut ein Jahr später die Mauer fallen wird, kann im Sommer 1988 niemand ahnen.

Mit unterschiedlichen Partnern hakt Bernd während sieben Wochen einen Klassiker nach dem anderen ab: im Wilden Kaiser, im Wettersteingebirge, in den Dolomiten. Hier durchsteigt er – quasi als Hommage an seinen großzügigen Gastgeber Dietrich Hasse – dessen Direktroute in der Nordwand der Großen Zinne. Bei fast allen Kletterrouten legt Bernd Wert darauf, sie rotpunkt zu begehen.

Expedition zu den Trango-Türmen
oder
Von einem, der die DDR verließ ... und wiederkam

Vor dem Abflug nach Pakistan hat Hartmut Münchenbach, der Leiter der Expedition zu den Trango-Türmen, eine Vorbereitungswoche am Bossons-Gletscher bei Chamonix organisiert. Einige der Teammitglieder sind zwar hervorragende Felskletterer, ja gehören sogar zur „Crème de la Crème" der deutschen Sportkletterszene, verfügen aber über keine Erfahrung im Steileis. Teilnehmer an der Expedition sind neben dem Leiter und Bernd Arnold: Kurt Albert, Wolfgang Güllich, Wolfgang Kraus, Martin Leinauer, Thomas Lipinski, Martin Schwiersch, Jörg Wilz und als Expeditionsarzt Dr. Jörg Schneider.

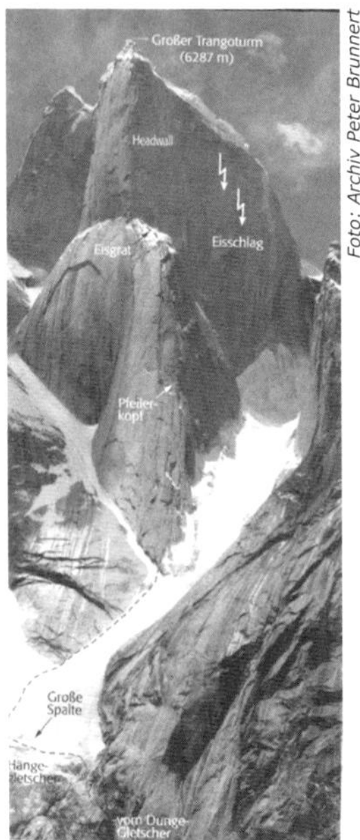

Foto: Archiv Peter Brunnert

Der Norwegerpfeiler am Großen Trangoturm

Nach einer oft durch Schlechtwetter unterbrochenen Trainingswoche in Chamonix fliegt die gesamte Mannschaft am 29. Juli nach Islamabad in Pakistan und von dort geht es, nach etlichen Verzögerungen und Schwierigkeiten, zunächst per Bus, dann mit mehreren Jeeps bis zu einem Ort namens Dassu. In einem sechstägigen, oft beschwerlichen Marsch durch kahle Täler, oft hoch über einem brausenden Fluss, und zum Schluss über endlos lange Schotterfelder wird schließlich am 17. August das Basislager erreicht.

Die zehnköpfige Gruppe teilt sich in zwei Fünfergruppen auf: Bernd, Kurt Albert, Wolfgang Güllich, Martin Leinauer und Hartmut Münchenbach wollen die Zweitbegehung des Nordostpfeilers („Norwegerpfeiler") am Großen Trango-Turm versuchen. Die andere Fünfergruppe entscheidet sich für den Nameless Tower, um dort die Jugoslawen-Route zu wiederholen. Ursprünglich wollten sie die Ostwand erstbegehen, aber die Seilschaft Voytek Kurtyka und Erhard Loretan war ihnen hier um wenige Wochen zuvorgekommen.

Die elegantere Form weist sicher der Nameless Tower auf, das anspruchsvollere Ziel aber ist der Norwegerpfeiler. Mit seinen 1500 Metern Höhe ist er einer der höchsten Granit-Bigwalls der Erde und die erste Route an einem Sechstausender mit dem Schwierigkeitsgrad VII. Den beiden Norwegern Hans-Christian Doseth und Fin Daehli gelang 1984 nach wochenlangem Kampf die Erstbegehung. Beide verunglückten beim Abstieg tödlich.

Am 19. August verlassen die fünf Pfeiler-Kandidaten das Basislager. Die Nacht zuvor hat es in Höhe des Lagers geregnet, oberhalb von 5000 Metern aber geschneit. Die Kletterei auf dem nassen Fels wird sicher unangenehm werden, noch unangenehmer aber ist der Lastentransport: Verpflegung für 20 Tage, 700 Meter Statikseile für die Fixseilpassagen, mehrere Kletterseile, 100 Bohrhaken, mehr als 100 Normalhaken, Unmengen von Klemmkeilen und Friends, 120 Karabiner, Kocher und Gaskartuschen, Portaledges und etliche andere Utensilien müssen sukzessive nach oben gebracht werden.

Der Weg zum Pfeiler führt über den Dunge-Gletscher, der sich weiter oben zu einem Hängegletscher aufsteilt. An dessen oberen Rand sind zwar die technischen Schwierigkeiten zunächst beendet, es erwartet sie aber jetzt der wohl gefährlichste Teil des Unternehmens: Der hier ansetzende, ca. 40 Grad steile Gletscherhang wird ständig von heftigem Eisschlag bestrichen. Grund dafür ist das große Gipfeleisfeld des Trango-Turms, das über der gewaltigen Nordwand des Turms kalbt. Nach über tausend Metern freien Falls donnern die Eisblöcke den Gletscher hinunter und werden zu tödlichen Geschossen. Kurt Albert mit seinem trockenen Humor hat sofort die passende Taktik parat: „Augen zu und rüberrennen!"

Und dementsprechend verhalten sie sich dann auch in den folgenden Tagen. So schnell es die große Höhe zulässt, hasten sie etwa 100 Meter nach links, um so schnell wie möglich aus der Schusslinie zu geraten. An einem sicheren Ort errichten sie ein Materialdepot und steigen wieder ab ins Basislager.

Bevor Bernd einschläft, gehen ihm am ersten Abend viele Gedanken durch den Kopf. Kann er es wirklich seiner Familie gegenüber verantworten, sich immer wieder so hohen Risiken auszusetzen? Dass sie russisches Roulette spielen, ist allen klar. Irgendwann dürfte es – rein rechnerisch – zumindest einen von ihnen erwischen. Diese quälenden Gedanken nimmt Bernd mit in den Schlaf.

Am kommenden Tag errichtet das Team das erste Hochlager am Einstieg des Pfeilers. Hartmut und Martin können der Versuchung nicht widerstehen, klettern gleich die erste Seillänge und bringen ein Fixseil an. Danach steigen alle wieder Richtung Basislager ab. In einem Steilstück des Gletschers, etwa 100 Meter oberhalb der riesigen Querspalte, rutscht Bernd plötzlich aus, kann seine Rutschpartie aber sofort mit dem Eisbeil abbremsen. Noch kann er nicht ahnen, dass dies kein gutes Omen sein sollte.

Am 21. August bilden Bernd und Wolfgang die erste Seilschaft. Bernd schreibt später: „Die nächste Seillänge fällt an Wolfgang – diffizile Hangel- und Handrisskletterei an kurzen, versetzten Rissen. Hier entpuppt sich ein Friend als wirklicher Freund, denn ohne solche Wunderdinge wäre ein Sichern hier undenkbar: Stand auf einer schrägen Platte, Bohrhaken.

Nun setzt ein Fingerriss ein, der sich nach einigen Metern zum Handriss erweitert und weiter oben noch breiter wird – die Natur als Baumeister! Von einer solchen Seillänge hatte ich im Grunde immer geträumt – ob es sie in Wirklichkeit wohl gibt? Jetzt habe ich sie gefunden, ausgerechnet in dieser wilden Umgebung! Den Körper strecken, die Hand mit Daumen nach unten in den feinen Riss stecken, nach unten belasten, bis der Druck an den Fingergelenken so stark ist, dass das Gefühl sagt: Die Hand hält. Anziehen, den Fuß hoch in den Riss setzen und so weiter. Der folgende Handriss klemmt wie ein Schraubstock und auch die Rissbreite darüber entspricht meiner bescheidenen Faust – bei solchen Passagen kommt der Kletterer an den Rand des Wahnsinns ...“

In den folgenden Tagen lösen sich die Seilschaften permanent in der Führung ab. Die Kletterei ist extrem schwierig, dazu kommen der nasse Fels und die große Höhe, die sie kräftig schnaufen lässt. Zwar treffen sie ab und zu auf Bohrhaken der Norweger, aber im Wesentlichen müssen sie die Route selbst absichern. Der Fels ist meist äußerst kompakt und das Hakenschlagen dementsprechend schwierig. Oft müssen sie sich an wackeligen Skyhooks fortbewegen, was ihnen so manchen Sturz beschert.

Bereits nach wenigen Tagen am Pfeiler merken sie, dass die riesigen Bigwalls im Karakorum ein ganz anderes Kaliber darstellen, als beispielsweise die bis zu 1000 Meter hohen Granitwände im Yosemite Valley, die die meisten von ihnen kennen. Die unsicheren Witterungsverhältnisse, Stein- und Eisschlag sowie das kräftezehrende Aufziehen der Ausrüstung und Verpflegung sind eine ständige Herausforderung und schmälern die Erfolgsaussichten ganz erheblich. Dazu kommen die enormen Schwierigkeiten bis zum 8. Grad, die noch keiner von ihnen in so großer Höhe bewältigt hat.

Bernd schreibt in sein Tagebuch: „1. September: Schnee und Eis überziehen den Fels über uns, sodass sich unser Vorwärtskommen meist nur auf zwei Seillängen pro Tag beschränkt. (...) Gegen 10 Uhr sind Hartmut und ich am gestrigen Umkehrpunkt von Wolfgang und Martin. Der Riss über dem Standplatz ist total mit Eis gefüllt. Mehr als drei Stunden ist Hartmut in dieser Seillänge beschäftigt. Ehe ich mich an die darauffolgenden Schnee- und Eispassagen mache, schnalle ich die Steigeisen an und greife zum Eisgerät. Etwa 15 Meter vor dem Grat schließlich setze ich einen Bohrhaken. Das Wetter, das heute ohnehin nur durchwachsen ist, verschlechtert sich zusehends, Wolken jagen um die Gipfel und starker Wind kommt auf. Die letzten Meter zum Grat bestehen aus steilstem Eis.“ Über dem Eisgrat setzt die senkrechte Headwall an, für die die Norweger eine ganze Woche benötigt hatten. Bevor aber das Team die Headwall in Angriff nehmen kann, treibt Schlechtwetter alle ins Basislager zurück.

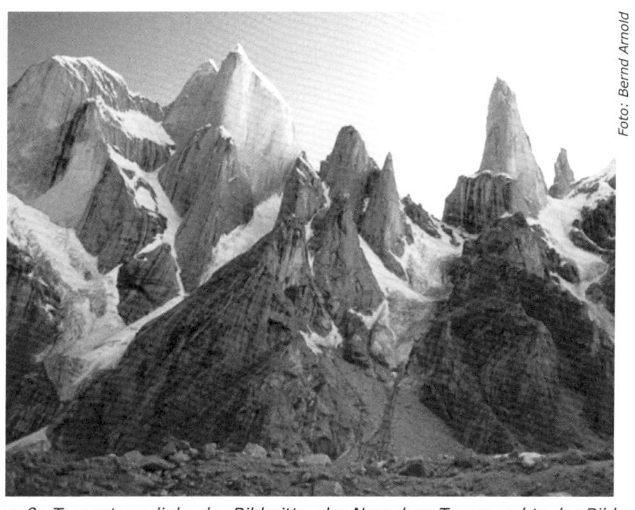

Foto: Bernd Arnold

Der große Trangoturm links der Bildmitte, der Nameless Tower rechts der Bildmitte

Die drei folgenden Tage bringen nicht die erhoffte stabile Wetterlage, so dass die Pfeilerkandidaten ihre Pläne kurz entschlossen ändern. Ihren fünf Kameraden ist am 3. September die Durchsteigung der Jugoslawen-Route am Nameless Tower geglückt; was liegt also näher, als auf diese noch mit Haken und Fixseilen versehene Route auszuweichen! Auch wenn die klettertechnischen Schwierigkeiten mit denen am Norwegerpfeiler vergleichbar sind, so verlangt diese der Sonne zugewandte Route doch wesentlich weniger Einsatz.

Nach nur drei Tagen erreichen alle fünf den Gipfel. Diese schnelle Begehung ist natürlich nur dank der Vorarbeit ihrer Kameraden um Wolfgang Kraus möglich. Kurt, Wolfgang Güllich und Hartmut gelingt dabei, gewissermaßen als sportliche Krönung, die erste Rotpunkt-Durchsteigung. Zurück im Basislager herrscht dann allgemeine Zufriedenheit: Alle Expeditionsmitglieder haben den Gipfel des Nameless Tower erreicht und sind – bis auf ein paar Blessuren bei Wolfgang Kraus – wieder heil unten angekommen.

Nach dem durch das weiterhin unsichere Wetter erzwungenen Verzicht auf den Norwegerpfeiler ist jetzt großes Aufräumen angesagt. Der Pfeiler muss von Fixseilen, Haken, Portaledges und vielen anderen Ausrüstungsgegenständen „gereinigt“ werden. Am Pfeilerfuß lädt sich Wolfgang Güllich einen riesigen Rucksack auf und steigt Richtung Basislager ab. Bernd bleibt noch eine Weile allein zurück und legt ein letztes Mal fast zärtlich die Hand an den Fels. Würde er noch einmal die Möglichkeit erhalten, in die Weltberge zu reisen? Oder würden ihm die DDR-Behörden in Zukunft jede Ausreisegenehmigung verweigern?

Ein Moment der Unachtsamkeit und ...

Tief in Gedanken versunken steigt auch er schließlich ab. Zusätzlich zu seinem übergroßen Rucksack hat er sich noch einen prall gefüllten Haulbag aufgeladen und schleppt jetzt sicher mehr als 40 kg auf seinen Schultern. Urplötzlich gleitet er aus und rutscht den steilen Gletscherhang hinunter. Mit seinem sperrigen Gepäck hat er Mühe, energisch genug mit dem Eisbeil zu bremsen. Immer mehr Fahrt aufnehmend rast er auf die große Querspalte zu. Seltsamerweise empfindet er keine Angst – es wird schon gutgehen! Selbst als er vom Spaltenrand abhebt und 25 Meter tiefer seine ungefähre Aufschlagstelle im Spaltengrund ausmacht, glaubt er fest an seine Unverletzbarkeit. Dann wird es schwarz um ihn ...

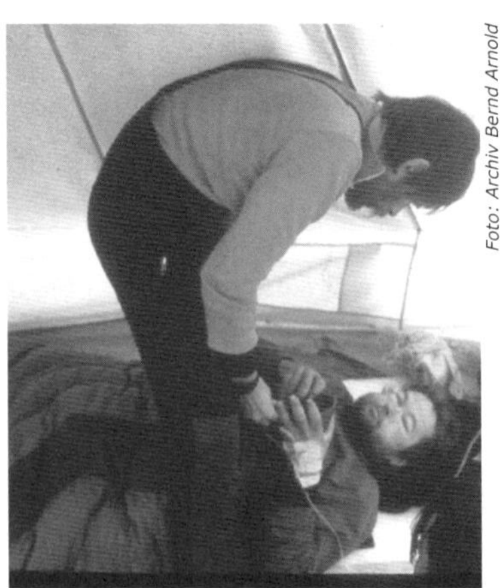

Foto: Archiv Bernd Arnold

Bernd nach seinem Spaltensturz unter der Obhut von Dr. Jörg Schneider

Als er wieder zu sich kommt, durchströmt ihn unbändige Freude – er lebt! Er hatte es doch gewusst – er würde nicht sterben! Der Tod war einfach keine Option, er war einfach nicht vorgesehen in seinem noch so jungen Leben!

Die anschließende Bergung aber gestaltet sich äußerst kompliziert und verlangt den Einsatz des gesamten Teams. Der Expeditionsarzt, Dr. Jörg Schneider, hat alle Hände voll zu tun, um Bernd rund um die Uhr medizinisch zu versorgen. Die starken Schmerzen bekommt er mit Medikamenten recht gut in den Griff, große Sorgen bereiten ihm aber Bernds Nieren, die eine Zeitlang ihren Dienst quittieren. Glücklicherweise übersteht Bernd diese kritische Phase und alle sind heilfroh, als er nach diversen Schwierigkeiten endlich mit einem Hubschrauber nach Skardu gebracht werden kann. Mit einem Linienflugzeug geht es anschließend weiter nach München.

Der 1. Vorsitzende des DAV, Dr. Fritz März, hat bereits seine persönlichen Beziehungen spielen lassen und Bernd wird in eine Spezialabteilung des Klinikums rechts der Isar eingewiesen. Nach genauer Untersuchung stellen die Ärzte die Diagnose: Beckenbruch, Schambeinbruch, Bruch beider Iliosakralgelenke, mehrere Knochenabsplitterungen an der Wirbelsäule und noch einige andere Verletzungen. Nach der langen Aufzählung der Unfallfolgen erhält Bernd aber die für ihn wichtigste Information: Mit viel Geduld und Ausdauer wird er wieder auf die Beine kommen und auch wieder klettern können!

Ende Oktober erhält Christine nach langem Kampf mit den DDR-Behörden die Genehmigung, ihren schwer verletzten Mann in München besuchen zu können. Und Anfang Dezember darf sie ein weiteres Mal ausreisen, um Bernd mit ihrem für den Liegendtransport umgebauten Wartburg abzuholen. Die DDR-Grenzsoldaten trauen ihren Augen kaum, als sie nach Kontrolle der Papiere feststellen, dass hier zwei DDR-Bürger freiwillig in den „Arbeiter-und-Bauern-Staat" zurückkehren!

Die Ärzte in München sollten Recht behalten: Geduld und nochmals Geduld – das ist das Schlüsselwort beim Genesungsprozess von Bernd. „Ich musste wirklich mit allem von vorne beginnen, Laufen und vor allem Klettern wollten neu gelernt und zurückerobert werden", erinnert sich Bernd viele Jahre später an die Monate nach seinem Unfall. Was ihm bei der Rekonvaleszenz mit Sicherheit hilft, ist, dass er nie daran zweifelt, aus der Talsohle herauszukommen. Am 2. Weihnachtsfeiertag 1988 wiederholt er mit Christine eine seiner frühen Erstbegehungen aus dem Jahre 1962. Den Weg zum Einstieg legt er dabei noch auf Krücken zurück. Am 2. April 1989 gelingt ihm die erste Neutour nach seinem Unfall. Er nennt seine schöne Linie an der kühnen Heringsgrundnadel „Comeback".

Ein halbes Jahr später rückt das Klettern in den Hintergrund - die Mauer fällt und das Leben der Menschen in der DDR erfährt einen radikalen Wandel. Und nicht alles wendet sich zum Positiven, auch nicht für Bernd und Christine. Bereits wenige Monate nach der Wende ist ihre Druckerei nicht mehr konkurrenzfähig und sie müssen sich nach einer neuen Existenzgrundlage umsehen. Was liegt da näher, als aus ihrem Hobby einen Beruf zu machen! Sie eröffnen einen Bergsportladen (ein Jahr später sollte noch ein zweiter hinzukommen), um den sich vorrangig Christine kümmert und Bernd bietet Kletterkurse an.

Dort klettern, wo noch niemand war: Erstbegehung von „Royal Flush“ am Fitz Roy in Patagonien

Seit sich die Weltgeschichte im Herbst 1989 verändert hat, zieht es Bernd immer wieder hinaus in die Teile der Welt, die er zu DDR-Zeiten nicht besuchen durfte: nach Patagonien, in den Himalaya, in den Yosemite-Nationalpark, in Klettergebiete in Mali, Venezuela, Jordanien, Griechenland, auf Madagaskar, im Hoggargebirge und in etlichen anderen Regionen. Oft erschließt er dabei neue Routen, bis hin zum Schwierigkeitsgrad IX. Inzwischen ist Bernd weit über 40 und es drängt sich der Gedanke auf, dass er die Entwicklung des internationalen Bergsteigens maßgeblich hätte beeinflussen können, wenn er bereits zwei Jahrzehnte zuvor die Möglichkeit zur Ausreise aus der DDR erhalten hätte.

Stellen im Himalaya die großen Höhen den Bergsteiger vor extreme Herausforderungen, so sind es in Patagonien die unberechenbaren Wetterverhältnisse. Mit Geschwindigkeiten von bis zu 200 km/h peitschen Sturmböen gegen die eisgepanzerten Granitzähne des Cerro Torre oder des Fitz Roy. Dennoch – oder vielleicht gerade deshalb – zieht es Jahr für Jahr hunderte von Extrembergsteigern in diese unwirtlichste Gegend der Südanden.

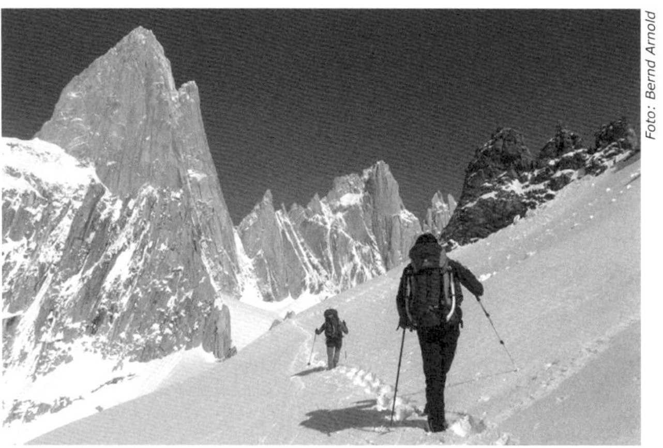

Foto: Bernd Arnold

Anmarsch zum Fitz Roy

Im Jahre 1995 ist Bernd bereits zum dritten Mal vor Ort. Seine Gefährten sind sein langjähriger Freund Kurt Albert und zwei junge sächsische Kletterer, Jörg Gerschel und Lutz Richter. Ein Jahr zuvor haben Bernd und Kurt in der 1300 Meter hohen Ostwand des Fitz Roy eine mögliche Route im Mittelteil der Wand entdeckt. Für die beiden ist der Fitz Roy der schönste und majestätischste Berg der Welt und sie nennen ihn deshalb – halb ironisch, halb respektvoll – „König Fritz“.

Als die vier mit ihrem umfangreichen Gepäck Chaltén erreichen, eine kleine Ortschaft mit nur 60 Einwohnern, verbirgt „König Fritz“ – wie so oft – sein Antlitz hinter einem Vorhang aus dichten Wolken. Sie erfahren von den Einheimischen, dass die Schlechtwetterlage bereits seit Wochen anhält. Das verdirbt aber keineswegs ihre gute Laune, ganz im Gegenteil, sie sagen sich, dass es jetzt eigentlich nur noch besser werden kann. Da in Chaltén die Fahrstraße endet, muss ihr Gepäck mit Pferden ins „Basislager“ des Fitz Roy gebracht werden, das allen Fitz Roy-Kandidaten als „Camp am Rio Blanco“ bekannt ist. Unter den Dutzenden Kletterern, die im Camp in Zelten und improvisierten Hütten hausen, herrscht gedrückte Stimmung – schließlich sind sie wegen des Schlechtwetters bereits seit Wochen zur Untätigkeit verdammt.

Trotz Regen, Schneefall und heftiger Windböen bringen Bernd und seine Freunde ihre Ausrüstung zum Wandfuß. Bisweilen brechen sie mit ihrem schweren Gepäck bis zur Hüfte in den Schneemassen ein. An einem einigermaßen windgeschützten Platz graben sie eine Schneehöhle, die der Ausgangspunkt für die Bezwingung der riesenhaften Ostwand sein wird.

Am 26. Januar bessert sich das Wetter endlich und die vier brechen sofort auf. Die Wand ist in gelbes Morgenlicht getaucht und sie erkennen deutlich „ihre“ Linie. Die feine Schattenbildung zeigt das System aus Verschneidungen und Rissen, die scheinbar ohne Unterbrechung 1000 Meter durch die steilen Granitfluchten ziehen. Eine geradezu euphorische Begeisterung erfasst Bernd; so lange hatte er von dieser Wand geträumt und nun wird dieser Traum endlich Wirklichkeit!

Bevor die vier die ersten Felsen erreichen, muss zunächst ein steiles Schnee- und Eisfeld überwunden werden. Hier verlegen sie 150 Meter Fixseil, um in den kommenden Tagen den Auf- und Abstieg zu erleichtern. In den Felsen oberhalb des Eisfeldes setzt eine Rissspur an, die weit oben in eine Verschneidung führt. Die Risse sind im Inneren stark vereist und somit ist das Klettern zunächst kein wahres Vergnügen.

Drei Tage lang kämpfen sie sich Meter um Meter höher. Nur ab und zu können sie das Emporturnen genießen, wenn die Wand links oder rechts des Risses Strukturen preisgibt, die von unten kaum zu erkennen sind. Nach diesen drei Tagen wäre eigentlich eine Ruhepause angesagt, aber Schönwettertage darf man in Patagonien nicht so einfach herschenken. Nach 15 Seillängen erreichen sie schließlich kleine Schneefelder, 450 Meter über dem Einstieg. Ein erstes Teilziel ist erreicht! Aber jetzt treibt sie das typische Patagonienwetter für mehrere Tage ins Camp zurück.

Regen und Wind peitschen die Zelte im Lager. Bisweilen erinnern Bernd die heranbrausenden Sturmböen an schwerbeladene Güterzüge, die das Lager überrollen und drohen, alles mit sich zu reißen. Es gilt nun, in den Tagen der Untätigkeit die Psyche zu pflegen und zu stabilisieren. Dies tun sie unter Aufbietung all ihrer Phantasie mit immer neuen kulinarischen Kreationen – mit viel Zwiebeln, Chilischoten und anderen „Scharfmachern“.

Bei der ersten Wetterbesserung geht es wieder an den Berg. Am späten Nachmittag erreichen sie, 500 Meter über dem Einstieg, eine kleine Terrasse, die sich gut zum Biwakieren eignet. Kaum haben sie den Platz von Eis und Schnee befreit, verschlechtert sich das Wetter erneut. Düstere Wolken schütten erst heftigen Regen, dann Schnee über sie aus. Nach wenigen Minuten ist alles, auch die Kleidung, von einem Eispanzer überzogen und sie seilen im Eiltempo bis zur Schneehöhle am Wandfuß ab.

Am nächsten Tag beruhigt sich das Wetter etwas und in wechselnder Führung steigen sie bis zum Umkehrpunkt des Vortages auf. Kurt fällt nun die Ehre zu, die Seilschaft zum „Corazon", einer herzförmigen Einbuchtung im oberen Wandteil, zu führen. Hier trifft ihre Neuroute auf die Führe, die der Schweizer Karl Ochsner und der Tscheche Michal Pitelka drei Jahre zuvor eröffnet haben. Ab dem „Corazon" liegt also kein Neuland mehr vor ihnen und die innere Anspannung löst sich. Der Aufstieg zum Gipfel scheint jetzt nur noch reine Formsache zu sein. Ehe sie diese letzte nur noch 200 Höhenmeter lange Etappe zurücklegen, wollen sie sich aber zunächst eine Ruhepause im Camp gönnen.

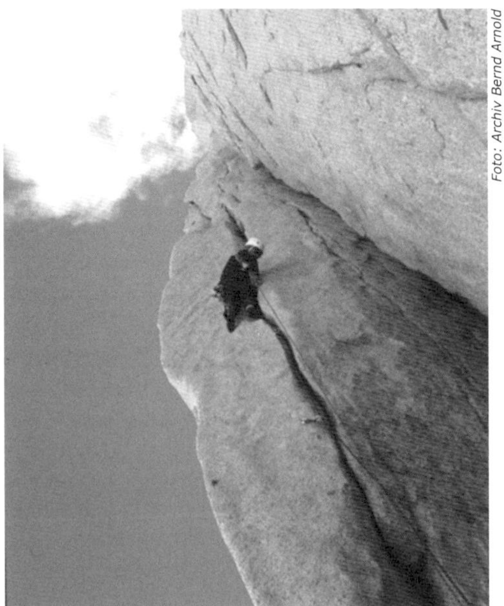

Foto: Archiv Bernd Arnold

Bernd im oberen Teil von „Royal Flush"

Beim Abseilen, bereits in der Nähe des Wandfußes, passiert es dann: Bernd schreit plötzlich auf – ein Stein hat ihn am linken Knie getroffen! Unten am Gletscher wird es zur endgültigen Gewissheit, dass einiges im Knie kaputt gegangen sein muss. Er kann kaum noch gehen und muss gestützt werden. Zunächst ergreift ihn ohnmächtige Wut, ehe er sich nach Stunden in sein Schicksal ergibt – es hätte ja auch viel schlimmer kommen können, der Stein hätte ihn ja auch am Kopf treffen können!

Auf jeden Fall haben die vier ihr Ziel erreicht, eine Erstbegehung durch den „granitenen Ozean" zu legen und dies in freier Kletterei, also ohne Zuhilfenahme künstlicher Fortbewegungsmittel. Mit ihrer Erstbegehung erreichen Bernd und seine Freunde eine neue Dimension des Freeclimbings in Patagonien: 40 Seillängen bis zum neunten Schwierigkeitsgrad! Bisher (Stand Ende 2019) wurde diese Route noch von keinem Kletterer nonstop in einem einzigen Anlauf bezwungen.

Immer wieder hinaus in die Berge der Welt

Nach Patagonien zieht es Bernd auch in den folgenden Jahren, 2006 zum ersten Mal mit seiner Tochter Heike, die ebenfalls eine hervorragende Kletterin ist. Nach einigen Eingehtouren klettern die beiden den Roten Pfeiler, „El Pilar Rojo" an der Aguja Mermoz, den Bernd im Jahre 1999 mit Kurt Albert erstbegangen hatte. Diese Route zählt mit ca. 20 Seillängen (bis VIII+) zu den herausragenden Klettertouren in der Fitz Roy-Gruppe.

Ein paar Tage später gelingt ihnen an der benachbarten Aiguille de la S mit „Dulce de Leche" eine Erstbegehung (10 SL, VII-). Da Bernd als besorgter Vater hier eher vorsichtig zu Werke geht, muss er sich von Heike schon mal mangelndes Selbstvertrauen vorwerfen lassen. Anschließend stellt sich aber seine Vorsicht als gerechtfertigt heraus, womit seine Ehre wieder hergestellt ist.

Im Jahre 2012 hat sich Bernd ein besonders weit entlegenes Ziel ausgesucht, die Insel Tasmanien vor der australischen Festlandküste, etwa 30 Flugstunden von Frankfurt am Main entfernt. Sicher hat seine Vorliebe für eher ausgefallene Klettergebiete auch damit zu tun, dass er als DDR-Bürger aus dem „vernagelten Sachsenlande" (Aussage von B. Arnold) bis zu seinem 40. Lebensjahr auf Reisen ins „kapitalistische Ausland" verzichten musste.

Europäische Bergsteiger verirren sich kaum nach Tasmanien, dazu sind die Reisekosten viel zu hoch und die Kletterziele zu bescheiden. Manche aber kennen die Fotos des spektakulären „Totem Pole" (Totempfahl), eine etwa 70 Meter hohe Felsnadel, die in einer engen Bucht direkt aus dem Meer wie ein Pfeil in die Höhe schießt. Seit Bernd dieses Foto gesehen hat, gehört der Totem Pole zu seinen Traumzielen. Im Dezember 2012 erfüllt er sich diesen Traum und macht sich mit drei Südtiroler Freunden auf die lange Reise.

Der Totem Pole ist von 200 Meter hohen steilen Uferfelsen umgeben und Bernd und seine Freunde müssen sich zunächst einmal abseilen, um an den Fuß der Klippen, direkt über den rauschenden Brandungswellen, zu gelangen. Hier muss etwa 10 Meter am Seil bis zum „Totempfahl" gependelt werden, was nach einigen Versuchen gelingt.

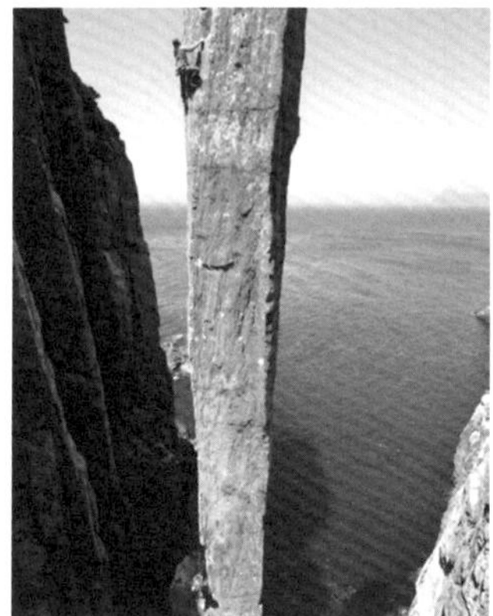

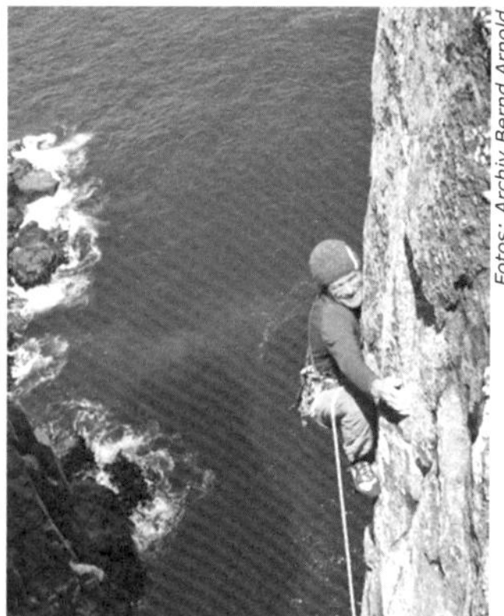

Fotos: Archiv Bernd Arnold

Links: eine Seilschaft am Totem Pole; rechts: Der 65-jährige Bernd am Totem Pole

Die nachfolgende Kletterei ist anspruchsvoll (VIII+): Der Fels ist feucht und an einer 40 Meter hohen Kante so glatt, dass sie dem inzwischen 65-jährigen Bernd, aber auch seinen wesentlich jüngeren Freunden, so einiges abverlangt.

Eine Erstbegehung allerdings ist ihre Route nicht, sie wurde bereits 1995 erschlossen. Eigentlich sucht Bernd bei seinen Klettertouren in fremden Ländern bevorzugt Neuland, aber diese 70-Meter-Säule ist so einmalig in ihrer Kühnheit, dass er mal eine Ausnahme macht. Unten im Meer tummeln sich Delfine und Robben, die Sonne steht strahlend am Himmel, die Kletterlinie ist herrlich – was will man mehr! „An so einem Tag denkt man wirklich an den Weltfrieden", schreibt Bernd in sein Tagebuch.

Bernd sucht sich aber auch gern noch exotischere Ziele für seine Klettertouren aus, z.B. den Sudan. Im Februar 2014, kurz vor seinem 67. Geburtstag, fliegt er mit drei Südtiroler Freunden nach Khartum. Bei der Besichtigung einer Moschee erfahren sie von einem kontaktfreudigen Wächter, dass der majestätische Felsturm hinter der Moschee noch seiner ersten Besteigung harre. Und nicht nur das: Am Gipfel stehe ein Bäumchen, dessen Äste, vom Erstbesteiger verbrannt, im Feuer zu Gold würden! Da ihr Freund Andi, von Beruf Apfelbauer, einen neuen Traktor braucht, bedarf es keinerlei Nachdenkens – da müssen sie hoch!

Über geneigte Platten und eine schwach ausgeprägte Verschneidung gelangen sie zu einem markanten Pfeiler. Da stockt ihnen der Atem: Im Fels steckt ein Bohrhaken, ein älteres Modell aus den 90er Jahren. Aus dem Sack voll Gold wird es also nichts werden! Aber jetzt einfach umkehren wollen sie auch nicht. Am Gipfel finden sie einen Steinmann, Zeugnis ihrer Vorgänger. Und das Bäumchen ist tatsächlich vorhanden – und alle Äste sind unversehrt. Offensichtlich war den Erstbesteigern dessen Zauber nicht bekannt, so dass dieses schöne Märchen wohl über alle Zeiten erhalten bleibt.

Wenn man als Globetrotter in vielen Teilen der Welt unterwegs ist, dann bleibt es nicht aus, dass man auch einmal in eine gefährliche Situation gerät. Mit seinem Freund Kurt Albert reist Bernd 1994 in Brasilien von einem Bergmassiv zum anderen. Gerade sind sie mit dem Fernbus in Rio de Janeiro angekommen und steigen um in einen Stadtbus, der trotz der nächtlichen Stunde voll besetzt ist. Plötzlich reißt der Gesprächslärm der Arbeiter, Touristen und angetrunkenen Jugendlichen ab. Ein finster aussehender Typ mit dreckverkrusteten Händen hält dem Busfahrer einen überdimensionalen Dolch an die Kehle und zwingt ihn, an den Haltestellen weiterzufahren. Sein Kumpan, der ebenfalls mit einem riesengroßen Messer bewaffnet ist, erleichtert die Passagiere inzwischen um ihr Bargeld. Als er sich nur noch zwei Sitzreihen von Bernd und Kurt befindet, plötzliche Schreie, Gerangel, Fausthiebe ... Mutige Fahrgäste haben die beiden Banditen entwaffnet, die jetzt hastig zur Tür stürzen und in der Dunkelheit verschwinden. Glück gehabt, denn Bernd und Kurt tragen ihr gesamtes Bargeld, ihre Flugtickets, Papiere und die umfangreiche Fotoausrüstung bei sich!

Wenn sich Bernd einmal im Jahr eine „exotische" Reise mit Freunden gönnt, so verreist er doch auch regelmäßig mit der Familie. So ist die Insel Kalymnos im Ägäischen Meer bereits seit dem Jahre 2001 ein regelmäßiges Ziel der Arnolds. Wenn im Oktober und November im Elbsandsteingebirge trübes und nasskaltes Wetter herrscht, laden hier Wassertemperaturen von über 20 Grad zum Baden ein und sonnenbeschienener Fels zum Klettern.

Im November 2017 findet sich die gesamte Familie, neben Bernd und Christine auch Tochter Heike, bereits seit Jahren eine engagierte Ärztin, und Schwiegersohn Alexander mit ihren vier Kindern auf der Insel ein. Während Oma Christine die Kinder hütet, klettert Bernd mit Heike zwei Routen, die er zehn Jahre zuvor erstbegangen hatte: „Baden mit und ohne", 7a und „Novembersonne", 7 b. Für Bernd mit seinen 70 Jahren und den ständigen Rückenbeschwerden stellt die Bewältigung dieser schwierigen Routen eine schöne Bestätigung dar – zum alten Eisen gehört er ganz sicher noch nicht! Die Abende verbringt die Familie bei noch milden Temperaturen auf dem Balkon, fern vom Alltag auf dieser „Insel der Sorglosen" – Meerblick und Sternenhimmel inbegriffen.

Wieder in Hohnstein

Ein paar Tage später sitzt Bernd wieder zu Hause in seinem Arbeitszimmer und beantwortet Mails und Briefe von Freunden und Geschäftspartnern aus aller Welt - direkt vor ihm eine Vielzahl von Fotos; eins davon zeigt einen entspannten Kurt Albert mit der Unterschrift: „Glückliche Menschen sind niemals gefährliche Menschen".

Hier arbeitete Bernd auch monatelang an seinem Buch „Zwischen Schneckenhaus und Dom", in welchem er dem Leser tiefe Einblicke in die Geschichte des sächsischen Bergsteigens wie auch in sein eigenes Kletterleben gewährt. Da er als gelernter Buchdruckermeister seit jeher ein besonders enges Verhältnis zu sprachlichen Fragen hatte und noch immer hat, ist es ihm ein Bedürfnis, sich dem Leser in prägnanter Weise mitzuteilen, ihn möglichst präzise an seinen Emotionen teilhaben zu lassen.

Dies tut er auch in diversen Publikationen, wie beispielsweise in den Alpenvereinsjahrbüchern des Deutschen, Österreichischen und Südtiroler Alpenvereins. Er legt dabei großen Wert darauf, Kletterberichte zu schreiben, die die gewohnten Bilder, Schemata und Standardformeln verlassen, denn „... manche Berichte ähneln einander derart, dass man nur noch die Namen der Protagonisten und den Zeitraum auszutauschen braucht" (B. Arnold).

Viel Korrespondenz und technisch-organisatorische Arbeit verlangen jedes Jahr auch die „Hohnsteiner Bergsommerabende", zu denen er Spitzenbergsteiger und Experten aus allen möglichen Bereichen einlädt. Im Programm des Jahres 2018 zum Thema „Bergsport und Risiko" heißt es beispielsweise:

„Los geht es am 6. Juli, 20 Uhr, mit Bernd Arnold selbst zum Thema „Ein Grenzgang". Im Anschluss präsentiert Peter Brunnert sein neuestes Werk, eine biografische Dokumentation. Am Sonnabend stellt der Psychologe und Bergführer Dr. Martin Schwiersch eine Betrachtung zum Thema „Das Risiko" an. Andreas Dick, Journalist und Bergführer, spannt danach einen Bilderbogen für ein „Spiel an der Grenze". Musikalisch begleitet werden die Veranstaltungen wieder von Uwe Hentzschel."

Während der Hohnsteiner Bergsommerabende ergeben sich auch immer wieder Gelegenheiten, um über die Zukunft des Elbsandsteinkletterns zu diskutieren. Bernd hat dazu eine ganz klare Meinung. Er vertritt die Ansicht, dass das Elbsandsteingebirge Raum für alle Spielarten des Kletterns bietet. An den Türmen sollte auch weiterhin das traditionelle Klettern gepflegt werden, an bestimmten Massiven müssten Sportkletterrouten geschaffen werden, außerdem auch klar definierte Gebiete für Boulderer. Er verweist dabei auf das benachbarte Tschechien, wo das gleichberechtigte Nebeneinander dieser drei Spielarten gut funktioniert.

Und wie geht es im Bergsteigerleben von Bernd weiter? Wie sieht er die vor ihm liegende Zeit? Dazu äußerte er sich im Herbst 2018: „Der jugendliche Kampfbergsteiger liegt hinter mir, auch den reifen Bergsteiger konnte ich intensiv durchleben, nun bin ich beim spürbaren Altern angekommen.

`Noch nicht.
Noch ist er nicht da.
Ich will nach vielen gelungenen Fahrten,
nach Siegen über Schwierigkeiten,
nach Kampf mit Fels und Sturm und Schnee,
nicht das Schwerste erleben: den Verzicht aus Schwäche.`
(Oskar Erich Meyer (1883-1939), Geologe und Alpinschriftsteller)

Klare, harte Worte, die Ängste verbreiten können ... Doch zum Glück durchlebte ich alle Phasen des Bergsteiger-Seins in intensiver Form, so dass ich mit Ängsten aller Art Umgang hatte und damit umgehen kann. Nach zwei komplizierten Rückenoperationen bin ich auf einem gefühlten guten Genesungsweg. Ungeduldig zwar, aber wenn mir morgen mit meiner Enkelin Johanna der Alte Südweg auf den Rauschenstein gelingt (entgegen den Empfehlungen meines Neurochirurgen), ist das ein echter Neubeginn. (Nachbemerkung: Es gelang!)“

Frühjahr 2020: Der Genesungsprozess von Bernd macht weitere Fortschritte und er steigert allmählich die Schwierigkeit seiner Kletterrouten in den heimischen Felsen. Da bekanntlich der Appetit beim Essen kommt, hat der nunmehr 73-jährige Bernd am 17. Mai 2020 ein ganz großes Ziel: die Jubiläumsbegehung des 70er-Weges am Rokokoturm, auf den Tag genau 50 Jahre nach der Erstbegehung durch Bernd, Günter Lamm und Wolfram Nolte. Seine Zweifel, ob sein lädierter Körper den großen Schwierigkeiten (IXa, nach heutiger Bewertung IXb) gewachsen sein wird, begleiten Bernd wochenlang. Er schreibt:

„Der Argumentation der Freunde glaubend und auf den Rat von Christine und Heike hörend, entscheide ich mich schließlich zur Seilverbindung. Wie auf eine Perlenschnur gereiht werden wir uns nach oben bewegen. Roger übernimmt den Vorstieg, ehrenvoll, immerhin hat er bei mir vor 40 Jahren das Klettern begonnen. Nawtel, Mario, Rainer, Andreas, Heike und zum Schluss ich, werden ihm folgen. Dass Heike vor mir ist, gibt mir Vertrauen, denn sie versteht meine Körpersprache fast blind und wird mir bei meinem Tun Rückhalt geben. Christine, sie kennt den Weg von einer Begehung aus dem Jahre 1985, wird über den Tag die Enkel mit spielerischer Kletterei beschäftigen. (...)

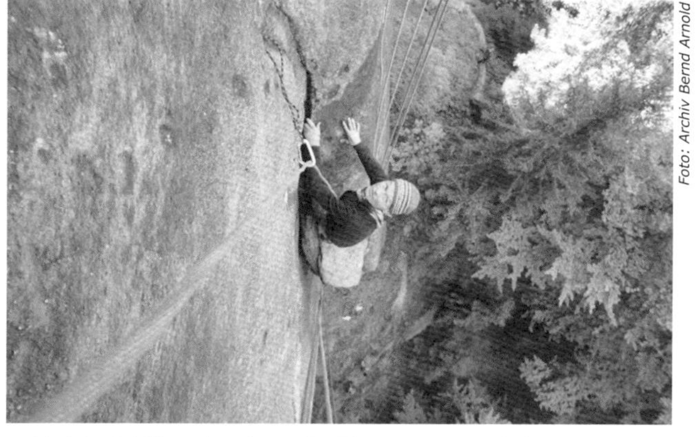

Foto: Archiv Bernd Arnold

Bernd bei der Jubiläumsbegehung des 70er-Wegs am Rokokoturm, hier an der ersten Schlüsselstelle

Nun sind alle an der Route beschäftigt und ich, als Letzter der Perlenkette, erwarte mein Tun. Immerhin enttäusche ich mich nicht, kann noch mithalten mit den Jungen. Sogar die Erinnerung an den inneren Kampf um das Anbringen der Sicherungsringe und das Auflösen der Schlüsselstelle werden mir gegenwärtig. Zum Glück ist Heike über mir und am Gipfel sind wir alle vereint. (...)

Nach der „Erdung“ (wieder am Waldboden): In der Summe des Erlebens war es ein Kampf gegen meinen inzwischen gezeichneten Körper. Die erforderliche Beschleunigung erhielt ich durch die damaligen Erinnerungen und die jetzigen Seilverbindungen, die buchstäbliche Verkörperung der Jugend. Ganz klar, die Freude darüber war allgegenwärtig, erfasste auch das Bodenpersonal (Oma Christine mit Enkeln) und bedurfte eines würdigen Umtrunks.“

Und Bernd schließt mit den Worten: „Erst in der Weitergabe von erfahrener Freude ergibt sich die Sinnhaftigkeit eines erfüllten Lebens.“

Bernd Arnold

geboren am 28.2.1947 in Hohnstein/Sachsen

Auszug aus seinem Tourenbuch:

a) Elbsandsteingebirge (jeweils Erstbegehungen)
1970 Schwager, Nordwand, IXb/VIII
1977 Großer Wehlturm, Wand im frühen Morgenlicht, IXc/VIII+
1982 Amselspitze, Schallmauer, Xa/IX-
1983 Schwedenturm, 6. Versuch, Xb/IX
1986 Rokokoturm, Garten Eden, Xc/ IX+ 1
2020 Rokokoturm, 70er-Weg, IXa /VIII- , Wiederholung seiner Erstbegehung von 1970 mit 73 Jahren!

b) weltweit (jeweils Erstbegehungen)
1991 Paine, Zentralturm, Riders on the Storm, IX, A3
1993 Hand der Fatima (Mali), Wonangaba Maby (Du hast es so gewollt), IX-, A2
1995 Fitz Roy, Royal Flush, IX
2002 Wadi Rum (Jordanien), 55 Steps to Hell, VIII
2008 Upuigma (Venezuela), Das Auge des Adlers, IX-, mit 61 Jahren!

KAPITEL 2

Peter Habeler

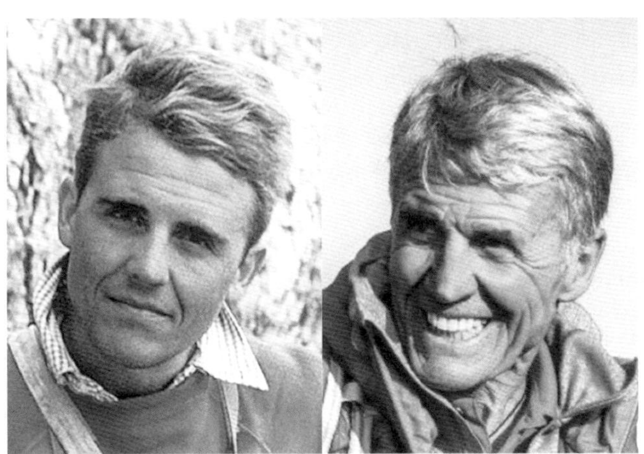

Peter Habeler mit 25 und mit 77 Jahren

Foto links: Otti Wiedmann; Foto rechts: Archiv Peter Habeler

„Ich bin im Zillertal geboren und im Gebirge aufgewachsen, und als Kind war es wohl eher die Neugierde, die mich zum Bergsteigen gebracht hat. Wie sieht es da oben aus, finde ich dort etwas, was es im Tal nicht gibt? Irgendjemand hatte einmal erzählt, man könnte das Meer sehen. Nun, das Meer habe ich in den heimatlichen Bergen nicht gesehen, aber ich erlebte eine Fülle von äußerst intensiven, herrlichen Eindrücken, die mich formten und meinen weiteren Lebensweg bestimmten.“ (Peter Habeler)

Als Peter erst acht Jahre alt ist, stirbt sein Vater. Seine Mutter, eine ausnehmend schöne Frau, lässt Peter und seinem fünf Jahre älteren Bruder Roman viele Freiheiten und so verbringt Peter jede freie Minute am Berg. Bereits als Zehnjähriger besteigt er mehrere fast dreitausendfünfhundert Meter hohe Gipfel der Zillertaler Alpen wie den Olperer oder den Großen Möseler. Er begleitet dabei oft den Bergführer Toni Volgger, dessen Devise es ist: „Schnelligkeit ist Sicherheit!“ Und so ist Peter von Anfang an immer äußerst flink unterwegs.

Sein Berufswunsch ist ihm schnell klar: Bergführer! Seine Mutter aber möchte, dass er einen „richtigen“ Beruf erlernt und da Peter eine gewisse künstlerische Ader hat, besucht er die Glasfachschule in Kramsach am Fuß des Rofangebirges. Im Herbst, Winter und Frühjahr beschäftigt er sich vier Jahre lang brav mit Glasveredlung, Bleiverglasen und Glasmalerei, im Sommer aber verdient er sich etwas Taschengeld mit Führen, macht aber auch viele schwierige Klettertouren mit Freunden. Sein bevorzugter Seilgefährte, Sepp Spachtholz, ist ein eher ruhiger Zeitgenosse und die beiden unterschiedlichen Temperamente prallen dann schon mal heftig aufeinander. Peter geht nichts schnell genug, noch beim Aufstieg zu einem Gipfel denkt er bereits an die nächste Tour – er ist geradezu besessen vom Bergsteigen.

1963 lernt er dann den Osttiroler Sepp Mayerl kennen, der als Kirchturmrestaurator durch die Lande zieht. Bei dem fünf Jahre älteren Sepp lernt Peter alles, was bei Extremtouren wichtig ist: wie man einen Standplatz gut absichert, wie man mit dem Doppelseil umgeht oder sichere Haken schlägt. Ihre ersten gemeinsamen Touren gehen sie im Wilden Kaiser. Dann folgt Route auf Route im Karwendelgebirge und in den Dolomiten wie die „Comici“ an der Großen Zinne, der Südpfeiler an der Marmolada und die „Philipp/Flamm“ in der Civetta.

Mit seinem Freund Sepp Kreidl führt er Erstbegehungen in den Zillertaler Alpen durch wie die Südwestpfeiler-Verschneidung an der Reichenspitze. Erst 45 Jahre später wird diese Route wiederholt und die Zweitbegeher vergleichen sie mit den „Pumprissen“, der weltweit ersten Route im VII. Schwierigkeitsgrad!

1965 legt Peter die Bergführerprüfung ab und besteht sie als Jahrgangsbester. Seine Mutter hat sich inzwischen damit abgefunden, dass ihr Sohn keinen „ordentlichen“ Beruf ausüben wird. Bereits ein Jahr nach seiner Bergführerprüfung wird Peter ins Ausbildungsteam der Österreichischen Berg- und Skiführer berufen. In dieser Eigenschaft fährt er im Sommer 1966 nach Persien, um dort 400 persische Berginstruktoren auszubilden - eigentlich eine Aufgabe, die seinen Stundenplan voll ausfüllen sollte. Aber Peter mit seiner unbändigen Energie schafft es, zusätzlich noch Bergtouren auf eigene Faust zu unternehmen. Dabei besteigt er u. a. den höchsten Berg des Landes, den 5601 Meter hohen Demawend.

1972 wird Peter zum Ausbildungschef des Verbandes der Österreichischen Berg- und Skiführer ernannt. Mit seinen erst 30 Jahren ist er der jüngste Leiter, den es je im VÖBS gab. 1978 gibt er diesen Posten allerdings auf, weil er nicht mehr mit seinen zahlreichen Expeditionen vereinbar ist.

Frêneypfeiler und Grand Pilier d`Angle

Im Sommer 1967 werden Peter und der Osttiroler Michl Meirer von der ENSA (Ecole Nationale de Ski et d`Alpinisme) nach Chamonix zu einem internationalen Bergsteigertreffen eingeladen. Jeweils zwei Bergsteiger pro Land, die sich ganz besonders in Fels und Eis hervorgetan haben, sollen in den Bergen um Chamonix die Gelegenheit erhalten, ihr Können unter Beweis zu stellen.

Peter und Michl haben ehrgeizige Ziele: den Frêneypfeiler und den Grand Pilier d`Angle am Montblanc. Aber kaum haben sie das Wort „Frêneypfeiler“ ausgesprochen, schon rät man ihnen dringend davon ab, diese äußerst schwierige und gefährliche Route zu begehen. Noch ist allen Beobachtern der Alpinszene der dramatische Erstbesteigungsversuch des Frêneypfeilers in Erinnerung, bei dem vier Alpinisten beim tagelangen Kampf im tobenden Schneesturm ums Leben kamen.

Peter und Michl aber lassen sich nicht von ihrem einmal gefassten Plan abbringen und brechen am 11. Juli auf. Sie queren den Gletscher zum Col de la Fourche und richten sich dort in der Biwakschachtel häuslich ein. Nach einer kurzen, unruhigen Nacht machen sie sich bereits um ein Uhr nachts auf den Weg. Der Schnee ist hart gefroren und sie kommen gut voran. Die 600 Meter hohe Eisflanke, die zum Col de Peuterey hinaufführt, bringen sie im Eiltempo seilfrei hinter sich.

Vom Col de Peuterey aus können sie endlich „ihren“ Pfeiler in Augenschein nehmen. Peter ist ungemein beeindruckt – kalte Angst kriecht in ihm hoch. Da hilft nur eins: Sie müssen sofort in den Pfeiler einsteigen, um in der Aktion alle Bedenken zu verdrängen. Peter überwindet rasch die ersten Seillängen im 4. und 5. Schwierigkeitsgrad. Nach einer Rechtsquerung nehmen die Schwierigkeiten zu. Jetzt erst haben sie den gefürchteten Teil des Pfeilers vor sich, durchgehend mit Stellen im 6. Schwierigkeitsgrad. Von den Erst- und Zweitbegehern steckt hier kein einziger Haken und Peter muss sich jeden Meter mühsam erarbeiten.

Gegen sechs Uhr abends erreichen sie die „Kerze“ und richten sich zum Biwak ein – genau an der Stelle, an der 1961 das Drama begonnen hatte. Nach einer eiskalten

Nacht steigt Peter im ersten Dämmerlicht in die „Kerze“ ein. Glücklicherweise stecken hier einige Haken, was ihm vor allem am großen Überhang, der anspruchsvollsten Passage, die Kletterei erheblich erleichtert.

Alle großen Schwierigkeiten liegen nun hinter ihnen, aber der Weg zum Gipfel des Montblanc ist noch weit. Erst um sieben Uhr abends stapfen sie die letzten Meter zum höchsten Punkt empor. Eine Dreiviertelstunde später stoßen sie die Tür der kleinen, unbewarteten Vallot-Hütte auf und sinken müde auf die Pritschen.

Als sie am kommenden Nachmittag in der ENSA eintreffen, klopfen ihnen alle auf die Schultern – die Drittbegehung des gefürchteten Frêneypfeilers - das hatte ihnen niemand zugetraut! Der feingliedrige, gutaussehende Peter mit seinem strahlenden Lächeln entspricht nun einmal nicht dem Klischee vom stahlharten Nordwandmann mit kantigen Gesichtszügen à la Anderl Heckmair.

Die beiden vertrauen sich einem der Ausbilder, Pierre Julien, an und erzählen ihm, dass sie noch ein weiteres großes Ziel haben, nämlich den Grand Pilier d`Angle. „Drei bis vier Tage werdet ihr schon bis zum höchsten Punkt des Pfeilers brauchen“, meint er und warnt sie insbesondere vor dem brüchigen und vereisten Fels. Hätte er sie begleitet, wäre er vollkommen verblüfft gewesen, dass sie bereits am ersten Tag alle Hauptschwierigkeiten hinter sich bringen und sich nur ca. 200 Meter vom Pfeilergipfel entfernt zum Biwak einrichten. Und um 15 Uhr des darauffolgenden Tages stehen sie zum zweiten Mal innerhalb von wenigen Tagen auf dem Gipfel des Montblanc. In der ENSA ist jetzt keiner der Ausbilder mehr erstaunt, dass ihnen die dritte Begehung des Grand Pilier d`Angle geglückt ist – und dies in erstaunlich kurzer Zeit.

Peter Habeler und Reinhold Messner – zehn Jahre lang ein unübertroffenes Dreamteam

Im Spätsommer 1966 erhält Peter einen Brief von Reinhold Messner mit der Frage: „Hast Du Lust auf den Walkerpfeiler an den Grandes Jorasses?“ Die Post von Reinhold überrascht Peter nicht, denn die beiden kennen sich bereits seit einiger Zeit. Vor ein paar Monaten, im Februar 1966, haben sie versucht, die Bonatti-Route in der Matterhorn-Nordwand zu wiederholen. Nach dem Engel-Quergang, in der Mitte der Wand, mussten sie jedoch wegen Schlechtwetter umkehren. Was den Walkerpfeiler anbelangt, so ist Peter aber doch erstaunt über den späten Zeitpunkt für ein so hochalpines Unternehmen; trotzdem sagt er sofort zu, er freut sich ganz einfach auf eine große Tour zum Saisonausklang.

Am 9. September treffen sie sich in Chamonix. Reinhold hat noch Sepp Mayerl und Fritz Zambra mitgebracht. Als sich die vier in Chamonix umhören, wie die Verhältnisse im Montblanc-Gebiet einzuschätzen sind, ist die Enttäuschung groß: „Der Walkerpfeiler ist bis zum Einstieg hinunter mit einer Eisglasur überzogen und praktisch unmöglich. Lasst die Finger davon, das ist viel zu gefährlich!“ Sepp, der älteste der vier, hat sofort eine Ersatzlösung parat: „Machen wir doch den Bonattipfeiler am Petit Dru, da haben wir keine vereisten Stellen zu befürchten!" Aber weder Peter, noch Reinhold sind von diesem Vorschlag begeistert: „Machen wir doch wenigstens einen Versuch am Walkerpfeiler, umkehren können wir immer noch!"

Und so marschieren sie am nächsten Tag über das gewaltige Mer de Glace zur Leschaux-Hütte. Von hier aus sieht der Walkerpfeiler nicht mehr ganz so abweisend aus und so brechen die vier am kommenden Morgen gegen drei Uhr Richtung Pfeiler auf. Am Pfeilereinstieg bilden sie zwei Seilschaften: Peter mit Sepp und Reinhold mit Fritz. Es ist empfindlich kalt: minus 10 Grad Celsius! Reinhold und Fritz klettern zunächst voraus. Die verschneiten und teilweise vereisten Felsen verlangsamen das Vorwärtskommen ganz erheblich. Am Ende des ersten Klettertages ist Peter ziemlich unzufrieden, denn sie haben für das erste Wanddrittel bis zum Cassin-Biwak einen ganzen Tag benötigt. Das verheißt nichts Gutes für den folgenden Tag, denn die Vereisung wird weiter oben noch zunehmen – so viel erscheint sicher.

Bereits gegen halb fünf Uhr morgens setzen sie den Aufstieg fort. Der Gipfel der Grandes Jorasses hüllt sich immer mehr in dunkle Wolken. „Da braut sich was zusammen", meint Sepp, „wir müssen heute noch raus aus dem Pfeiler, sonst kann's kritisch werden!"

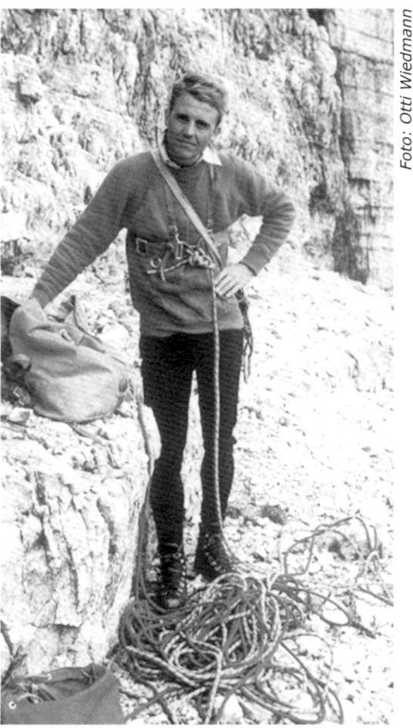

Foto: Otti Wiedmann

Peter mit 25 Jahren

Peter Habeler

Der Pfeiler wird jetzt steiler – letzten Endes ein Glück für die vier, denn an den fast senkrechten Passagen hat sich kaum Schnee und Eis festsetzen können. Die beiden Seilschaften wechseln sich mehrfach in der Führung ab und kommen deutlich zügiger voran als am Vortag. Gegen 6 Uhr abends erreichen sie den Gipfel mit strahlenden Gesichtern; sie freuen sich ganz einfach über ihren schnellen Aufstieg am zweiten Tag.

Ihre Freude vergeht aber schnell beim Abstieg, denn bald zieht Nebel auf, es beginnt zu hageln und schließlich geht der Hagel in Schneefall über. Ein weiteres ungemütliches Biwak wird unumgänglich. Am kommenden Tag brechen sie bereits früh auf. Als sie endlich leichteres Gelände erreichen, entspannen sich ihre Gesichter. Sie fühlen sich erlöst und lachen wie Lausbuben nach einem gelungenen Streich.

In seinem Buch „Die großen Wände“ geht Reinhold Messner ausführlich auf die Durchsteigung des Walkerpfeilers ein und schreibt zum Leistungsvermögen von Peter Habeler: „Peters Können war damals schon unübertroffen. Sein Diplom als Bergführer hatte er mit Auszeichnung erworben. Noch mehr als seine Fähigkeiten im Fels bewunderten die Ausbilder seine Vielseitigkeit und seine Härte gegen sich selbst. Sein schlanker, fast zarter Körper schien für extreme Touren denkbar ungeeignet. Doch sobald er in der Wand war, wurde er wie eine Katze. Seine Bewegungen strahlen Kraft und Geschicklichkeit aus. So klettert er in jedem Gelände, im Fels, im Eis, im kombinierten, allein und im Winter. Neben seiner Begabung besitzt er auch jene Ausdauer, die man nur durch unnachgiebige Selbstzucht und jahrelanges Training erwerben kann. Ich hätte ihm damals schon alle jene Touren zugetraut, die in extremen Bergsteigerkreisen als ‚kriminell‘ bezeichnet werden.“

Im Eiltempo durch die Ostwand des Yerupaja Grande (6635 m)

In den Jahren nach dem Walkerpfeiler verabreden sich Peter und Reinhold mehrfach für große Touren, aber immer kommt irgendetwas dazwischen. Außerdem liegen immerhin ca. 160 km zwischen ihren Wohnsitzen und so klettern die beiden Ende der sechziger Jahre meist mit Seilgefährten aus ihrer unmittelbaren Umgebung.

1969 flattert Peter und Reinhold eine Einladung zur „Tiroler Andenexpedition 1969“ ins Haus. Der Expeditionsleiter Otti Wiedmann hat einige der besten Tiroler Bergsteiger um sich versammelt: Sepp Mayerl, Heli Wagner, Egon Wurm und als Arzt Dr. Raimund Margreiter. Peter und Reinhold verdanken ihre Teilnahme insbesondere Sepp Mayerl, der die beiden gegenüber dem Expeditionsleiter in höchsten Tönen gelobt hat.

Am 25. Juni 1969 fliegen die sieben über Rio de Janeiro nach Lima in Peru. Hier hätte die Expedition beinahe ein frühes Ende nehmen können, denn als Otti Wiedmann ihr Geld in die Landeswährung umtauschen will, wird ihm in einem kurzen Moment der Unachtsamkeit die Tasche mit dem gesamten Geld gestohlen. Glücklicherweise springen die österreichische Handelsaußenstelle und private Gönner ein – die Expedition ist gerettet!

Ziel der Tiroler ist der Yerupaja Grande, mit 6635 Metern der zweithöchste Gipfel Perus. Sie wollen den Gipfel über zwei gänzlich unterschiedliche Routen erreichen: zum einen über den wilden, mit riesigen Wechten überzogenen Südostpfeiler und zum anderen über die 1200 Meter hohe Ostwand, eine 50 – 55 Grad steile Firnflanke.

Zunächst hat die Expedition kein Glück mit dem Wetter. Im Basislager auf 4200 Metern Höhe regnet es und ab 5000 Metern schneit es. Dennoch sind Peter und Reinhold in bester Stimmung. Sie wissen, dass sie ideale Partner für große Unternehmungen sind, gleich gut in Fels und Eis und gleich schnell.

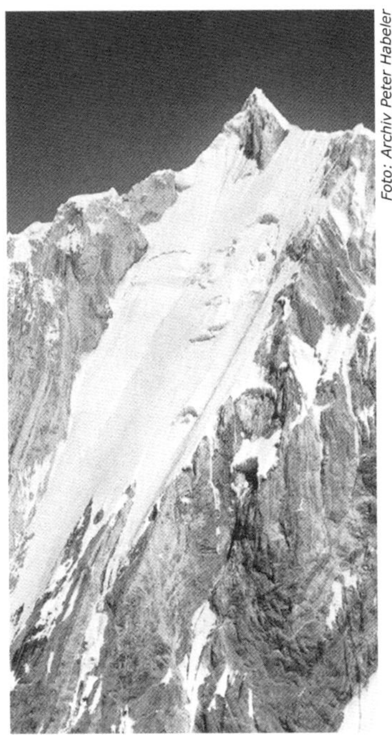

Foto: Archiv Peter Habeler

Die Ostwand des Yerupaja Grande

Die ersten Hochlager entstehen unter Beteiligung aller Expeditionsmitglieder. Da der Südostpfeiler und die Ostwand direkt nebeneinander liegen, können diese Lager für beide Routen genutzt werden. Am 14. Juli starten Peter und Reinhold zu ihrem ersten Versuch in der Ostwand. Gegen sechs Uhr sind sie am Wandfuß. Bereits eine halbe Stunde später donnern die ersten Steine über die Wand. Nach kurzer Beratung kehren die beiden um – sie sind einfach zu spät dran. Die Wand kann nur nachts bzw. am späten Nachmittag durchstiegen werden. Solange die Sonne auf die Gipfelfelsen trifft, ist man einer ständigen Kanonade ausgesetzt.

Vier Tage später sind Peter und Reinhold wieder in der Wand; diesmal beginnen sie den Aufstieg bereits um drei Uhr nachts. Sie haben die Absicht, Auf- und Abstieg am selben Tag zu bewältigen. Der Firn ist griffig und sie kommen gut voran. Ihre Blicke gehen aber immer wieder in Richtung Gipfelfelsen. Im Moment ist es noch ruhig, aber sie wissen nur zu gut – lange wird die Ruhe nicht dauern! Und so legen sie noch einmal einen Zahn zu. Um 10.30 Uhr erreichen sie den Gipfelgrat, die Wand ist bezwungen und das in einem geradezu phantastischen Tempo! Der Gipfel scheint von ihrem Standort zum Greifen nah, aber der Fels ist dermaßen brüchig, dass Peter nach 20 Metern wieder zurücksteigt. Rechts um die Felsen herum sehen sie eine Aufstiegsmöglichkeit, aber dazu ist die Zeit zu knapp.

Um 15 Uhr beginnen sie mit dem Abstieg über die steile Eisflanke. Die Sonne ist inzwischen verschwunden und nur noch vereinzelt donnern Steine durch die zentrale Rinne. Ein paar Stunden zuvor wäre es Selbstmord gewesen, in der Wand zu klettern. Als sie sich gegen 19 Uhr über die riesige Randspalte abseilen, ist es bereits dunkel.

Wenige Tage später gelingt Peter und Reinhold die Erstbesteigung des Yerupaja Chico (6121 m). Vom Gipfel schauen sie hinüber zum Yerupaja, an dessen Südostpfeiler sie ihre Kameraden Sepp Mayerl und Egon Wurm entdecken. Einen Tag später erreichen Sepp und Egon den Gipfel. Damit hat die kleine Expedition schöne Erfolge erzielt: die zweite Besteigung des Yerupaja und vor allem die erste Durchsteigung der direkten Ostwand und die Erstbesteigung des Südostpfeilers.

Matterhorn Nordwand

Zwischen der Anden-Expedition und der gemeinsamen Durchsteigung der Matterhorn Nordwand im Juli 1974 sind Peter und Reinhold wieder oft getrennt unterwegs. 1970 besteigt Reinhold mit seinem Bruder Günther im Rahmen einer Herrligkoffer-Expedition den Nanga Parbat. Im Abstieg kommt Günther in einer Eislawine ums Leben. Reinhold überlebt knapp, erfriert sich aber die Zehen, die größtenteils amputiert werden müssen. Damit verliert er die Feinfühligkeit, die es braucht, um auch weiterhin im Felsklettern Akzente setzen zu können.

Für das Jahr 1974 haben Peter und Reinhold zwei große Ziele auf ihrem Programm: die Nordwände des Matterhorns und des Eigers. Ende Juli steigen die beiden in einer knappen Stunde zum Schwierigen Riss in der Eiger Nordwand auf. Es ist warm, überall rieselt Wasser herunter und wahre Wasserfälle ergießen sich über die Rote Flüh. Im oberen Teil ist die Wand jedoch vereist und wenige Meter links von ihnen schlagen ständig Eisstücke ein. Das sind nun wirklich alles andere als ideale Bedingungen und es fällt ihnen leicht aufzugeben und wieder zur Kleinen Scheidegg abzusteigen.

Kurz entschlossen fahren sie zum Matterhorn. In der Hörnlihütte kommen sie mit verschiedenen Bergführern ins Gespräch. Die Verhältnisse in der Nordwand sind zwar nicht gut, aber die Bergführer halten sie dennoch für machbar. Am Abend trifft Reinhold im Vorraum der Hütte zwei Japaner, die gerade aus der Nordwand kommen: „Die Wand ist vereist und wir haben auf einer ganz schmalen Leiste biwakiert. Es war sehr kalt." Das hört sich zwar nicht gerade sehr einladend an, aber trotzdem strahlen die beiden Japaner übers ganze Gesicht – die Strapazen scheinen bereits vergessen.

Kurz nach zwei Uhr nachts verlassen Peter und Reinhold die Hütte. Am Hörnligrat sind schon zahlreiche Seilschaften unterwegs, wie die vielen Lichter verraten, die dort hin- und herhuschen. Am Bergschrund unter dem steilen Eisschild, das zum Schrägcouloir hinaufführt, seilen sich die beiden an. Das Eis ist glasig und das Klettern somit nicht ganz ungefährlich. Dennoch gehen sie meist gleichzeitig und setzen nur an einigen Stellen Eisschrauben.

Der Nebel, der am frühen Morgen den Gipfel des Matterhorns verhüllt hatte, senkt sich nun immer mehr und verdeckt auch allmählich die umliegenden Berge. Eigentlich kein gutes Zeichen, aber Peter und Reinhold hoffen, den Gipfel in wenigen Stunden zu erreichen. Ihre Zuversicht steigt noch, als sie die schwierige Seillänge, die zum Schrägcouloir führt, rasch hinter sich bringen. Reinhold schreibt später: „Ich hatte bis zum Biwakplatz der Japaner, den einige Abfallreste markierten, nicht einen Augenblick das Gefühl verspürt, in einer der großen Wände der Alpen zu sein. Obwohl seit einer Stunde schon die ersten Schneeflocken wirbelten, waren wir bester Laune, vielleicht sogar übermütig".

Das aber sollte sich in den abschüssigen Platten, die nach rechts in die etwas flachere Gipfelwand leiten, rasch ändern. Peter erzählt: „Tückische, glatte, mit Eis überzogene Felsplatten zwangen uns, mit Steigeisen zu klettern. Gegen 10 Uhr kam das erste Gewitter. Mir ist unklar, weshalb wir uns nicht beirren ließen und im Getöse des Donners, in dem jede Verständigung unmöglich wurde, unseren Aufstieg unentwegt fortsetzten."

Es schneit jetzt unaufhörlich und die kleinen Leisten, die ihnen als Griffe und Tritte hätten dienen sollen, sind bald von Schnee bedeckt und nur schwer ausfindig zu machen. Reinhold, der gerade führt, versucht es links, dann rechts, aber überall ist der Fels ungünstig geschichtet und außerdem mit einer dünnen Eisglasur überzogen. Jeder Schritt verlangt höchste Konzentration. Als mitten in einem haltlosen Plattenschuss auch noch das Seil ausgeht, sucht Reinhold eine ganze Weile nach einer Möglichkeit, einen zuverlässigen Standplatz zu bauen. Es gelingt ihm schließlich, fünf oder sechs kurze Messerhaken in zwei feine Ritzen zu schlagen.

Nachdem Peter aufgeschlossen hat, versucht er, der normalen Aufstiegslinie folgend, schräg nach rechts zu klettern, aber dieser Wandteil wird ständig von kleinen Neuschneelawinen überspült. Überdies schlagen ständig Blitze in der Gipfelwand ein und lösen fast pausenlosen Steinschlag aus. So bleibt ihnen nichts anderes übrig, als nach links auf eine Pfeilerkante auszuweichen.

Der Flockenwirbel ist inzwischen zu einem Schneesturm angewachsen und die beiden drücken aufs Tempo, um möglichst schnell aus der Wand herauszukommen. „Ich bin froh, dass gerade du dabei bist“, schreit Reinhold am Standplatz Peter ins Ohr, „ich würde wohl sonst keinen anderen führen lassen.“

Der feine Triebschnee, den der Sturm unter die Kleider bläst, schmilzt auf der Haut und beide sind unterkühlt. Die Hände sind eiskalt, aber in dem kleingriffigen Fels müssen sie ohne Handschuhe klettern. Immer wieder werden sie von kleineren Lawinen gestreift und ab und zu donnern auch Steine herab und fauchen an ihnen vorbei. Als sie um die Mittagszeit endlich den Hörnligrat etwa 50 Meter unterhalb des Gipfels erreichen, sind sie heilfroh. Noch immer schlagen Blitze in Gipfelnähe ein und so heißt die Devise: Nichts als runter! Über den Hörnligrat steigen sie rasch ab und treffen dabei eine ganze Menge Bergsteiger, die im Unwetter unter ihren Biwaksäcken auf eine Wetterbesserung warten.

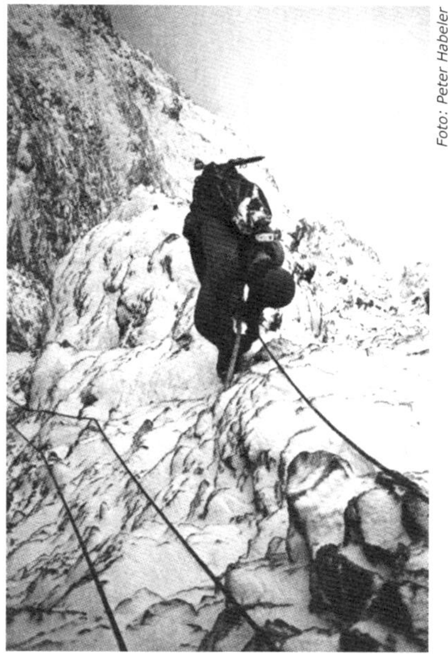

Foto: Peter Habeler

Reinhold Messner am Pfeiler zwischen Gipfel und Schulter des Matterhorns

In der Hörnlihütte beglückwünschen mehrere Bergführer Peter und Reinhold – bei diesen äußerst ungünstigen Verhältnissen haben sie ja nur acht Stunden für die Durchsteigung der Nordwand gebraucht, ein weiterer Beweis für ihr souveränes Können. Die Eiger Nordwand aber bleibt auf ihrem Programm, auch wenn beide vorerst nach Hause fahren, Peter nach Mayrhofen und Reinhold nach Villnöß. Die Zwischenzeit nutzt Peter für weiteres Training; er durchsteigt die 300 Meter hohe Nordostwand (V+) des Olperers (3476 m) in nur einer Stunde.

In 10 Stunden durch die Eiger-Nordwand

Am 14. August 1974 sind Peter und Reinhold wieder am Eiger. Um fünf Uhr morgens steigen sie links des ersten Pfeilers in die Wand ein. Anfangs gehen sie noch seilfrei und kommen so schnell voran. Bereits um 6.30 Uhr erreichen sie den Hinterstoißer-Quergang und eine Stunde später das Zweite Eisfeld. Hier werden sie Zeugen der Bergung von zwei polnischen Bergsteigern durch einen Hubschrauber der Schweizer Bergrettung. Es dauert nur wenige Minuten, bis die Polen in die Maschine gehievt werden und sich der Hubschrauber Richtung Kleine Scheidegg entfernt.

Als sich der Motorenlärm gelegt hat und wieder Stille am Berg eingekehrt ist, klettern Peter und Reinhold auf ihren Zwölfzackern rasch ans obere Ende des Eisfeldes, um Schutz vor den ab und zu herabfegenden Steinen zu finden. Die Frostgrenze liegt an diesem Tag bei 3500 Metern und Peter denkt sich: „Nur gut, dass die Frostgrenze so niedrig liegt, sonst wären wir hier einem ständigen Bombardement ausgesetzt!"

Peter und Reinhold behalten ihr flottes Tempo bei und erreichen zehn Minuten vor 9 Uhr das Todesbiwak. Über das vom Steinschlag schwarze Dritte Eisfeld queren sie in die Rampe. Hier treffen sie auf zwei österreichische Seilschaften, die bereits zweimal in der Wand biwakiert haben und gar nicht glauben können, dass Peter und Reinhold erst vor gut vier Stunden mit dem Klettern begonnen haben. Später, als sich die drei Seilschaften nach gelungener Durchsteigung auf der Kleinen Scheidegg treffen, sagt Franz Kröll, der Führer der vier Österreicher, zu Peter: „Unglaublich, so ein Tempo in der Wand vorzulegen! Strafzettel habt`s verdient wegen Überschreitung der Höchstgeschwindigkeit!"

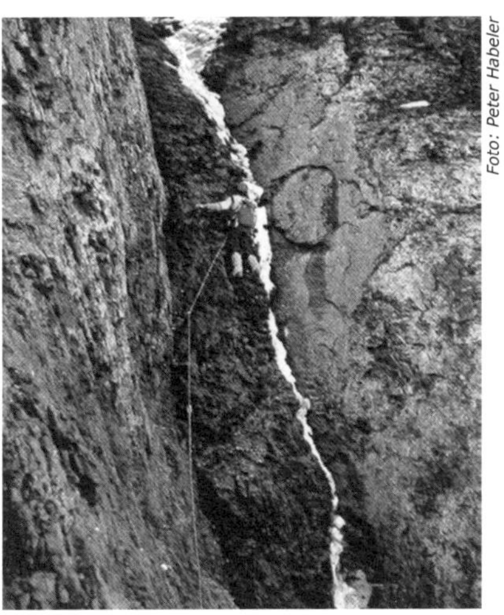

Foto: Peter Habeler

Reinhold Messner in den vereisten Ausstiegsrissen

Peter Habeler

Der Wasserfallkamin ist stark vereist, dennoch rieseln hier und da dünne Rinnsale herab – genug, um Peter und Reinhold zu durchnässen. Das bremst sie aber keineswegs aus und sie klettern rasch in wechselnder Führung weiter. Um 11.30 Uhr liegt der Götterquergang hinter ihnen und sie klettern die Spinne hinauf. Am Nachmittag stürzen hier ständig Steine und Eisbrocken herab, jetzt sind es nur Steinchen, die den steilen Hang hinunterrieseln und keinerlei Gefährdung darstellen.

Immer wieder schauen Peter und Reinhold zum oberen Rand der Spinne, um den besten Weiterweg in den Ausstiegsrissen ausfindig zu machen. Aber wohin sie auch schauen, die Felsen sehen schwarz und glänzend aus, sie sind also vereist. Sie entscheiden sich schließlich für die „Buhl-Variante", auf der Herrmann Buhl 1953 bei ähnlichen Verhältnissen sechsmal gestürzt war. Peter führt die erste Seillänge „so als ob er spazieren gehen würde und ohne auch nur einen Moment zu zögern" (R. Messner). Die zweite Seillänge fällt an Reinhold. Sie ist senkrecht, teilweise überhängend und vollkommen vereist. In mühevoller Kleinarbeit säubert er Griffe und Tritte vom Eis. Eine ganze Stunde braucht er, um diese äußerst heikle Stelle hinter sich zu bringen.

Nachdem Reinhold sich an dieser Schlüsselstelle stark verausgabt hat, führt nun Peter die kommenden zwei Seillängen. Er spreizt über Überhänge und findet jetzt auch wieder alte, rostige Haken – sie sind jetzt also wieder auf der richtigen Route.

Als sie das Gipfeleisfeld erreichen, binden sie sich los und steigen trotz der Müdigkeit, die sie doch allmählich spüren, rasch zum Gipfel auf. Es ist 15 Uhr, als sie sich am Gipfel die Hände reichen. Knapp zehn Stunden haben sie gebraucht und sind damit deutlich schneller als alle anderen Seilschaften vor ihnen. Und für den Abstieg über 1800 Höhenmeter zur Kleinen Scheidegg benötigen sie – man glaubt es kaum – nur eineinhalb Stunden! Es sollten ganze 30 (!) Jahre vergehen, bis die Seilschaft Stephan Siegrist und Ueli Steck die Aufstiegszeit von Peter und Reinhold um eine Stunde unterbieten konnte.

Hidden Peak, 8068 m

Reinhold Messner ist geradezu besessen von der Idee, die schwierigsten Wände an den Achttausendern zu klettern. 1973 versucht er, sich in eine italienische Expedition zum Mount Everest einzukaufen, um mit einem kleinen separaten Team die Südwestwand des höchsten Berges der Welt in Angriff zu nehmen. Der Expeditionsleiter aber lehnt ab, und Reinhold verfügt nicht über die nötigen finanziellen Mittel, um eine derart kostspielige Expedition in Eigenregie zu organisieren. Also sucht er nach einem anderen Ziel. Die Besteigung eines Achttausenders ohne Hochträger, ohne feste Lagerkette, ohne Fixseile, am besten nur zu zweit und über eine schwierige Wand – das steht am Ende seiner Überlegungen.

Aber wen er auch anspricht, alle lehnen ab. Die Zeit dafür sei noch nicht reif, meinen die Wohlmeinenden, die meisten aber halten seine Pläne für total unrealistisch, ja für verrückt. Aber Reinhold gibt nicht auf und gewinnt Peter Habeler für seinen Plan. Dies fällt ihm umso leichter, als auch Peter manchmal von solch einer Kleinstexpedition geträumt hat.

Nach zweiwöchigem Fußmarsch schlagen Peter und Reinhold ihr Basislager am Fuß des Hidden Peak auf. Reinhold bezahlt die Träger, die ihre nur 250 kg schweren Lasten bis hierher, auf 5100 Meter Höhe, geschleppt haben. Als die Träger den Rückmarsch antreten, sind Peter und Reinhold vollkommen auf sich allein gestellt. Sie müssen den Aufstieg über die sehr steile, noch unbezwungene Nordwestwand bis ins letzte Detail planen. Die Schwierigkeit besteht darin, zwischen absolut notwendigem und eventuell überflüssigem Material zu unterscheiden. Jeder Fehler bei der Planung kann zum Misserfolg, ja zum Tod führen. Der Begleitoffizier, der im Basislager zurückbleibt, ist alpinistisch nicht geschult und es ist daher von ihm keinerlei Hilfe bei eventuellen Schwierigkeiten zu erwarten.

Nach verschiedenen Erkundungsgängen, die gleichzeitig der Akklimatisierung dienen, ist es am 9. August soweit. Bei Tagesanbruch stehen Peter und Reinhold am Einstieg der durchschnittlich 50 Grad steilen Nordwestwand. Reinhold schreibt später in sein Tourenbuch: „Als wir uns für den Aufstieg zurecht machten, stellten sich bei mir Sorgen und Ängste ein. Ich war mir nicht sicher, ob das Wetter nicht plötzlich umschlagen würde, was es unendlich anstrengend und schwierig gemacht hätte, etwa im Nebel oder bei Schneefall den Weg zurückzufinden." Peter empfindet ganz ähnlich, aber als die Firnwand immer steiler wird, muss jeder Schritt mit den Zwölfzackern konzentriert gesetzt werden und seine Bedenken treten vollkommen in den Hintergrund.

Aus Gewichtsgründen haben sie das Seil im letzten Lager gelassen und steigen anfangs nebeneinander auf. Sie sind beide in ausgezeichneter Form und gewinnen langsam, aber stetig an Höhe. Jeweils nach 25 Schritten rasten sie ein paar Minuten, um den rasenden Atem zu beruhigen und wieder etwas Kraft zu schöpfen.

Auf etwa 6900 Metern endet die Firnwand und geht in einen Felsriegel über, der die ganze Wand horizontal durchzieht. Der Fels ist zwar brüchig, aber nicht ganz senkrecht und auf Druck belastet bleiben die Griffe und Tritte recht gut kletterbar. Zunächst in einer Rinne, dann in einem Kamin schiebt sich Reinhold langsam höher. Das Klettern auf 7000 Metern Höhe ist eine elende Schinderei und ab und zu zittert er am ganzen Körper. Allein die Tatsache aber, dass er Peter unter sich weiß, gibt ihm eine größere Sicherheit als eine noch so perfekte Seilsicherung.

Sie sind jetzt bereits seit gut acht Stunden unterwegs, als das Gelände endlich etwas leichter wird. Sie erreichen auf 7100 Metern eine kleine Mulde, die einen guten Biwakplatz darstellt. Schnell haben sie ihr winziges Zelt installiert und verkriechen sich in ihren Schlafsäcken. 1200 Höhenmeter haben sie am heutigen Tag geschafft, angesichts der großen Höhe eine fantastische Leistung!

Als sie am nächsten Tag um 8 Uhr das Zelt verlassen, herrscht eisige Kälte. Anfangs ist das Gelände leicht und sie kommen recht gut voran. Nach einer Stunde wird die Wand steiler; der Schnee ist windgepresst und das Spuren äußerst unangenehm. Stoßweise geht der Atem. Nach jeweils 25 Schritten rasten sie, den Kopf auf die Pickelhaue gestützt. Wenn sich der rasende Puls etwas beruhigt hat, geht es wieder 25 Schritte weiter.

Um die Mittagszeit quert Peter in der Gipfelwand nach links und erreicht schließlich den stark überwechteten Gipfelgrat. Jetzt sind es nicht mehr 25, sondern nur noch 10 Schritte, nach denen er rasten muss. Um 12.30 Uhr erreicht er endlich den Gipfel. Reinhold, der den Aufstieg von Peter gefilmt hat, folgt etwas später nach ...

Wieder zurück in Europa werden die beiden von der Fachpresse und vielen prominenten Bergsteigern gefeiert. Walter Bonatti schreibt in einem Telegramm: „Großer Alpinismus! Die beiden sind die Einzigen, die die Entwicklung des Bergsteigens in diesen Jahren weitergebracht haben." Und Fritz Wießner äußert sich folgendermaßen: „Eine außerordentliche, große Leistung! Wahrscheinlich die höchste Leistung, die je im Hochgebirge gemacht worden ist. Es ist möglich, dass sie eine neue Epoche bedeutet."

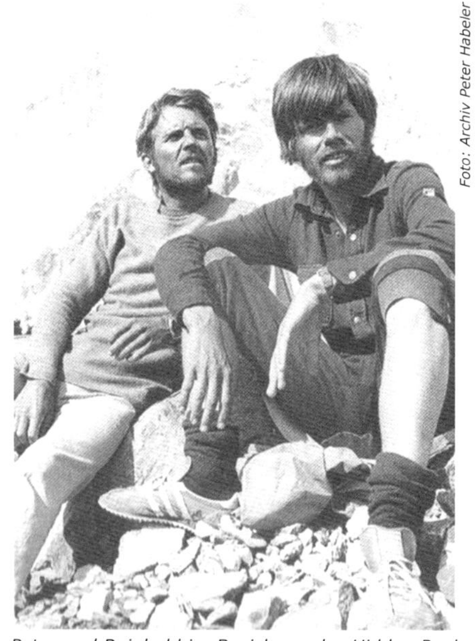

Foto: Archiv Peter Habeler

Peter und Reinhold im Basislager des Hidden Peak

Aber drei Jahre später, am Mount Everest, sollten die beiden ihre Leistung noch einmal toppen.

Mount Everest (8848 m)

Als erste Menschen ohne künstlichen Sauerstoff auf dem Dach der Welt

Nachdem ein erster Gipfelangriff Ende April gescheitert ist, steigen Peter und Reinhold am 3. Mai 1978 vom Basislager Richtung Lager II. Gerade haben sie erfahren, dass Expeditionsleiter Wolfgang Nairz zusammen mit drei anderen Expeditionsmitgliedern den Gipfel erreicht hat. Alle vier haben ab 7200 Metern Flaschensauerstoff verwendet. Damit hat die Österreichische Alpenvereinsexpedition eine klassische Everest-Besteigung durchgeführt.

Peter und Reinhold aber wollen als erste Menschen versuchen, den Gipfel „by fair means", also ohne Flaschensauerstoff zu erreichen. Wie vor ihrer Besteigung des Hidden Peak im Alpinstil hatte es auch hier wieder Kritiker und Mahner gegeben. Die Kommentare reichten von „vielleicht möglich, aber dann werden sie mit irreparablen Schäden zurückkommen" bis hin zu einem glatten „unmöglich". Reinhold jedoch hält unbeirrbar an seinem Plan fest – und Peter schließt sich ihm nach zwischenzeitlichem Zögern an. Peters Bedenken sind leicht zu verstehen, denn zu Hause in Mayrhofen warten seine Frau Regina und sein sechsmonatiger Sohn Christian auf ihn. Würde er mit schweren Schädigungen zurückkehren und seinen Bergführerberuf nicht mehr ausüben können, wäre der kleinen Familie die Lebensgrundlage entzogen.

Am 6. Mai steigen Peter, Reinhold und der englische Kameramann Eric Jones in der steilen Lhotseflanke zum Lager III auf. Peter und Reinhold benötigen nur vier Stunden, für die beiden ein weiterer Beweis ihrer hervorragenden Verfassung. Bei den vorherigen Anstiegen hat kein anderes Expeditionsmitglied diese Zeit auch nur annähernd erreicht. Das sehen Peter und Reinhold als gutes Vorzeichen. Sie spüren, dass es diesmal mit dem Gipfel klappen kann. Eric Jones seinerseits benötigt acht Stunden! Allerdings hat er auch die schwere Filmkamera dabei; zusammen mit seinem Kollegen Leo Dickinson soll er einen Film über den Gipfelaufstieg von Peter und Reinhold drehen.

Am 7. Mai verlassen Peter und Reinhold in aller Frühe Lager III und machen sich an den steilen Aufstieg über den Genfer Sporn zum Lager IV. Obwohl sie anstrengende Spurarbeit im bis zu hüfthohem Schnee zu leisten haben, benötigen sie auch diesmal wieder nur vier Stunden. Den ganzen Nachmittag verbringen sie mit Teekochen, Trinken und Ausruhen. Sehr viel trinken, das ist der Schlüssel zum Erfolg; ansonsten wäre das Blut zu dickflüssig und die möglichen Folgen wären Erfrierungen und – noch viel schlimmer – die Neigung zu Thrombosen und lebensgefährlichen Blutungen im Gehirn oder in der Lunge.

Am 8. Mai, dem entscheidenden Tag, beginnt Reinhold bereits um drei Uhr früh mit dem Teekochen. Jeder will noch drei oder vier Liter Flüssigkeit zu sich nehmen, aber es dauert eine Ewigkeit, bis Reinhold die nötige Schneemenge in Flüssigkeit verwandelt hat. Anschließend folgt noch die langwierige Prozedur des Anziehens und so wird es halb sechs, bis sie das Zelt verlassen.

Während der Nacht hat sich das Wetter verschlechtert, die Wolken hängen tief und von Süden weht ein scharfer Wind. Schon nach den ersten Schritten leiden die beiden unter der Höhe. Die Beine sind bleiern schwer und Peter sagt sich: „Wenn sich das noch verschlimmert, komme ich nicht einmal bis zum Südgipfel." Erst als die Schneeauflage härter wird, kommen sie etwas schneller voran. Allerdings müssen sie ständig auf die Spalten aufpassen, die das gesamte Gelände durchziehen. Das hat bei Peter aber auch den Vorteil, dass er durch das konzentrierte Gehen all seine Bedenken der vorangegangenen Tage vergisst. Er denkt nicht mehr an zu Hause, an seine Frau, an seinen kleinen Sohn, aber auch nicht an den Everest. Nur dass er die nächsten zwanzig Schritte hinter sich bringt, ist im Moment wichtig. „Vorwärts, vorwärts, vorwärts!", geht es ihm im Takt seiner Schritte durch den Kopf.

Reinhold hat einen kleinen Vorsprung gewonnen und wartet kurz vor Beginn des Steilaufschwungs, der zum Südostgrat hochzieht, auf Peter. Von jetzt an spuren und führen sie abwechselnd. Weiter oben, wo der Triebschnee knietief liegt, weichen sie auf einen Felssporn aus, der zwar vereist ist und ihnen klettermäßig mehr abverlangt, dafür aber harte Spurarbeit erspart.

Ihre Pausen werden häufiger und immer länger. Über ihre Pickel gebeugt versuchen sie, mit weit aufgerissenem Mund so viel Luft wie möglich in sich hineinzusaugen. Inzwischen hat sich das Wetter verschlechtert, der starke Wind wirbelt den Schnee um sie herum auf und Graupelkörner schlagen ihnen ins Gesicht.

Nach vier Stunden, gegen halb zehn, erreichen sie die beiden Zelte von Lager V, in denen Wolfgang Nairz und seine Kameraden bei ihrem Gipfelaufstieg biwakiert hatten. Für eine halbe Stunde suchen Peter und Reinhold Schutz in einem der Zelte und Reinhold bereitet mühsam auf ihrem Kocher eine Tasse Tee für jeden zu. Dann geht es weiter. Das Spuren im tiefen Schnee laugt sie vollkommen aus und so queren sie nach links auf einen steilen Felspfeiler. Auf den Spitzen ihrer Steigeisen tasten sie sich auf dem brüchigen Fels höher. Jeweils nach einigen Schritten stützen sie sich auf ihre Eispickel und schnappen nach Luft. Nur quälend langsam geht es weiter, und sie sind beide vollkommen überrascht, als sie auf einmal durch die Wolken stoßen. Nur noch wenige Meter und sie sind am Südgipfel.

Peter schreibt später: „Trotz des Sturmes und der Müdigkeit war mit den Wolken meine Furcht vor dem Berg wie verflogen. Ich war meiner ganz sicher. Drüben lag der Hauptgipfel, zum Greifen nahe, und ich wusste im selben Augenblick: Wir schaffen es." Als Peter aber Reinhold ins Gesicht schaut, erschrickt er: „Sein Gesicht war eine Grimasse, mit weit aufgerissenem Mund, während er keuchend nach Luft schnappte. In seinem Bart hingen Eiszapfen. Sein Gesicht trug kaum noch menschliche Züge." Zugleich ist sich Peter aber auch sicher, dass sein eigenes Gesicht ähnlich schrecklich aussehen muss!

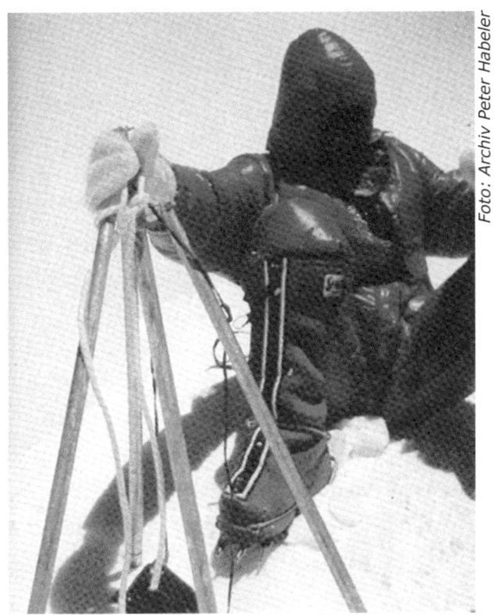
Foto: Archiv Peter Habeler

Peter auf dem Gipfel des Mount Everest

Ihre körperlichen Reserven scheinen verbraucht zu sein, nur zehn Schritte ohne Rast bringen sie jedes Mal an den Rand der Erschöpfung. Sie haben ein dünnes, 15 Meter langes Seil dabei, mit dem sie sich jetzt anseilen, wohl wissend, dass sie einen Sturz auf dem stark überwechteten Südostgrat kaum würden halten können. Allein das Wissen, dass sie sich aufeinander verlassen können, gibt ihnen die nötige Sicherheit.

Am Hillary-Step steigt Reinhold vor, um Peter von oben filmen zu können. Mit dem linken Fuß in Nepal, dem rechten in Tibet müht sich Peter höher. Links geht es 2000 Meter hinab, rechts 4000 Meter hinunter. Auf einmal krampfen sich die Finger seiner rechten Hand zusammen. „Jetzt hat es mich erwischt", fährt es Peter durch den Kopf, „jetzt kriege ich ein Hirnödem!" Fieberhaft massiert er die Finger und den Unterarm und langsam löst sich der Krampf.

Am Ausstieg des Hillary-Steps wird das Gelände wieder flacher, und Peter kriecht auf Knien und Ellbogen weiter. Dabei betet er ununterbrochen: „Herrgott, gib mir die Kraft, den Gipfel zu erreichen und heil wieder vom Berg zu kommen." Auf einmal geht es nicht mehr höher. Er ist oben. Peter und Reinhold fallen sich um den Hals. Sie schluchzen und stammeln und fallen sich wieder und wieder in die Arme. Sie sind am Ziel ihrer Träume, aber noch können sie nicht wirklich begreifen, dass sie etwas vollbracht haben, das in die Annalen der Bergsteigergeschichte eingehen sollte.

Peter hält es nur wenige Minuten auf dem Gipfel. Noch ein paar Fotos, dann treibt ihn eine innere Stimme zum Aufbruch. Reinhold bleibt noch etwas länger, er will filmen und einiges auf Tonband sprechen. Peter sagt sich: „Je schneller ich hinunterkomme, desto größer sind meine Chancen, alles ohne Schaden zu überstehen."

Im Nu hat er den Hillary-Step hinter sich und macht sich daran, die leichte Gegensteigung zum Südgipfel zu erklimmen. Aber auf einmal sind seine Beine bleiern schwer, und er muss alle zehn Schritte rasten. Auf allen vieren legt er die letzten Meter zurück. Um so schnell wie nur irgend möglich auf den Südsattel zu gelangen, beschließt er, nicht über den Südostgrat abzusteigen, sondern über die Ostflanke „abzufahren". Er setzt sich in den Schnee und rutscht auf dem Hosenboden den steilen Hang hinunter. Den Eispickel benutzt er dabei als Steuer. Er denkt bei seiner immer schneller werdenden Fahrt nicht an die Lawinengefahr und auch nicht daran, dass die Wand unter ihm 4000 Meter steil abbricht.

Nach wenigen Minuten hat er die Höhe von Lager V erreicht. Er bremst ab, steht auf, überquert den Südostgrat und weiter geht es auf dem Hosenboden. Seine Fahrt wird jetzt immer mehr von Felspassagen unterbrochen. Kurz oberhalb des Südsattels springt er von einem Felsen in den Schnee. Dabei löst er ein Schneebrett aus und verliert die Kontrolle über sein Abwärtsgleiten. Immer schneller wird die Fahrt, er überschlägt sich mehrfach, verliert den Eispickel, seine Schutzbrille, die Steigeisen ... auf einmal ein stechender Schmerz im Knöchel, dann kommt er langsam zum Stillstand.

Eric Jones hat Peters rasende Abfahrt vom Südsattel aus beobachtet und kommt ihm jetzt entgegen, denn er muss befürchten, dass Peter sich schwer verletzt hat. Zu seiner Verwunderung aber steht Peter auf und humpelt auf ihn zu. Er umarmt Eric und stammelt unter Tränen: „We climbed Everest without Oxygen."

Das weltweite Echo auf die Besteigung des höchsten Berges der Erde ohne Flaschensauerstoff ist überwältigend. Immer wieder fallen Wörter wie „sensationell" oder „unglaublich". Es wird außerdem darauf hingewiesen, dass Peter und Reinhold ihr Abenteuer ohne bleibende Schäden überstanden haben. Am meisten freut sich Peter jedoch über ein Treffen mit dem Erstbesteiger des Mount Everest, Edmund Hillary, und dessen Stellungnahme: „Ich habe immer daran geglaubt, eines Tages wird der Berg ohne Sauerstoffgerät bezwungen. Ich bin stolz, dir die Hand drücken zu dürfen."

Zur großen Überraschung vieler Beobachter der Alpinszene geht das Dreamteam Habeler/Messner nach dem Mount Everest getrennte Wege. Auslöser sind Passagen im Buch „Der einsame Sieg" von Peter Habeler. Das von einem Ghostwriter verfasste Buch weist in der Tat Aussagen auf, die für Reinhold Messner nur schwer erträglich sind, z. B. wenn der Ghostwriter im Namen Peters sinngemäß schreibt, dass Reinhold ruhmsüchtig sei. Dass Reinhold derartige Äußerungen nicht einfach kommentarlos hinnimmt, dürfte kaum verwundern. Durch gegenseitige Missverständnisse entzweien sich die beiden immer mehr und gehen schließlich nicht mehr gemeinsam auf Expedition. Erst Jahre später kommt es zur Aussöhnung zwischen den beiden Kontrahenten und sieht man sie heute in freundschaftlichem Gespräch vertieft, dann käme man nie auf den Gedanken, dass sie einst zutiefst zerstritten waren.

Die dünne Luft der Achttausender lässt Peter nicht los

Nach der Everest-Expedition legt Peter zunächst eine Pause mit den hohen Bergen ein, bei denen er ja immer monatelang unterwegs ist. Er kümmert sich um seine junge Familie, hält aber auch viele Vorträge und baut seine bereits 1973 gegründete Alpinschule aus.

1984 aber packt ihn das „Achttausender-Fieber" wieder. Er schließt sich einer Schweizer Expedition an, die den K 2 im Karakorum-Gebirge zum Ziel hat. Fast ständiges Schlechtwetter verhindert leider einen Gipfelerfolg. Im Rahmen dieser Expedition unternimmt Peter im Alleingang einen Versuch am Broad Peak. An einem Tag gelingt ihm der Aufstieg bis zum Gipfelaufbau, aber auch hier treibt ihn aufkommendes Schlechtwetter zurück.

Dafür hat er im darauffolgenden Jahr mehr Glück am **Nanga Parbat (8125 m)**. Mit den beiden deutschen Bergführerkollegen Michl Dacher und Udo Zehetleitner fliegt er im Juni 1985 nach Pakistan. Am 12. Juni errichten sie am Fuß der gewaltigen, 3000 Meter hohen Diamirwand das Basislager. Fast ständige Schneefälle und Stürme erschweren das Vorwärtskommen ganz erheblich und so können sie erst am 5. Juli Lager IV auf 7400 Metern Höhe errichten. Während der Nacht ebbt der Sturm, ihr ständiger Begleiter der letzten Tage, endlich ab, aber am Morgen sinkt die Temperatur auf minus 43 Grad Celsius. Wieder einmal müssen sie bis ins Basislager absteigen.

In der Nacht vom 9. auf den 10. Juli bessert sich das Wetter und Peter und Michl brechen auf. Am 11. Juli erreichen sie den Platz, an dem sich Lager IV befinden muss, aber vom Zelt ist nichts zu sehen – eine Lawine hat es verschüttet. Mühsam legen die beiden das Zelt wenigstens teilweise frei und verbringen, eng aneinander gekauert, eine nicht enden wollende, schlaflose Nacht.

Am Freitag, den 12. Juli, verlassen sie bei bestem Wetter gegen 5 Uhr das Zelt, das ihnen nur einen prekären Schutz geboten hatte. Sie steigen in derselben Firnrinne auf wie 1962 Toni Kinshofer, Anderl Mannhardt und Sigi Löw. Der Schnee ist hart gepresst und erlaubt ein zügiges Höherkommen. Peter ist hervorragend in Form und erreicht den Gipfel bereits um 9.35 Uhr. Michl braucht fast zwei Stunden mehr. Eine Viertelstunde bleiben sie gemeinsam oben und steigen darauf bis ins Lager III ab. Am frühen Nachmittag des 13. Juli erreichen sie wieder das Basislager.

In der Rückschau sagt Peter: „Nie zuvor war ich an einem Achttausender in einer derart glänzenden Verfassung. Meine reine Gehzeit vom Basislager auf 4100 Metern Höhe bis zum Gipfel – also etwa 4000 Höhenmeter – betrug exakt 16 Stunden!"

Peter und Michl haben am Nanga Parbat so prächtig harmoniert, dass sie beschließen, ihre gute Akklimatisation zu nutzen, um ein paar Wochen später einen weiteren Achttausender in Angriff zu nehmen, den Dhaulagiri (8167 m). Wegen einer Lungenentzündung aber muss Peter aufgeben und die Heimreise antreten.

Ein Jahr später ist Peter erneut im Himalaya. Er hat sich einer Schweizer Expedition zum **Cho Oyu (8201 m)** angeschlossen. Mit Marcel Ruedi bildet er aber ein mehr oder weniger unabhängiges Zweier-Team. Die beiden sind erheblich leistungsfähiger und schneller als die anderen Teilnehmer und steigen so vom Vorgeschobenen Basislager auf 6000 Metern Höhe an einem Tag bis auf eine Höhe von 7600 Metern.

Am Morgen des 5. Mai ist klares Wetter, außerdem hat sich der Wind gelegt. Um 7.30 Uhr beginnen sie den Aufstieg. Peter, der bisher bei all seinen Expeditionen in blendender Verfassung war, spürt überdeutlich, dass die Akklimatisationsphase deutlich zu kurz war. Der Aufstieg wird zur Tortur. Jede Bewegung verlangt fast übermenschliche Anstrengungen. Wie bereits am Nanga Parbat verspürt Peter die Präsenz eines dritten Mannes, der halbrechts hinter ihm geht. Wenn Peter anhält, stoppt auch er, wenn Peter weitergeht, geht auch der dritte Mann weiter. (Heute wissen wir, worauf dieses Phänomen zurückzuführen ist. In Situationen extremer Erschöpfung kann es zu einer „Ausdehnung der Wahrnehmung des eigenen Körpers in die Außenwelt“ (Prof. Dr. Peter Brugger, Schweizer Neuropsychologe) kommen. Das Gehirn nimmt in diesen Fällen aber fälschlicherweise nicht die Projektion des eigenen Körpers, sondern ein anderes Wesen wahr.)

Nur noch wenige Höhenmeter trennen sie vom höchsten Punkt, aber das Gipfelplateau scheint sich endlos hinzuziehen. Endlich, gegen 11 Uhr, erreichen sie am Ende ihrer Kräfte einen roten Aluminiumpfosten, der den höchsten Punkt markiert. Vorerst hat alle Qual ein Ende ...

Am 14. Mai ist Peter wieder zu Hause im Zillertal; vier Wochen zuvor hatte er in München das Flugzeug bestiegen. Mit dem Cho Oyu, seinem vierten Achttausender, ist Peters Appetit nach Höhenluft noch immer nicht gestillt: Für 1986 steht der **Kangchendzönga (8586 m)** auf seinem Programm. Auch hier ist er wiederum mit einer kleinen Expedition unterwegs. Seine Teamgefährten sind der Amerikaner Carlos Buhler und der Baske Martin Zabaleta. Ihr Ziel ist es, den „Kantsch“ über die anspruchsvolle Nordwestwand zu besteigen. Nach mehreren Wochen Vorbereitung ihrer Aufstiegsroute und Errichtung von vier Hochlagern ist es am 3. Mai soweit:

„Heute muss es klappen, auch wenn das Barometer stark gefallen ist und damit ein Wetterwechsel oder gar ein Wettersturz zu befürchten ist“, schreibt Peter in sein Tagebuch. Gegen 5 Uhr – es ist noch immer dunkel – verlassen Peter, Carlos und Martin Lager IV. 700 Höhenmeter liegen vor ihnen, und es ist ihnen bewusst, dass es ein langer Tag werden wird. Das Seil bleibt im Rucksack, da man in der Steilwand nicht zuverlässig sichern kann. So geht jeder sein eigenes Tempo.

In einer 40 Grad steilen, mit windgepresstem Schnee gefüllten Rinne steigt Peter höher. Nur ab und zu weicht er nach rechts in die freigewehten Felsen des Nordwestgrates aus. Er fühlt sich ähnlich gut in Form wie am Nanga Parbat und sein Vorsprung auf Carlos und Martin wird immer größer. Als er um 8 Uhr eine kleine Scharte am

Gipfelgrat erreicht, kommt Sturm auf und es beginnt zu schneien. Direkt am vereisten Grat steigt Peter weiter und steht nach dem Durchklettern eines kurzen Kamins unvermittelt auf dem Gipfel. Es ist 9.30 Uhr. Nur viereinhalb Stunden sind seit seinem Aufbruch von Lager IV vergangen – für einen 46-Jährigen eine grandiose Leistung!

Nach einer Viertelstunde am Gipfel treiben ihn der Sturm und die Kälte zum Abstieg. Seine Schutzbrille ist so stark vereist, dass er sie mehrmals abnehmen muss, um den Gratverlauf zu erkennen. Gegen 10.30 Uhr begegnet er Carlos und Martin, die sich auch vom inzwischen zum Orkan angeschwollenen Sturm nicht abhalten lassen, weiter Richtung Gipfel zu marschieren.

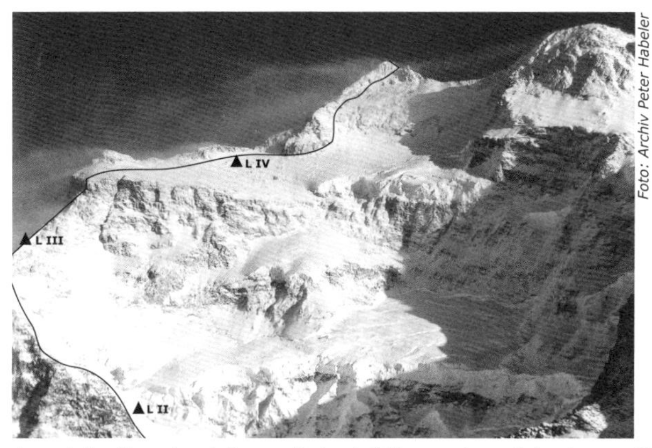

Foto: Archiv Peter Habeler

Die Nordwestwand des Kangchendzönga mit der Aufstiegsroute und den Lagern II, III und IV

Gegen 11.30 Uhr langt Peter völlig ausgepumpt bei Lager IV an. Er ruht sich lange aus, kocht den ganzen Nachmittag Tee und wartet dann auf seine beiden Freunde. Erst gegen 21 Uhr hört er draußen Rufe: „Peter! Peter!" Er hilft ihnen durch Zurufe zu den teilweise eingeschneiten und deswegen schlecht sichtbaren Zelten hinunter.

Der weitere Abstieg am 4. und 5. Mai wird zum „schlimmsten Abstieg, den ich je durchzustehen hatte" (P. Habeler): eine Biwaknacht in eisiger Kälte, hüfthoher Schnee, ständige Lawinengefahr, Sturm, Nebel, kraftraubender Höhenhusten und Erfrierungen an den Zehen bei Carlos. Als die drei am 6. Mai im Basislager eintreffen, sind sie sich bewusst, dass es diesmal sehr knapp war!

Im Nachhinein zieht Peter dennoch ein positives Fazit: „Dass ich den ‚Kantsch' über den Nordgrat in einer solchen Geschwindigkeit besteigen konnte, das war der Höhepunkt meiner bergsteigerischen Laufbahn, ohne Zweifel."

Auch in der Folgezeit unternimmt Peter weitere Versuche an Achttausendern, in den Jahren 1990 und 2000 am Mount Everest. Beide Expeditionen scheitern jedoch, unter anderem auch wegen gesundheitlicher Probleme. Den Himalaya besucht Peter aber immer wieder. So gelingt ihm 1995 als 53-Jähriger die Besteigung der Ama Dablam (6856 m), ein sehr schöner, aber auch schwieriger Berg. Die anderen Teilnehmer seiner Expedition geben wegen der großen Schwierigkeiten entmutigt auf, Peter aber bewältigt im Alleingang Auf- und Abstieg an einem einzigen Tag. Immerhin sind es von Lager I zum Gipfel 1200 Höhenmeter und anschließend 1700 Höhenmeter bis zurück ins Basislager!

1999 folgt ein anderer Höhepunkt in Peters Leben: Der österreichische Bundespräsident verleiht ihm wegen seiner Verdienste um die alpine Ausbildung den Professoren-Titel. Er ist bis zum heutigen Tag der einzige österreichische Bergsteiger, dem diese Ehre zuteilgeworden ist.

Mit fast 75 Jahren durch die Eiger-Nordwand

Der Bergvirus lässt Peter auch in vorgerücktem Alter nicht los. Und selbst als 60-Jähriger lässt er den einen oder anderen jungen Bergsteiger alt aussehen, so flink ist er noch immer, egal ob auf Hüttenanstiegen oder im schwierigen Fels. Oft ist er aber auch mit Altersgenossen unterwegs wie seinem langjährigen Freund Horst Fankhauser – in den Zillertaler Alpen, im Wilden Kaiser oder in den Dolomiten.

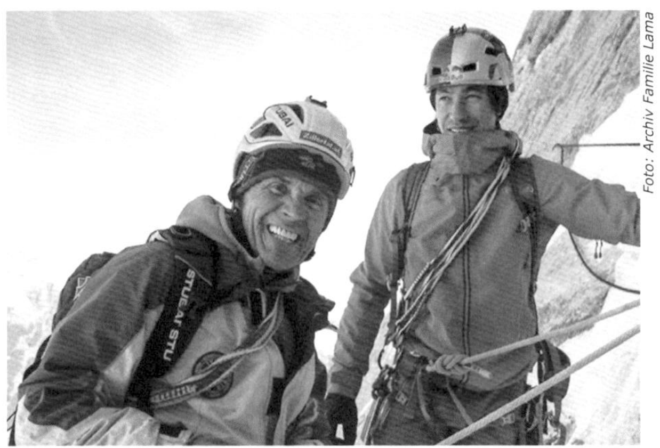

Foto: Archiv Familie Lama

Peter und David in der Eiger-Nordwand

Im Jahre 2016 reift langsam in ihm der Plan, noch mal eine ganz große Tour zu machen. Als der Fernsehsender Servus TV auf ihn zutritt, um ein Porträt über ihn zu erstellen, kommt ihm spontan die Idee, die Eiger-Nordwand ein weiteres Mal zu durchsteigen. Er beginnt sofort mit der Vorbereitung. Zunächst einmal muss er sich wieder mit dem Klettern in senkrechten Wänden vertraut machen. Mit Freunden, aber auch allein durchsteigt er schwierige Routen wie die Westwand der Maukspitze. Im Winter

2016/2017 arbeitet er an der Kondition und unternimmt zahlreiche Skitouren. Nicht selten schafft er dabei 800 Höhenmeter in der Stunde, für einen 74-Jährigen eine erstaunliche Leistung!

Was den Seilgefährten für die Eiger-Nordwand anbelangt, so kommt für Peter nur einer in Frage – der damals 26-jährige David Lama. Peter kennt David bereits seit dessen fünftem Lebensjahr und er hat das Ausnahmetalent von David, der einen nepalesischen Vater und eine österreichische Mutter hat, sofort erkannt. „Du wirst einmal der weltbeste Kletterer!", hatte er ihm prophezeit. Und Peter hatte sich nicht geirrt, denn ab dem Jahr 2010 machte David immer wieder durch großartige Leistungen auf sich aufmerksam, so beispielsweise die erste freie Begehung der Kompressor-Route am Cerro Torre in Patagonien.

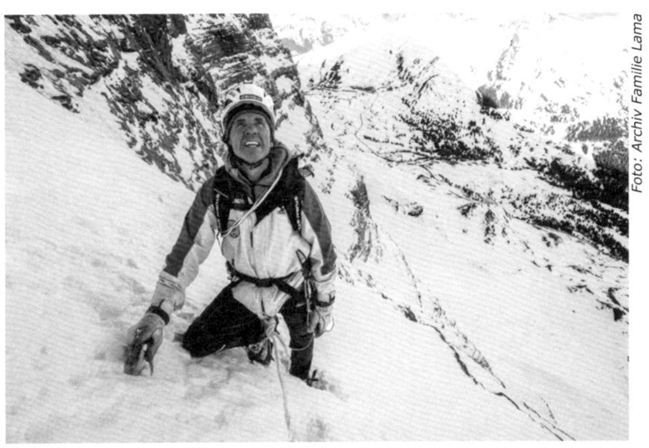

Foto: Archiv Familie Lama

Peter unterhalb des Schwierigen Risses

Peter und David arbeiten gemeinsam an der bestmöglichen Strategie für die Eiger-Nordwand: Auf keinen Fall wollen sie die Wand im Hochsommer durchsteigen, wenn ständig mit Steinschlag zu rechnen ist. Sie entscheiden sich für den Monat März, in dem zwar noch winterliche Verhältnisse in der Wand herrschen, das lose Gestein aber von Schnee und Eis bedeckt ist. Ob David ständig den Vorstieg übernimmt oder ob auch mal Peter am „scharfen Ende des Seils" klettert, wollen sie kurzfristig in der Wand entscheiden. Und schließlich: Ein Team des Fernsehsenders „Servus TV", dem u. a. auch der Schweizer Spitzenalpinist Stephan Siegrist angehört, wird sie begleiten und dabei filmen, wie Peter als der bisher älteste Mensch der Welt die Eiger-Nordwand bewältigt.

Als alle auf der Kleinen Scheidegg vereint sind und die Wand mit den großen Fernrohren des dortigen Hotels in Augenschein nehmen, meint Peter: „Es kommen schon starke Gefühle auf, wenn ich die Eiger-Nordwand sehe. 1974 mit Reinhold Messner, als wir in nur 10 Stunden durch die Wand gestiegen sind, waren die Verhältnisse vollkommen anders – es war ja auch im Sommer, im August." Und nach einer Weile fügt er hinzu: „Es gibt nichts Schöneres für mich, als durch diese Wand zu steigen!"

30. März, 6.00 Uhr
Peter und David erreichen den Wandfuß – das Abenteuer Eiger-Nordwand beginnt. Sie haben vor, heute bis zum sogenannten Todesbiwak zu klettern, dort die Nacht zu verbringen und am nächsten Tag zum Gipfel aufzusteigen. David geht im ersten, relativ leichten Wanddrittel ständig voraus. Die Verhältnisse sind winterlich und nur selten kommen die beiden mit Fels in Berührung. Sie gehen zunächst noch seilfrei und stapfen im tiefen Schnee zügig aufwärts.

Gegen 8.00 Uhr erreichen sie den Schwierigen Riss, die erste anspruchsvolle Kletterstelle in der Wand. Hier seilen sie sich an. David meistert den vereisten Fels des 12 Meter hohen Steilaufschwungs mit eindrucksvoller Leichtigkeit. Peter folgt rasch nach, greift aber ein- oder zweimal ins Seil. Es kommt ihm in dieser Riesenwand weniger auf stilistisch reines Klettern an, sondern eher darauf, keine Zeit zu verlieren.

Gegen 12 Uhr gelangen sie zum legendären Hinterstoißer-Quergang, der bereits mit Fixseilen ausgestattet ist und den sie deswegen rasch überwinden. Das nachfolgende Gelände ist alles andere als leicht, aber der Mittsiebziger Peter gerät nirgendwo in Schwierigkeiten – mit seiner in Jahrzehnten erworbenen Kletterfertigkeit ist er ganz in seinem Element.

Erstes Eisfeld, Zweites Eisfeld - seit zehn Stunden sind sie nun unterwegs und allmählich spürt Peter doch „die Last der Jahre" – wie er selber sagt. Er merkt dies besonders daran, dass seine Hände die Griffe nicht mehr so zuverlässig halten. Deswegen ist er froh, als gegen 17 Uhr das heutige Ziel erreicht ist, das Todesbiwak. „Das ist einfach eine tolle Wand, aber ich hab` auch sehr viel Respekt vor dieser Wand", meint Peter im Biwak. Zusammen mit einer anderen Seilschaft verbringen sie hier in ihren Schlafsäcken eine recht erholsame Nacht.

31. März
Kurz nachdem die Sonne aufgegangen ist, machen sich David und Peter auf den Weg. Zunächst queren sie über das ungemein steile Dritte Eisfeld in die Rampe. Noch liegen 700 Höhenmeter mit den schwierigsten Passagen der Wand vor ihnen, darunter als erste der Wasserfallkamin. „A ganz bluatige Stelle", kommentiert Peter in seinem Tiroler Dialekt. Den anschließenden Brüchigen Riss meistert David, wie gewohnt, extrem sicher. Weiter geht es über den äußerst luftigen Götterquergang zum Beginn der Spinne, die griffigen Firn bietet.

Kurz vor halb vier stehen die beiden direkt unter den Ausstiegsrissen. Das bisher sichere Wetter ändert sich allmählich. Wolkenschwaden sinken über die Wand herab und der Wind nimmt zu. Sie müssen sich beeilen, ehe sich die Verhältnisse deutlich verschlechtern. Peter zögert jetzt nicht mehr, sich mit seinem Jümar über die letzten Meter der Ausstiegsrisse hochzuziehen.

Das abschließende Gipfeleisfeld nimmt David im Sturmlauf und Peter folgt ebenso schnell nach. Den Gipfelgrat legen sie gleichzeitig gehend zurück und werden dabei vom Hubschrauber aus gefilmt. Aus der Entfernung wirken die beiden gleich alt, dabei könnte Peter leicht der Großvater von David sein. Um 16 Uhr ist der Gipfel erreicht und Peter und David reichen sich mit strahlenden Gesichtern die Hände.

Wieder im Tal zurück kommentiert Peter ihre Durchsteigung der Eiger-Nordwand mit folgenden Worten: „Dankbarkeit ist vielleicht das wichtigste Wort, das mir einfällt. Dankbarkeit gegenüber David, gegenüber allen, die mir die Durchsteigung ermöglicht haben, gegenüber dem Schicksal, das es mir erlaubt, mit fast 75 Jahren immer noch in so guter Verfassung durch diese anspruchsvolle Wand zu steigen."

Unter den zahlreichen Stellungnahmen finden wir auch die von Oswald Oelz: „Es ist wunderbar, dass jemand mit 75 uns zeigt, dass wir noch nicht alt sind, und dass man seine Träume immer noch leben kann."

Und so sieht Peter seine Zukunft in den Bergen: „Langes Gehen, ausgedehntes Wandern – das ist Balsam für Seele und Körper. Am Berg fühle ich Kraft und Wärme. Wenn ich mir für mein weiteres Leben etwas wünschen darf, so lautet dieser Wunsch, dass ich noch möglichst lange gehend unterwegs sein kann. Und vielleicht dabei auch noch den einen oder anderen Gipfel erreiche."

Peter Habeler

geboren am 22. Juli 1942 in Mayrhofen/Zillertal

Auszug aus seinem Tourenbuch:

1966 Grandes Jorasses, Walker-Pfeiler, VI
1967 Montblanc, Frêney-Pfeiler, VI, 3. Begehung
1970 El Capitan, Salathé Wall (erste europäische Begehung)
1974 Matterhorn-Nordwand, V
1975 Gasherbrum I, 8080 m, Nordwestwand (erste Besteigung eines Achttausenders im Alpinstil)
1978 Mount Everest, 8848 m, Südostgrat (erste Besteigung des M. Everest ohne Flaschensauerstoff)
1985 Nanga Parbat, 8125 m, Kinshofer-Route
1986 Cho Oyu, 8201 m, Südwestgrat
1988 Kangchendzönga, 8586 m, Nordwestwand
1974 Eiger-Nordwand, Heckmair-Route, V, in 10 Stunden mit R. Messner
2017 Eiger-Nordwand, Heckmair-Route, V, mit 74 Jahren mit D. Lama

KAPITEL 3
Oswald Oelz

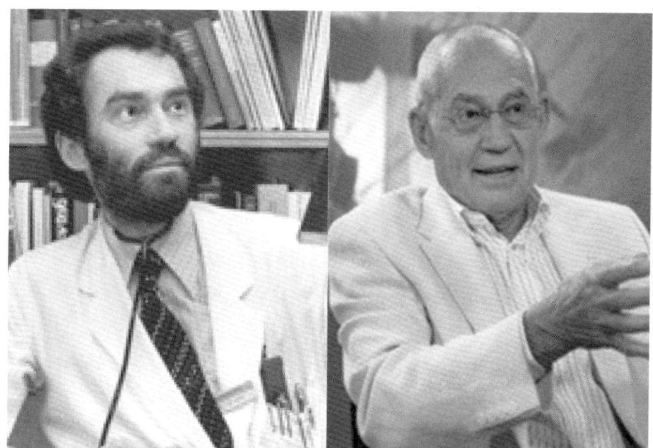

Oswald Oelz als junger Arzt und als 70-Jähriger während eines Interviews

Fotos: Archiv Oswald Oelz

Im Sommer 2004 ging Prof. Dr. Oswald Oelz nach 15 Jahren als Chefarzt im Triemlispital Zürich in Pension. Auf die Frage eines Journalisten, ob ihm das leicht falle, antwortete er: „Ich verliere meinen wichtigsten Lebensinhalt, die Medizin. Ich gewinne umgekehrt neue Freiheit. Es interessiert mich, wie ich mit dem Verlust umgehe, ob ich in ein tiefes Loch falle oder ob ich einen neuen Horizont finde. Ganz am Anfang werde ich am Montblanc sein, zwei schöne Wände durchklettern, wenn möglich an der Nordwand der Grandes Jorasses." In dieser kurzen Antwort umreißt Oswald Oelz die beiden Bereiche, die sein ganzes Leben bestimmt haben: die Medizin und das Bergsteigen.

Die Berge lernt er bereits als Fünfjähriger im Jahre 1948 kennen. Mit seiner Mutter besteigt er seinen ersten Gipfel, das 2493 Meter hohe Schönjöchl bei Ladis in Tirol. Zur Belohnung erhält er einige „Geißenbömbel", kleine Schokoladekugeln. Seine Mama, sie ist Lehrerin von Beruf, gehört zu den erfolgreichsten Bergsteigerinnen Vorarlbergs der damaligen Zeit und bewältigt immerhin Routen bis zum 6. Grad. Sie bringt Oswald bereits in frühen Jahren ihre eigene Maxime bei: „Es gibt zwei Dinge, die man im Leben machen kann und muss: Das eine ist Arbeiten und das andere ist Bergsteigen."

Sein Vater, der als Notar in Bregenz arbeitet, ist kein Bergsteiger – und er lehnt es kategorisch ab, sich solch „gefährlichem Tun" zu verschreiben. Der Einfluss seiner Mutter aber ist so stark, dass Oswald noch heute, halb im Scherz, halb im Ernst, behauptet: „Ich bin überzeugt, dass man an der Himmelspforte danach beurteilt wird, wie viele Gipfel man erstiegen und wie viele Höhenmeter man geleistet hat."

Als Elfjähriger kauft er sich, nachdem er sein Sparschwein zertrümmert hat, sein erstes Seil, ein dreißig Meter langes und 12 Millimeter dickes Hanfseil. Nun darf er zum ersten Mal sogar vorausgehen und seine Mutter aufs 3511 Meter hohe Zuckerhütl in den Stubaier Alpen führen. Kurz darauf folgt seine erste Klettertour auf die Zimba, das Matterhorn Vorarlbergs, und bald findet man ihn Woche für Woche mit Gleichaltrigen in den Bergen des Rätikon. Sicher ist dies die gefährlichste Zeit seines Lebens, denn weder er noch seine Kletterpartner wissen viel von Seil- und Sicherungstechniken.

1958 besteigt er seinen ersten Viertausender, den Weißmies, und anschließend noch drei weitere Viertausender im Wallis. Nach einem Bergrettungskurs, bei dem er unter der fachkundigen Anleitung des berühmten Bergrettungsspezialisten Wastl Mariner endlich eine gründliche theoretische und praktische Ausbildung durchläuft, fühlt er sich fast wie ein „alter Hase". Mit Doppelseiltechnik und Trittleitern führt er seinen Kameraden Gerd Wimpissinger durch die Westwand der Kleinen Sulzfluh. Der eher kleine und schmächtige Gerd nennt tief beeindruckt den kräftig gebauten Oswald von nun an ‚Bulle', ein Spitzname, der Oswald durch seine gesamte Bergsteigerlaufbahn begleiten wird.

Mit 16 Jahren besteigt Oswald 68 Gipfel und meistert die ersten Routen im 6. Schwierigkeitsgrad. Mit dem Fahrrad fährt er mit Gerd ins Wallis und nach der Dent d`Hérens und der Dent Blanche besteigen sie bei schwierigen Bedingungen das Matterhorn über den Zmuttgrat. Während der anstrengenden Rückfahrt, wiederum mit dem Fahrrad, geht ihnen der letzte Rappen aus und sie kommen ausgehungert nach Hause. Trotz all ihrer Begeisterung für die Berge empfängt Oswalds Mutter ihn mit vorwurfsvollen Blicken, denn während drei Wochen hatte er sich nicht ein einziges Mal gemeldet.

Neben dem Bergsteigen gibt es natürlich noch die Schule und die Matura steht an. Er besteht sie zwar mit Leichtigkeit, aber in Altgriechisch rächt sich das jahrelange Desinteresse und es reicht nicht zu mehr als einem „genügend". Für die Familie, die höchste Anforderungen an ihren Filius stellt, kommt das fast einer Katastrophe gleich. Über Wochen stellt sich Oswald nun die Frage: Was studiere ich? Eines Morgens fällt beim Anziehen innerhalb einer Sekunde die Entscheidung: Ich studiere Medizin! Diesen Sekundenentschluss sollte Oswald nie bereuen und er würde ihn, wie er sagt, „durch alle Wiedergeburten hindurch wieder treffen."

Während des Medizinstudiums in Innsbruck durchsteigt Oswald mehrere Routen im oberen sechsten Schwierigkeitsgrad wie den Hermann-Buhl-Gedächtnisweg an der Rotwand-Südwestwand. Seine Freunde von der alpinen Innsbrucker Gesellschaft „Gipfelstürmer" sind so beeindruckt, dass sie ihn als Mitglied in ihren exklusiven Club aufnehmen – für einen Vorarlberger eine ganz besondere Ehre.

Trotz seiner zahlreichen Klettertouren kommt Oswald auch in seinem Studium gut voran und er promoviert im April 1968 zum Doktor der gesamten Heilkunde. Sein Wunsch, Internist zu werden, zerschlägt sich zunächst, weil der für Innere Medizin zuständige Professor meint, Oswald solle zunächst erst einmal Erfahrung im Ausland sammeln. Nach einigem Suchen tritt er schließlich eine Stelle in einem Züricher Forschungslabor unter der Leitung von Dr. Froesch an. Drei Jahre wird er nun hier forschen und dies in einem Bereich, der anfangs belächelt wird, schließlich aber dazu führt, dass Dr. Froesch weltweite Bekanntheit erreicht – zumindest unter Fachleuten. Es geht dabei um die Herstellung einer insulinähnlichen Substanz zur Behandlung von Diabetes, die allerdings auch jahrelang zweckentfremdet werden sollte – und zwar von Bodybuildern, die damit ihre Muskelpakete noch mehr aufblähten.

Seit 1981 widmet sich Oswald bei seinen Forschungen vor allem der Höhenmedizin. Nach jahrelanger Arbeit propagiert er schließlich die Idee eines Medikamentenmixes, den er „Margherita-Cocktail"* nennt. Diese Medikation wird in der Prophylaxe und Therapie der akuten Bergkrankheit und des Höhenlungenödems eingesetzt. Oswald und seinen Mitstreitern verdankten in der Folgezeit viele Höhenbergsteiger ihr Leben; zumindest aber bewahrte sie dieser Mix meist vor schweren gesundheitlichen Schäden.

**In der „Capanna Regina Margherita" auf 4559 Metern Höhe testete Oswald Oelz zusammen mit anderen Medizinern in den 80er Jahren Medikamente zur Bekämpfung des Höhenlungenödems.*

Aufbruch in ferne Regionen

Im Jahre 1970 zieht es Oswald zum ersten Mal in die Berge außerhalb Europas. Mit seinem Freund Gert Judmaier, der ebenfalls Arzt ist, fliegt er nach Kenia, um den Kilimandscharo zu besteigen. Über das Phänomen „Höhenkrankheit" wissen sie trotz ihrer medizinischen Ausbildung nicht viel und so steigen sie mit dem Elan ihrer jungen Jahre viel zu schnell auf – und bezahlen dafür die Rechnung! Als sie von der letzten Hütte zum Gipfel aufbrechen, fühlt sich Oswald hundeelend und muss bereits nach wenigen hundert Metern aufgeben. Gert aber erreicht immerhin den Gilmanspoint (5685 m).

Nachdem sich Oswald erholt hat, ist der 5199 Meter hohe Mount Kenya ihr Ziel. Sie erreichen zwar den Gipfel, beim Abstieg aber stürzt Gert und bricht sich den Unterschenkel. Seine schwierige Bergung durch Innsbrucker Bergretter und Oswalds aufopferungsvolle Pflege von Gert sind in die Geschichte der Bergrettung eingegangen (*). Durch den Film „Still alive?" von Reinhold Messner wurden diese Ereignisse auch einer breiten Öffentlichkeit bekannt.

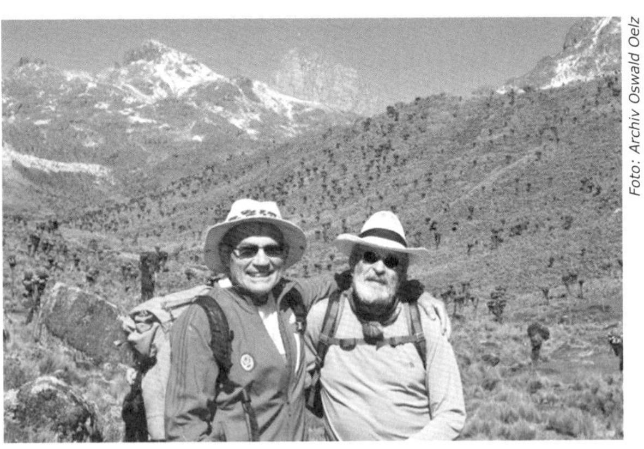

Foto: Archiv Oswald Oelz

Oswald (links) und Gert Judmaier 2015 während der Dreharbeiten zu „Still alive? am Mount Kenya

Zwischen 1972 und 1989 unternimmt Oswald mehrere Versuche an Achttausendern. Erfolg hat er dabei am Mount Everest (1978) und am Shisha Pangma (1985). Die gescheiterten Versuche sind auf Höhenödeme zurückzuführen. Mehrfach entgeht er dabei nur knapp dem Tod. In seinem Buch „Orte, die ich lebte, bevor ich starb" schreibt er dazu unter der Überschrift „Knapp verpasster Höhentod": „Auch in der Höhe habe ich mich einige Male taub gestellt, wenn der klapprige Sensenmann lockend rief. Das Höhenlungenödem 1972 in der Manaslu-Südwand war ein erstes Treffen. Ich konnte mich entziehen, indem ich mit Wolfgang Nairz nach unten in ein tieferes Lager flüch-

**In seinem Buch „Der schmale Grat", erschienen 2016 im Alpinverlag, berichtet der Autor des vorliegenden Buches ausführlich über diese Begebenheit.*

tete. Nach einem misslungenen medizinischen Selbstversuch 1982 am Cho Oyu trieb Vanessa (Frau von O. Oelz, Anm. des Verf.) Träger und Freunde an, mich, den tief bewusstlos Röchelnden, in der Nacht nach unten zu tragen.

Bei meinem Höhenhirnödem 1983 am Glacier Dome bezahlte ich mein Entkommen nicht nur mit vielen abgestorbenen Hirnzellen, sondern gleich auch noch mit vier Zehen.

Der Blitzaufstieg am Makalu 1986 war auch keine sehr durchdachte Aktion und bescherte mir die unangenehme Erfahrung, wie es sich anfühlt, wenn man meint zu ersticken. In einer Hinsicht hatte ich allerdings zuvor doch vorausgedacht: Das mitgeführte Medikament, erstmals in dieser Situation ausprobiert, rettete mich und ermöglichte mir den Abstieg."

All diese kritischen Situationen, die Oswald erlebte – und überlebte – sind letzten Endes darauf zurückzuführen, dass er immer nur vier Wochen Jahresurlaub hatte und somit die Akklimatisierungsphasen kürzer ausfielen, als sie eigentlich hätten sein müssen. Beinahe unausweichlich führte seine mangelnde Anpassung an die Höhe zu den erwähnten Problemen.

Am Mount Everest aber ist er gut an die Höhe angepasst und die Besteigung des höchsten Gipfels der Erde wird zum „Höhepunkt meines bisherigen Lebens", wie er es später ausdrückt.

Mount Everest (8848 m)

Am 9. März 1978 steigt Oswald nach anstrengenden Arbeitswochen in Frankfurt ins Flugzeug, schläft sofort ein und wacht erst in Delhi wieder auf. Zum Expeditionsteam gehören neben dem Leiter, Wolfgang Nairz, auch Reinhold Messner und Peter Habeler, die den Gipfel ohne Flaschensauerstoff besteigen wollen. Als erstes Team erreichen Horst Bergmann, Wolfgang Nairz, Robert Schauer und der Sherpa-Sirdar Ang Phu den Gipfel. Sie benutzen dabei Sauerstoffgeräte – wie auch alle anderen Bergsteiger seit der Erstbesteigung im Jahre 1953. Als nächste Gruppe sind nun Reinhold Messner und Peter Habeler dran, denen es tatsächlich gelingt, den Gipfel ohne Flaschensauerstoff zu erreichen. Obwohl etliche Experten ihr Vorhaben als unmöglich bezeichnet und außerdem vor bleibenden schweren Gehirnschäden gewarnt hatten, kehren die beiden unbeschadet zurück. Einmal mehr schreibt Reinhold Messner damit Alpingeschichte und wenige Monate später sollte er mit der ersten Solobesteigung des Nanga Parbat ein weiteres Mal Aufsehen erregen.

Am 7. Mai, noch während Reinhold und Peter am Berg sind, verlässt Oswald mit Josl Knoll, Franz Oppurg und Reinhard Karl das Basislager. Er wird von vielen Zweifeln geplagt, denn einige Wochen zuvor hatte er durch ein medizinisches Experiment fast seine Chance auf den Gipfel verspielt. Er hatte sein Blut verdünnt, um seine Leistungsfähigkeit in großer Höhe „aufzumöbeln" – wie er es selber nennt. Das Gegenteil aber war der Fall, er fühlte sich stark geschwächt und brauchte 14 Tage, um wieder Normalform zu erreichen.

Nun ist der Aufstieg zum Lager I ein erster Härtetest. Wie auch seine drei Kameraden muss er seine ca. 20 kg schwere Last selber tragen, denn die Sherpas sind vom vorherigen Einsatz noch vollkommen ausgelaugt. Nach nur dreieinhalb Stunden erreichen sie, trotz der 20 kg, das erste Lager – der Härtetest ist gelungen! Den Rest des Tages verbringen sie faul in ihren Zelten und trinken Unmengen süßen Tees.

Nach einer erholsamen Nacht steigen alle vier am 8. Mai zum vorgeschobenen Basislager in 6400 Metern Höhe auf. Während Oswald am Nachmittag mit Schneeschmelzen beschäftigt ist, rauscht auf einmal das Funkgerät und die aufgeregte Stimme von Peter Habeler meldet sich: „Bulle, Bulle! Wir haben den Gipfel gemacht, ohne Sauerstoff!" Diese Nachricht wirkt auf alle elektrisierend und sie sagen sich: „Wenn die das ohne Flaschensauerstoff geschafft haben, dann schaffen wir es mit Sauerstoff allemal!"

Am nächsten Tag treffen die vier im Lager III auf 7400 Metern Höhe ein. Hier erwartet sie Peter mit einem strahlenden Lächeln, auch wenn sein Gesicht von den Strapazen ganz schmal geworden ist. Reinhold liegt hinter ihm im Zelt; er hat starke Augenschmerzen. Er hatte während des Aufstiegs oft gefilmt, dabei jeweils die Schutzbrille abgenommen und ist jetzt fast schneeblind. Mit Augentropfen verschafft Oswald ihm etwas Linderung. Eine kurze Untersuchung von Peter und Reinhold zeigt, dass beide ihr gewagtes Unterfangen wohl unbeschadet überstanden haben. Trotz seiner Schmerzen erzählt Reinhold ohne Unterlass von ihrem Abenteuer. Schließlich wird es Zeit für den weiteren Abstieg. Oswald schreibt dazu: „Reinhold umarmte mich zum Abschied – das erste Mal, dass ein Mann mich umarmte. Er wünschte mir den Gipfel; er wusste, wie sehr mein Herz daran hing. Schließlich war es nun schon unsere fünfte gemeinsame Reise, und ich hatte dabei erst einmal einen Gipfel erreicht."

Franz Oppurg und der 54-jährige Josl Knoll beschließen am nächsten Morgen, einen Ruhetag einzulegen. Oswald steigt nun allein mit Reinhard Karl Richtung Südsattel. Reinhard war als Bildreporter der Illustrierten „Bunte" zur Expedition gestoßen und wurde von den anderen zunächst nicht ernst genommen; sie sahen in ihm einen etwas chaotischen „Achtundsechziger". In der steilen Lhotse-Flanke zeigt sich aber, dass Reinhard ein hervorragender Eisgeher ist.

Auf dem Südsattel angelangt testet Oswald nach kurzer Ruhepause die zahlreichen zurückgelassenen Sauerstoffflaschen. Zu seiner großen Freude findet er gleich mehrere, die zu 100% gefüllt sind. Während Oswald mit den Sauerstoffflaschen herumhantiert und auch die Sauerstoffmasken und Ventile sorgfältig überprüft, widmet sich Reinhard dem langen Zeremoniell des Teekochens. Gegen 21 Uhr machen sie sich stöhnend und ächzend in ihren Schlafsäcken lang und schlafen bald ein. Zu ihrer

Überraschung schlafen sie ein paar Stunden tief und fest, auf fast 8000 Metern Höhe alles andere als eine Selbstverständlichkeit!

Gegen drei Uhr beginnt Reinhard zu kochen, während Oswald noch eine Weile im Schlafsack döst. Schließlich wird es aber auch für ihn Zeit und beide trinken Unmengen Tee. Dann folgt die endlos lange Prozedur des Anziehens von drei Schichten – einem Faserpelzanzug, einem dünnen Daunenanzug und darüber dann die dicke Daunenbekleidung. Bei den Füßen sind es sogar fünf Schichten: Seidensocken, Wollsocken, Filzschuhe, Lederschuhe und die klobigen Überschuhe.

Ein letztes Mal überprüft Oswald die Sauerstoffgeräte und um halb sechs Uhr geht es los. Es herrscht absolute Windstille und der Himmel ist tiefblau und klar. Reinhard geht voran und legt gleich ein hohes Tempo vor, obwohl das Gelände wegen zahlreicher verdeckter Spalten eigentlich mit großer Vorsicht begangen werden müsste. Als er zum zweiten Mal bis zu den Hüften einbricht, reduziert er seinen Rhythmus etwas – wozu auch die Last von 25 kg auf dem Rücken ein Gutteil beiträgt. Von nun an achtet auch Oswald viel weniger auf die großartige Umgebung und hält ständig nach Spalten Ausschau. Und er rechnet oft: Immer wieder fragt er sich, ob der Sauerstoff in ihren Flaschen bis zum Gipfel reicht – und noch viel wichtiger – ob er auch für den Abstieg ausreicht.

Die Spuren von Reinhold und Peter hat der Wind zugeblasen und häufig brechen sie im tückischen Bruchharsch ein. Gegen halb sieben Uhr wirft Oswald einen Blick auf seinen Höhenmesser: In einer Stunde haben sie gut 250 Höhenmeter zurückgelegt, für die große Höhe eine hervorragende Zeit! Einen kurzen Moment aber ärgert er sich: „Wir sind viel zu schnell aufgestiegen und haben zu viel Sauerstoff verbraucht!“ Das muss er sofort nachprüfen! Er nimmt sein Traggestell ab und kontrolliert sofort das Manometer. Völlig verblüfft stellt er fest, dass jeder erst 10% des gesamten Sauerstoffvorrats verbraucht hat. Der Inhalt ihrer Flaschen wird also auf jeden Fall reichen.

Drei Stunden nach ihrem Aufbruch erreichen sie die zwei Zelte des Lagers V auf 8500 Metern Höhe, in denen das erste Gipfelteam übernachtet hatte. Reinhard und Oswald aber gehen weiter, sie fühlen sich gut in Form, außerdem ist ihr Sauerstoffvorrat nur für einen Auf- und Abstieg am selben Tag berechnet. Wolkenfetzen verhüllen nun zeitweise den herrlichen Blick auf den Lhotse und den Makalu. Die Route wird allmählich steiler und die Spurarbeit anstrengender, dennoch aber wächst in Oswald die Zuversicht, dass sie es schaffen können; sie spüren keine Müdigkeit und außerdem haben sie genügend Sauerstoff.

Nach dem Südgipfel finden sie ein knapp 15 Meter langes Seil, das Reinhold und Peter zurückgelassen haben und sie seilen sich an. Jetzt sind sie zum ersten Mal seit ihrem Aufbruch als richtige Seilschaft unterwegs. Oswald nimmt nun den Hillary-Step in Angriff. Die scharfe Gratschneide ist vollkommen mit Schnee bedeckt und er steigt mit dem linken Fuß in Nepal und dem rechten in Tibet auf den Frontalzacken seiner

Steigeisen höher. Als er die 12 Meter hohe Steilstufe hinter sich hat, schaut er auf seine Uhr: Er kann es kaum glauben - nur etwas mehr als zwei Minuten hat er für die schwierigste Stelle am Grat gebraucht! Von vorhergehenden Expeditionen weiß er, dass sich hier manche Bergsteiger eine Stunde lang abgemüht haben.

Reinhard folgt zügig nach und gemeinsam stapfen sie dem nur noch 60 Meter entfernten Gipfel entgegen. Um zwölf Uhr mittags ist es geschafft! Glücklich liegen sie sich in den Armen. Jahrelang hatte Oswald von diesem Moment geträumt; er schreibt: „Das war der Höhepunkt meines bisherigen Lebens, den ich ganz intensiv erlebte. Für mich wurden alle Leiden, Mühen und Strapazen durch die 45 Minuten auf dem Dach der Welt tausendfach belohnt. Die Qual war vergessen, der erfüllte Traum blieb."

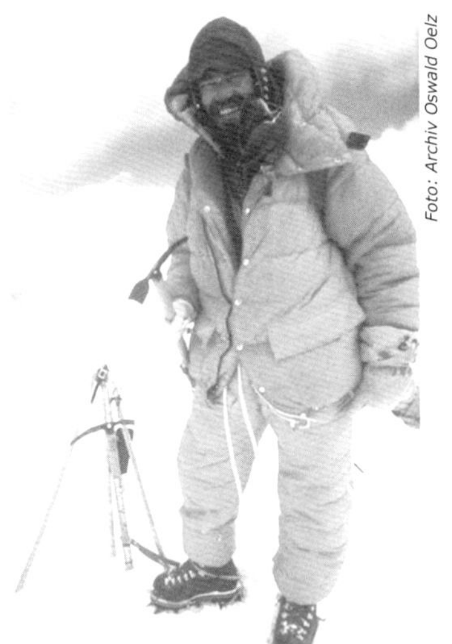

Foto: Archiv Oswald Oelz

Oswald auf dem Gipfel des Mount Everest

Jetzt aber heißt es, auch wieder heil vom Gipfel herunterzukommen. Vorsichtig bewältigen sie den Hillary-Step im Abstieg, dann aber legt Reinhard einen Zahn zu; er hat Angst, sich die Füße zu erfrieren und steigt so schnell wie möglich ab. Oswald dagegen genießt den Abstieg: „Nun ganz allein in einer magischen Welt trat ich langsam tiefer, saß zwischendurch im Schnee, betrachtete die schemenhaften Umrisse des Lhotse und dachte an neue Ziele, die auch nach dem Everest noch erstrebenswert waren."

Um 15 Uhr erreicht Oswald die Zelte am Südsattel, wo Reinhard ihn mit einem großen Topf heißen Tees empfängt. Im Zelt lassen sie dann ihren Auf- und Abstieg noch einmal Revue passieren. Nur sechseinhalb Stunden haben sie vom Südsattel aus gebraucht, für die damalige Zeit ein Rekord. Und viel wichtiger: Sie hatten keinen einzigen kritischen Moment zu durchstehen, ihr Auf- und Abstieg verlief dank ihrer hervorragenden Vorbereitung und Ausrüstung völlig reibungslos. Aber natürlich hatten sie auch das nötige Quäntchen Glück mit dem Wetter und den Schneeverhältnissen. Und schließlich: Im Unterschied zum heutigen Massenansturm auf den Mount Everest waren die beiden den ganzen Tag über allein.

Dramatische Rettungsaktion am Ama Dablam

Ein Jahr nach der Expedition zum Mount Everest ist Oswald wieder im Himalaya. Mit fünf Kameraden, unter ihnen auch Reinhold Messner, will er die dritte Besteigung des **Ama Dablam (6828 m)** versuchen. Eine neuseeländische Expedition mit Peter Hillary, dem Sohn des Erstbesteigers des Mount Everest, befindet sich bereits am Berg. Ihr Ziel ist es, den Gipfel über die von Séracs bedrohte Westwand zu erreichen. Oswald und Reinhold beobachten die vier Neuseeländer, als sie langsam über die Mitte der Wand hinausklettern. Mit Entsetzen sieht Oswald plötzlich, dass sich über den vier Bergsteigern ein riesiges Stück der Séraczone löst und direkt auf sie zustürzt. Minutenlang verbirgt Schneestaub die Sicht, dann sieht Oswald die vier wieder, wenn auch etwas weiter unten. Später wird er von Peter Hillary erfahren, dass ein einziger Sicherungspunkt gehalten und die vier vor einem Absturz über die gesamte Wand bewahrt hatte.

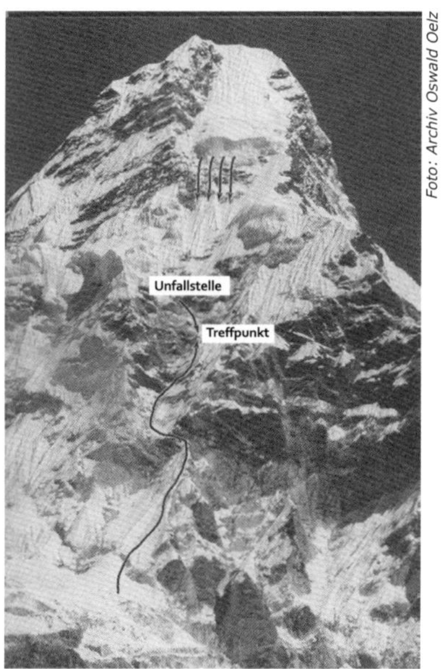

Foto: Archiv Oswald Oelz

Die Unfallstelle in der Westwand des Ama Dablam

Mit einem stark vergrößernden Fernglas kann Oswald erkennen, dass einer der vier regungslos im Seil hängt, die drei anderen sich aber langsam bewegen – sie sind offensichtlich verletzt. Spontan beschließen Oswald und Reinhold, den Neuseeländern zu Hilfe zu kommen. Sie steigen am Südwestgrat bis fast in die Höhe der Neuseeländer auf, erkennen aber schnell, dass die Querung hinüber zu Peter Hillary und seinen Kameraden viel zu lang und gefährlich wäre. Also bleibt nur der Aufstieg auf der extrem gefährlichen Route der Neuseeländer in der Westwand. Am Fuß der Westwand finden die beiden den Leichnam von Ken, der von Séracs erschlagen worden war und den seine Kameraden schweren Herzens vom Seil gelöst hatten.

Oswald und Reinhold sind sich voll bewusst, dass sie ihr Leben in der stark stein- und eisschlaggefährdeten Wand riskieren, aber sie steigen dennoch ein. Sie tragen mehrere Seilrollen mit insgesamt 600 Metern Reepschnur mit sich, um die schwierigsten Stellen der Wand versichern zu können. Zunächst steigen sie im Steileis seilfrei bis zu einem Felsriegel auf. Noch nie war Oswald derart steiles Eis geklettert, noch nie ohne Seilsicherung und noch nie mit einer derart schweren Last auf dem Rücken. Reinhold befindet sich in einer Art Trancezustand, hetzt die Wand hinauf und schreit Oswald ständig an, schneller zu klettern. Oswald schreit zurück, er sei noch nie in seinem Leben so schnell geklettert. Furchtbare Angst schnürt ihm manchmal fast die Kehle zu: Was sie machen, ist russisches Roulett. Jeden Augenblick kann ein weiterer großer Sérac die Wand herabdonnern und sie in den Tod reißen. Die Luft ist erfüllt vom Pfeifen und Sirren herabstürzender Steine und vom dumpfen Knall der Einschläge. Sie kommen sich vor wie bei einem unablässigen Bombardement.

Um elf Uhr morgens erreichen sie Peter, Geoff und Merv – und das für eine Strecke, für die die Neuseeländer eineinhalb Tage gebraucht hatten! Peter leidet unter schrecklichen Schmerzen, ein Arm ist gebrochen und ein Fuß so schwer verletzt, dass er ihn nicht belasten kann. Oswald hat zwar wirkungsvolle Schmerzmittel dabei, kann sie aber Peter nicht geben, weil seine Reaktionsfähigkeit sonst zu stark beeinträchtigt würde. Oswald seilt Peter mit der Seilbremse ab, während Reinhold die Standplätze einrichtet und die beiden anderen weniger schwer verletzten Neuseeländer hinabsichert.

Mit zunehmender Erwärmung stürzen große Stein- und Eisbrocken herab. „Angst, Angst, Angst!“, so beschreibt Oswald im Nachhinein diese Stunden des Abstiegs unter ständigem Trommelfeuer. Als sie gegen 17 Uhr den Wandfuß erreichen, können sie kaum glauben, dass keiner von ihnen getroffen wurde. Peter bekommt nun seine erste Morphiumspritze gegen die Schmerzen. Danach sitzt Oswald minutenlang da und erbricht Galle, aber es ist Galle der Erleichterung ...

Durch die drei großen Nordwände der Alpen

Matterhorn-Nordwand:

Am 19.8.1991 läutet das Telefon bei Oswald. Sein Freund Diego Wellig aus Zermatt ruft an, die Bedingungen in der Matterhorn-Nordwand seien gut, und er habe übermorgen Zeit. Diego und Oswald kennen sich seit einer gemeinsamen Expedition zum Shisha Pangma im Jahre 1985 und hatten bereits damals vereinbart, eines Tages die Nordwand des Matterhorns zu durchsteigen.

Um 18 Uhr trifft Oswald in der Hörnli-Hütte ein, Diego eine halbe Stunde später. Diego sieht sich genau an, was Oswald so alles im Rucksack hat und wirft die Hälfte des Inhalts raus. Es gilt, am kommenden Tag so schnell wie möglich zu sein, denn auf Diego wartet bereits die nächste Führungstour am Furka-Pass. Oswald legt sich früh schlafen. Gerade, als er meint, eingeschlafen zu sein, rüttelt Diego ihn wach. Schnell sind ein paar Happen Frühstück hinuntergewürgt und wenig später queren die beiden in tiefer Dunkelheit auf den Matterhorn-Gletscher.

Am kurzen Seil klettern sie gleichzeitig über die Randkluft und anschließend Hunderte von Metern über das Einstiegseisfeld. Langsam weicht die Dunkelheit und die gewaltige Wand gewinnt allmählich an Konturen. Als die Sonne über den Horizont wächst, beginnen sie die Querung zur riesigen Rampe, die den mittleren Teil der Wand durchzieht. Nach und nach weicht bei Oswald die Bangigkeit, die ihn in der Dunkelheit beschlichen hatte, und er freut sich jetzt am satten Zug der Eisgeräte und am Biss der Frontalzacken seiner Steigeisen. Er fühlt sich unendlich wohl und ist vollkommen überrascht, als Diego ihm mitteilt, ihm sei speiübel und er habe schrecklichen Durst. Eine kleine Flasche Cola, die Oswald in seinem Rucksack mitführt, löst bald das Problem und das Gesicht von Diego gewinnt wieder an Farbe. Oswald fühlt sich so gut in Form, dass er kurz darüber nachdenkt, ob er die Wand am kommenden Tag nicht noch einmal begehen soll – diesmal aber allein!

Kurz vor 12 Uhr liegt die Rampe hinter ihnen und einige Stufen einer anderen Seilschaft führen sie zur Gipfelwand. Diego macht Stand und zieht das Seil ein, da – ein paar Steine lösen sich und einer trifft Oswald am Knie. Mit schmerzverzerrtem Gesicht tastet er das Knie ab. Ist die Kniescheibe gebrochen? Einen kurzen Moment streift ihn der Gedanke, mit dem Mobiltelefon einen Helikopter zu rufen, um ihn aus der Wand zu holen. Nach ein paar Minuten aber lässt der furchtbare Schmerz allmählich nach - also scheint wohl alles intakt zu sein. Am kommenden Tag jedoch wird ein großer blauer Fleck sein Knie zieren. Oswald verscheucht alle Gedanken an eine schwere Läsion und klettert, anfangs noch etwas vorsichtig, zu Diego hoch.

Gegen drei Uhr erreichen sie den Gipfel und um halb sechs Uhr abends sind sie wieder in der Hörnli-Hütte. Diego steigt noch am selben Abend zur nächsten Führungstour ab, Oswald hingegen verbringt die Nacht in der Hütte und steigt am kommenden Morgen mit schmerzendem Knie langsam ab. Tiefe Zufriedenheit erfüllt ihn – die Nordwand in nur zehn Stunden – nicht schlecht für einen gestressten Chefarzt in spe, der sich noch zwei Tage zuvor im Spital mit nervenaufreibenden administrativen Problemen herumgeschlagen hatte.

Grandes Jorasses, Walkerpfeiler:

Seit November 1991 ist Oswald nun Chefarzt am Triemlispital Zürich und wird beruflich so in Anspruch genommen, dass keine Zeit mehr für Himalaya-Expeditionen bleibt. Mit seinem trockenen Humor drückt er das so aus: „Ich habe keine Zeit mehr für Selbstmordversuche an Achttausendern." Der Entschluss, auf zeitaufwendige Expeditionen in den Himalaya zu verzichten, fällt ihm nicht schwer, denn seine drei Lebensziele hat er, wie er in weinseliger Runde verkündet, erreicht: „Einen Achttausender, einen Weinkeller und ein Spital." Und er fährt fort: „Das Bergsteigerspiel geht aber dennoch weiter, wenn auch in etwas gemäßigter Form." Was „gemäßigt" heißt, zeigt sich bereits 1992. Mit seinem Freund Kobi Reichen, Bergführer aus Lauenen im Berner Oberland, durchsteigt er mehrere Routen im 7. Schwierigkeitsgrad in den Wendenstöcken, vor allem aber den Walkerpfeiler an den Grandes Jorasses.

Während der Fahrt in der brechend vollen Zahnradbahn nach Montenvers beneidet er die beleibten Sommerfrischler, die sich am Abend wohl wieder ein opulentes Mahl in einem feinen Restaurant in Chamonix gönnen werden. Er aber muss mit einem einfachen Nudelgericht vorliebnehmen und am kommenden Tag in den abweisenden 1200 Meter hohen Pfeiler einsteigen, bei dem mit mindestens einem Biwak und mit 18 bis 22 Stunden reiner Kletterzeit zu rechnen ist.

Am nächsten Tag sind sie schon sehr früh auf den Beinen. Das ist bei Bergführern immer so: möglichst früh einsteigen und möglichst früh zurück sein, denn die nächste Führungstour wartet schon. Als Oswald an den „Schwarzen Platten" nachklettert, donnert ein riesiges Steingewitter auf sie herab, das drei spanische Seilschaften weiter oben ausgelöst haben. Glücklicherweise werden sie nur von ein paar harmlosen Splittern gestreift und sie setzen ihre Kletterei zügig fort. Wie oft bei seinen Bergtouren gehen Oswald mehrere Melodien durch den Kopf. Das sind bisweilen mehr oder weniger blödsinnige Schlager, heute aber ist es das zweite Klavierkonzert von Mendelssohn. Es begleitet ihn in der ganzen 75-Meter-Verschneidung und weit darüber hinaus.

Kobi Reichen aber konzentriert sich als Seilerster ganz aufs Klettern und kommentiert einige Passagen mit seinem Lieblingswort „tipptopp". Gegen Mittag befinden sie sich knapp unterhalb der spanischen Seilschaften, die extrem langsam unterwegs sind, trotz „aller Vorsicht" – wie sie später behaupten – aber immer wieder Steinlawinen auslösen. Als dann auch noch ein Pickel herabfällt, der Kobi und Oswald nur knapp verfehlt, müssen sich die Spanier ein ordentliches Donnerwetter von Kobi anhören. Von seinem Oberländer Dialekt verstehen sie natürlich kein Wort, aber der Ton macht ja bekanntlich die Musik. Sie überholen die verdatterten Spanier rechts der Route an kleinsplittrigem Fels mit dürftiger Absicherung. Das scheint aber Kobi nichts auszumachen, er findet die Kletterei wie immer „tipptopp".

Trotz der großen Schwierigkeiten sind sie so schnell unterwegs, dass sie zu ihrer eigenen Überraschung den Gipfel bereits gegen 14 Uhr erreichen. Kurz nach 18 Uhr sitzen sie dann in der Boccalatte-Hütte auf der Südseite der Grandes Jorasses und nehmen ein gepflegtes italienisches Abendessen zu sich, das ordentlich mit Rotwein begossen wird.

Auf der Heimfahrt im Auto kann dann Oswald das Mendelssohn`sche Klavierkonzert endlich in voller Länge genießen. Da sie am Pfeiler so schnell unterwegs waren, war dazu keine Zeit geblieben.

Eiger-Nordwand:

Vier Jahre, nachdem Oswald den Chefarztposten im Triemli-Spital angenommen hat, findet er endlich wieder Zeit für eine Expedition in den Himalaya. Es gelingt ihm diesmal, den Ama Dablam zu besteigen – 1979 hatte es wegen der Rettungsaktion von Peter Hillary und seinen Freunden ja nicht geklappt.

Wieder zurück in Zürich träumt Oswald davon, die „Nordwand-Trilogie" zu vollenden und auch noch die Eiger-Nordwand zu durchsteigen. Er, der uns ehrlich wie kaum ein anderer an seinen Gefühlen teilhaben lässt, schreibt: „Mein Freund, der Bergführer und Berufsfotograf Röbi Bösch, wollte, nachdem ich nun ein Prominenter war, die Durchsteigung für die „Schweizer Illustrierte" fotografieren. Mir gefiel diese Idee, da sie weiteren Brennstoff für meinen Narzissmus versprach." Insgesamt sind sie zu viert: neben Oswald und Röbi Bösch noch der Bergführer Ueli Bühler, der Röbi beim Fotografieren sichern wird und nicht zuletzt, wie schon an den Grandes Jorasses, Kobi Reichen, der die Seilschaft durch die Wand führen wird.

An einem Samstag im Juli 1995 treffen sich die vier auf der Kleinen Scheidegg. Die Temperaturen sind ziemlich hoch, auch aus der Ferne sind einige Sturzbäche in der Wand sichtbar und ab und zu glauben sie auch, Steine zu hören, die die Wand hinunterdonnern. Kobi, der Berufsoptimist, meint dennoch, alles sei „tipptopp".

Nach einem Abendessen, bei dem viel gelacht wird, legen sich alle schlafen. Aber bereits zwei Stunden später, gegen halb ein Uhr morgens, wird Oswald von seinen Freunden geweckt. Während des schnell eingenommenen Frühstücks fragt Kobi Oswald beiläufig, ob es ihm etwas ausmache, auf das untere, wenig attraktive Wandviertel zu verzichten und beim Stollenloch einzusteigen. Da Oswald den unteren Wandteil von einem früheren Begehungsversuch bereits kennt, fällt es ihm leicht, auf Kobis Vorschlag einzugehen.

Eine halbe Stunde dauert der Marsch durch den stockdunklen Bahntunnel, dann öffnen sie das Tor im Stollenloch und treten in die dunkle Wand hinaus. Nach einigem Suchen finden sie den „Schwierigen Riss", den sie schnell überwinden. Am Hinterstoißerquergang weicht langsam die Nacht und der Himmel nimmt zarte Purpurfarben an. Kobi bringt den Quergang zügig hinter sich und als Oswald nachfolgt und sich dabei an einem alten Seil festhält, bricht plötzlich ein Haken aus und er rutscht fünf Meter über den glatten Fels hinunter, ehe sich das Seil zwischen ihm und Kobi spannt. Alles ging so schnell, dass Oswald nicht einmal erschrocken war!

Das erste Eisfeld, das bereits seit Jahren weitgehend abgeschmolzen ist, erweist sich als äußerst unangenehm: „Der Fels ist von einer hauchdünnen sandigen Eisglasur bedeckt. Das ist das Gefährlichste, was ich je geklettert bin!“, hatte Kobi seinen Freunden bereits vor der Tour erzählt. Und Oswald schreibt nach der Durchsteigung: „Auch die Standplätze weckten wenig Vertrauen. Alte Haken, die zu einem Drittel im Fels stecken und dann abgebogen sind, garniert mit verrotteten Seilfetzen: Das ist Eigeratmosphäre.“

Im zweiten Eisfeld erwartet sie fast pausenloser Steinschlag, der aber wenigstens den Vorteil hat, dass er – wie Oswald es mit seinem Galgenhumor ausdrückt – Löcher ins Eis schlägt, die als Tritte für die Steigeisen dienen.

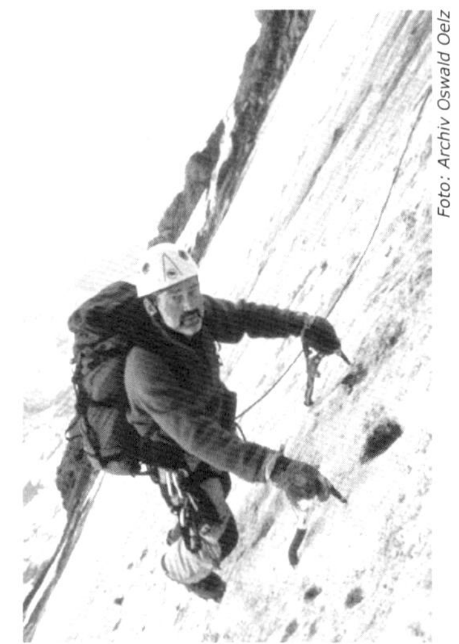

Foto: Archiv Oswald Oelz

Oswald im zweiten Eisfeld der Eiger-Nordwand

Melodien wie am Walkerpfeiler begleiten Oswald nicht, dafür tritt urplötzlich eine Patientin in sein Bewusstsein, die sich seit 14 Tagen im Spital befindet. Zwei Jahre zuvor war sie an Brustkrebs operiert worden. Die neuerlichen Untersuchungen ergaben, dass ihre Knochen, ihre Leber und ihre Lungen von Krebs durchsetzt sind. Das unentrinnbare Schicksal der Frau verfolgt ihn, bis ihn ein erneuter prasselnder Steinschlag in die Realität zurückwirft.

Im Götterquergang verhüllt rasch aufziehender Nebel die Wand und verhindert so den Blick in die bodenlose Tiefe. Kurz vor dem Ende des Quergangs kracht plötzlich eine große Steinlawine herab. Das Krachen, Sirren und Pfeifen lässt sie sich panisch an den Fels drücken. Der bisher so ruhig-souveräne Kobi brüllt dem Fotografen Röbi zu: „Schluss mit Fötele! I Deckig und use!“ (Schluss mit dem Fotografieren! In Deckung und raus aus der Wand!). Sie hetzen in einem Höllentempo durch die „Spinne", immer darauf gefasst, dass eine neue Ladung von Stein- und Eisbrocken auf sie herabschießt. Erst am oberen Rand der „Spinne", im Schutze eines Überhangs, beruhigen sich ihre flatternden Nerven und Röbi darf jetzt auch wieder fotografieren.

Auf einmal beginnt es zu schneien und zu stürmen und bald stürzen kleine Bäche aus allen Rinnen. Oswalds Vertrauen in Kobis Kletterkunst ist aber so groß, dass sich seine anfängliche Angst immer mehr in Zuversicht verwandelt: „Der Kobi schafft das schon!" Und wirklich – Kobi scheinen die Sturzbäche nichts auszumachen. Elegant spreizt er über vereiste, glatte und brüchige Felsen und bald kann Oswald nachkommen. Auf einmal schreit er auf, ein Stein hat seinen Zeigefinger getroffen. Der Schnee und das kalte Wasser sorgen glücklicherweise für ständige Abkühlung der Wunde, aber später wird Oswald mit seinem blutunterlaufenen Nagel noch monatelang für erstaunte Blicke seiner Patienten sorgen.

Um sieben Uhr abends stehen die vier Freunde auf dem Gipfel und sind um 0.30 Uhr wieder auf der Kleinen Scheidegg. 23 Stunden waren sie insgesamt unterwegs – das nennt man wohl einen voll ausgefüllten Tag! Und Oswald ist immerhin schon 52 und gehört damit zu den ältesten Bergsteigern, die die Eiger-Nordwand durchstiegen haben.

Mit 52 ist noch lange nicht Schluss

Für viele Bergsteiger wäre die Eiger-Nordwand eigentlich ein idealer Abschluss ihrer Karriere als Extrembergsteiger, nicht aber für Oswald! Auch in den kommenden Jahren geht es weiter mit den großen Touren: Marmolada-Südwand, Südtirolerweg mit dem Messnerausstieg (VI+); Heiligkreuzkofel, Große Mauer (VI); Große Zinne-Direkte Nordwand (VI+) und 1998 der Frêneypfeiler am Montblanc, die schwierigste Route am „Weißen Berg". Auch hier hat er wieder Kobi Reichen als Bergführer engagiert und sie sind so flott unterwegs, dass sie diese äußerst anspruchsvolle und lange Route als „2-Tage-Tour" machen. Nach der nächtlichen Heimfahrt im Auto sitzt Oswald am kommenden Morgen wieder am Schreibtisch und arbeitet Unerledigtes von 48 Stunden auf!

Ab Mitte der 90er Jahre zieht es Oswald regelmäßig auch in wärmere Gefilde, man muss schließlich dem Rheuma vorbeugen! Die bis zu 600 Meter hohen Sandsteintürme in Jordanien und die noch höheren Kalkwände im Oman besucht er nun regelmäßig mit Freunden. Hier treffen sie kaum auf Menschen, finden dafür Fels aller Qualitäten und einen Sternenhimmel von makelloser Reinheit. Zum Leben genügen Wasser, einfache Nahrungsmittel, ein Zelt und ein Schlafsack. Am Abend sitzen sie dann um ein kleines Lagerfeuer und gelegentlich wird jetzt auch „gesündigt" – in Form einer Flasche guten Weines!

Sowohl in Jordanien wie im Oman gelingen ihm mehrere Erstbegehungen. Aber Oswald wäre nicht Oswald, würde er nicht mit seiner üblichen Bescheidenheit betonen, dass diese nur dank der Kletterkünste seiner Freunde möglich waren, die fast immer vorstiegen. In seinem Gepäck führt er jetzt auch immer schmerzlindernde Salben mit, um die alternden, schmerzenden Gelenke behandeln zu können.

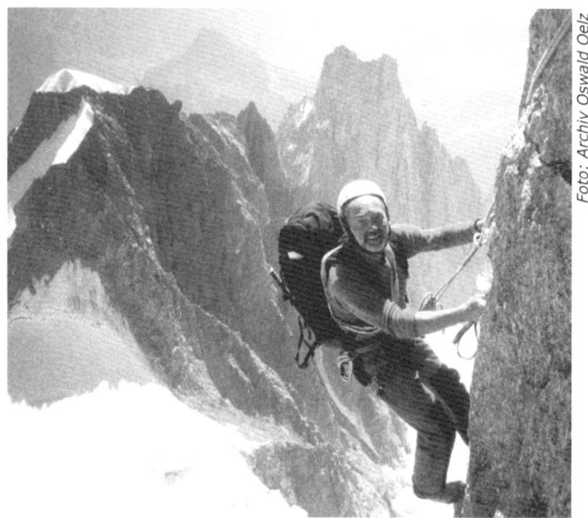
Foto: Archiv Oswald Oelz

Oswald am Frêneypfeiler

Heiligkreuzkofel, Livanos-Route

Aber da die Alpen quasi vor seiner Haustür liegen, bleiben sie Oswalds bevorzugte „Spielwiese". Im Sommer 2009 hat er sich mit seinem Freund Hans-Peter Eisendle, Bergführer aus Sterzing in Südtirol, verabredet. Ihr Ziel ist der Heiligkreuzkofel in den Dolomiten. In der steilen Westwand hatte der Franzose Georges Livanos mit seinem Gefährten Robert Gabriel 1953 als erster einen Durchstieg gefunden. Es sollten immerhin 14 Jahre vergehen, ehe Reinhold Messner und sein Bruder Günther diese äußerst schwierige Route (VI) wiederholten. Und ein Jahr später schrieben Reinhold und Günther am Mittelpfeiler des Heiligkreuzkofels Alpingeschichte, als sie hier eine später mit VII+ (bisweilen auch mit VIII) bewertete Stelle kletterten, damals das absolute Nonplusultra.

Die bis zu 650 Meter hohe und kilometerbreite Kalkmauer des Heiligkreuzkofels hat es Oswald ganz besonders angetan. Bereits viermal hat er hier jeweils unterschiedliche Routen durchstiegen, noch nicht aber die „Livanos". Die Kletterei beginnt mit einer rötlich und einer weiß gefärbten Verschneidung, die trotz des Farbunterschiedes eine große Gemeinsamkeit haben: Sie sind extrem brüchig, so brüchig, dass die meisten Kandidaten der Livanosroute sie über die „Mayerl-Verschneidung" umgehen.

Zweimal werden Oswald und Hanspeter durch ein aufziehendes Gewitter aus der Wand getrieben, ehe es am 9. August endlich so weit ist. Um die Mittagszeit erreichen sie das Riesenband in der Wandmitte. Ein prüfender Blick zum Himmel zeigt, dass das Wetter nicht unbedingt sicher ist; ein erneutes Gewitter ist nicht auszuschließen. Um erst gar keine Zweifel aufkommen zu lassen, steigt Hanspeter sofort in den Pfeiler ein. Über rotgelben, bröckeligen Kalk spreizt er elegant zwischen den weit ausladenden Dächern, hängt bisweilen Karabiner in alte Haken ein und ist schon bald am Ende der Seillänge angelangt. Mit seiner bereits mehrfach erwähnten Bescheidenheit schreibt Oswald über seine Bewältigung dieser Stelle: „Natürlich musste ich mich weit weniger elegant abrackern und hielt mich an zweifelhaften Felsstrukturen, abgebogenen Haken und Resten von Holzkeilen fest. Wieder einmal war ich am schönsten Ort und genoss als Seilzweiter des Lebens ungetrübte Freude.“

„Jetzt kommen nur noch ein paar einfache Seillängen bis zum Gipfel“, meint Hanspeter beruhigend. Schön wär`s! Denn was jetzt folgt, ist äußerst kompakter Fels im oberen sechsten Grad. Oswald klettert so konzentriert im extrem schweren Fels, dass er vollkommen das Fotografieren vergisst. Später schreibt er: „Ich werde jedenfalls diese 100 Meter mit einem Zwischenhaken alle 20 Meter nicht mehr vergessen.“ Zur Belohnung gibt`s am Abend in einem uralten Wirtshaus ein Riesenschnitzel mit Bratkartoffeln und dazu eine Flasche Rotwein.

Mein Patenonkel Oswald Oelz: Simon Messner* erzählt

„Herr Professor Dr. Oswald Oelz – in seinem Leben Mediziner, Alpinist, Bergbauer und Alpinhistoriker - wird in Bergsteigerkreisen seit jeher ‚Bulle‘ genannt. Sein breitschultriger Körperbau verrät auch Nichtbergsteigern den Ursprung des Beinamens und lässt erahnen, dass Oswald seine Zeit nicht nur im Büro verbrachte, im Gegenteil! Ein Leben lang war er unterwegs, auf Reisen, beim Klettern, im Gebirge. Nun im Alter mehr denn je. Ein unruhiger Geist, der nur in der Tat selbst aufzugehen scheint. Schon als Kind haben mich die Geschichten – beinahe schon Mythen - die man sich über ‚Bulle‘ erzählte, fasziniert.

So auch jenes Abenteuer, das Oswald 1983 am Glacier Dome überlebte. Wochenlanger Regen hatte die Expedition aufgehalten und erst wenige Tage vor der Rückreise gelang doch noch der Gipfel. Oswald wurde höhenkrank und musste beim Abstieg biwakieren, auf 6900 Metern! Wegen Halluzinationen hatte er den falschen Abstiegsweg gewählt, da eine Phantomgestalt ihm einredete, doch am besten gerade hinunter zu gehen, das sei doch viel schneller! Nach einer kalten Nacht im Freien stieg er weiter ab und geriet in eine Lawine. Diese sollte ihn einen Großteil seiner Zehen kosten, sie waren erfroren und mussten amputiert werden. Während ‚des Reifens meiner Zehen hatte ich Zeit, über meine Dummheit nachzudenken. Außerdem entwickelte ich in meinem Büro im Universitätsspital Ideen für die Behandlung der akuten Bergkrankheit.‘ So Oswalds Fazit. Er war schwer gezeichnet, doch er hatte überlebt!

**Sohn von Reinhold Messner*

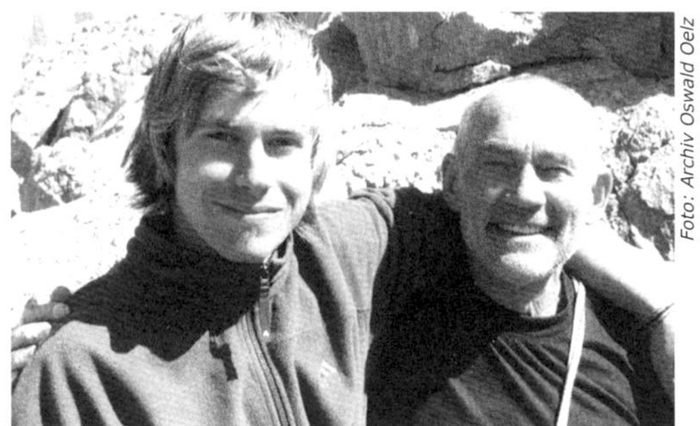

Simon Messner (links) und Oswald Oelz

Viele Jahre später, im Februar 2011, wurde ich von Oswald eingeladen, mit in das Sultanat Oman zu reisen, ein arabisches Land, welchem es auf fabelhafte Weise gelungen ist, Tradition und Moderne zu verschmelzen. Zu verdanken ist dies dem seit 1970 amtierenden Sultan Qabus ibn Sa'id Al Sa'id, der in der Bevölkerung großen Respekt und Anerkennung genießt; die Zufriedenheit der Omanis ist allerorts spürbar.

Ich traf die Mannschaft damals am Airport von Muscat: Sigi Brachmayer, Albert Precht, Horst Fankhauser und Oswald. In der Welt der Berge alles bekannte Namen und sozusagen die ‚Hausmeister' des Kletterns im Oman. Sehr viele Touren gehen auf das Konto dieser Herren. Albert Precht alleine hat in seinem Leben weit mehr als 1.000 Erstbegehungen machen können - unglaublich! Ich kannte bis dato nur Oswald als meinen Taufpaten und guten Freund, allerdings gab es überhaupt keinen Zweifel daran, dass es sich bei den anderen drei Männern ebenfalls um Kletterer handeln musste: hager, sehnige Arme, ledrige Haut und zutiefst braun gebrannte Gesichter. Ihre Finger waren von vielen kleineren Verletzungen und der ständigen Belastung verhornt und knöchern. Aus den Gesichtsausdrücken der vorbeigehenden Omanis zu schließen waren diese genauso fasziniert vom Auftreten der ‚Old Boys' wie ich damals mit meinen knapp 21 Jahren.

Einen Augenblick später schon saß ich in einem überdimensionierten Jeep und wir holperten durch die Wüste. So kam es, dass wir die nächsten Wochen am Fuße des Jebel Misht mit seiner 1.000 Meter hoch aufragenden Südwand aus Muschelkalk campierten. Unter Tags wurde die Gegend erkundet, neue Wände gesucht und möglichst viel geklettert. Am Abend dann galt es, den Flüssigkeitsverlust des Tages aufzufrischen. Oswald hatte dafür beste italienische und französische Weine mitgebracht und weil die Tage lang und die Sonne stark war, wurde dementsprechend viel davon getrunken!

Das Leben in der Wüste war einfach, aber spannend, denn es gab viel zu entdecken. Routenverläufe mussten gefunden und Abstiege gesucht werden. So hatten die Tage zwar denselben Rhythmus, waren aber stets verschieden, denn das Unvorhersehbare – das Verlieren eines Ausrüstungsgegenstandes, unerwartet schwierige Wegfindung, ein fallender Stein, Müdigkeit und Erschöpfung – macht eine jede Bergtour zum Unikat, das so nicht wiederholbar ist. Wir hatten eine gute Zeit.

So wollten wir eines Tages die Tour ‚Al Khumaira' am Jebel Kawr klettern, die im Dezember 2009 von Horst Fankhauser eröffnet wurde. Die 20 Seillängen umfassende Route weist Stellen im oberen 6. Grad sowie eine technische Stelle auf. Fantastische Platten- und Verschneidungskletterei! So standen wir damals – Sigi, Albert, Oswald und ich – bei Dunkelheit auf und fuhren die steile Schotterpiste zum Dorf Al Khumaira empor. Hier lebt ein alter Mann namens Said mit seinen Frauen und einigen Ziegen. Es gibt zwar kein fließendes Wasser, dafür aber ist Said stolzer Besitzer eines Breitbildfernsehers. Ein freundlicher kleiner Mann, den ich im Rahmen weiterer Reisen in den Oman liebgewinnen sollte. Öfter sollte er uns mit heißem Tee entgegenkommen. Nach langen Klettertagen in der Wüste eine Wohltat!

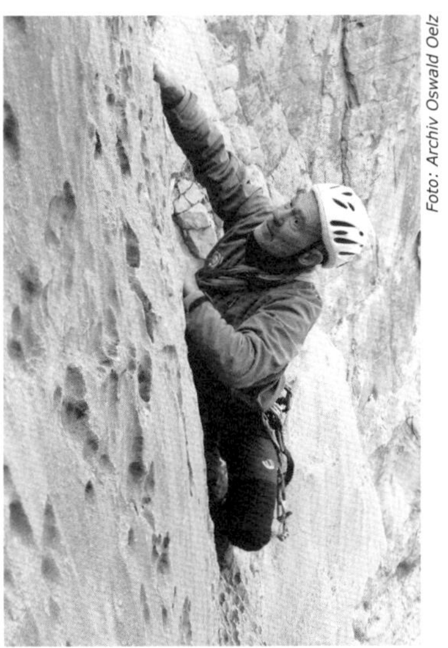
Foto: Archiv Oswald Oelz

Oswald im „Löchlikalk" am Jabal Kawr

Bei Morgendämmerung also stiegen wir in die 600-Meter-Wand ein und kamen zügig voran. Noch war das Gelände leicht und wir kletterten in Wechselführung. Nachdem wir die Schlüsselstelle überwunden hatten, folgte die Linie Rissen und Kaminen, die schließlich in eine große Plattenflucht mündeten. Mir kam es so vor, als kletterten wir auf dem Mond: die Steinscherbenwüste um uns herum, der schimmernde Dunst am Horizont und wir waren alleine. Einfach großartig! Oswald beschwerte sich nicht – nie beschwert sich Oswald! – doch in seinen Augen konnte ich die Schmerzen ablesen, welche ihm die Stunden in den engen Kletterschuhen nun bereiteten. Die sechs abgeschnittenen Knochen der amputierten Zehen drückten direkt auf die darübergezogene Haut. Das Klettern auf kleinen Tritten war für Oswald kaum mehr ertragbar, doch trotz der Schmerzen stieg er weiter. ‚Abseilen kommt gar nicht in Frage', meinte er knapp. Eh klar! In dieser Hinsicht hat Oswald etwas von seinen Tiroler Steinschafen, die er in der Schweiz züchtet. Auch diese gelten als überaus stur.

Als wir schließlich den Ausstieg erreichten und erstmals in die Sonne blinzelten, meinte Oswald nur ‚No pain, no gain' und grinste zufrieden. Das Durchhalten hatte sich ausgezahlt und das ‚Adrenalin gegen die Schmerzen' hatte seine Wirkung getan. Wir saßen noch kurz dort, genossen die Aussicht sowie das Erlebte und unterhielten uns über die große ‚Gnade der frühen Geburt', wie Oswald es nennt. Es war jene Zeit, lange vor meiner Geburt, in der man selbst in den Dolomiten noch logische Linien erstbegehen konnte. Eine Zeit, in der die Massen noch nicht ins Gebirge gingen, alpine Routen von ‚Sanierungen' verschont blieben und die Welt generell wenig erschlossen war. Hier im Oman hatten wir all das wiedergefunden."

ZU ALT?

(von Oswald Oelz, Dez. 2017)

„Die häufigste mir bezüglich Bergsteigen gestellte Frage ist: ‚Machst du das immer noch? In deinem Alter erzählt man üblicherweise von erlittenen oder geplanten Operationen, Pillen und Einreibungen durch eine einfühlsame Physiotherapeutin.' Meine trotzige Antwort: ‚Ja, ich klettere immer noch und werde das tun, bis ich tot bin.'

Und so sinniere ich, warum ich mich im April 2015 an ‚meiner' Route im Perivolakia-Canyon, im Südosten von Kreta, so schwer getan habe. Albert Precht und Sigi Brachmayr haben hier neben bald 100 weiteren Routen eine Art alpines Mausoleum eingerichtet, in dem die Routen nach verflossenen und noch lebenden Bergsteigern von Preuss bis Gerlinde Kaltenbrunner benannt sind. Dass ich dort auch figuriere, ist wohl einer Retzina-induzierten Idee von Albert und Sigi zuzuschreiben. Für mich werden die Berge immer höher, die Zustiege länger, die Wände steiler und die Griffe kleiner. Auch der Terror der Lenden nimmt ab und damit die Profilierungssucht. Trotzdem kann ich mich davon nicht vollkommen befreien, am Ende eines Jahres zählen die Klettermeter, die Gipfel und die Routen. Das wird wohl bis zum finalen Check-out so andauern. Und so werde ich wohl, solange meine Freunde mich mitnehmen und gelegentlich für eine straffe Seilführung sorgen, weitermachen.

Denn es gibt noch unzählige Projekte, die ich unbedingt machen möchte: den K2, den Fitz Roy, den Tyree und all die wunderschönen Berge von Sechuan. Dafür wird es wohl nicht reichen, weder die verbleibende Zeit und noch mehr die rasch abnehmenden Fähigkeiten. Wenigstens ist der Bonattipfeiler an den Drus heruntergefallen, das hat ein Problem eliminiert. Auf jeden Fall aber werde ich vor allem Unerledigtes zurücklassen und mich künftig mit Plaisir-Kletterrouten trösten müssen.

In diesen Jahren sind die verständnisvollsten Vorsteiger Albert Precht, Horst Fankhauser, Röbi Bösch und Hanspeter Eisendle auch nicht mehr die Jüngsten, aber für mich, den ungeschicktesten aller Kletterer, noch immer Außerirdische. Sie sind für mich Privilegierte wegen ihrer Beherrschung der unendlichen Leichtigkeit des Kletterns. Ich hingegen musste immer Geschicklichkeit durch Unbekümmertheit und Leidensfähigkeit ersetzen. ‚No pain, no gain' bis zum Endglück, das hat sich nicht geändert, nur sind es jetzt die schmerzenden Amputationsstümpfe, die das Hochgefühl vermitteln – wenn ich die Kletterschuhe ausziehen kann.

Zurück zur Route ‚Oswald Oelz' im Perivolakia-Canyon: Wenigstens der Weg zum Einstieg war altersgemäß, denn bereits nach 20 Minuten saßen wir zwischen stacheligen Dornbüschen unter unserer Wand und vollführten die schon tausendfach gemachten Prozeduren vor einer ernsthaften Klettertour. Albert, der Traumtänzer im Fels, summte Melodien aus Nabucco, der Fels schien solide, die kompakte Platte versprach winzige, aber solide Griffe und Tritte. Mühelos kletterte der Meister die ersten 30 Meter. ‚Fünf plus', rief er mir zu. Da wusste ich, dass es an die Grenzen meiner Kletterfähigkeit gehen würde, meistens wurde anspruchsvolles Gelände von ihm mit ‚Vier plus' taxiert. Vertrauenerweckend waren aber die zwei Bohrhaken in dieser Seillänge sowie ein solider Sigibolt am Stand. Dank einer straffen Seilführung und manchmal etwas Unterstützung von oben durfte ich die Tour richtig genießen. Seillänge nach Seillänge wurde geklettert, von Dornen und lockerem Gestein gesäubert und zumindest an den Standplätzen vertrauenerweckend eingerichtet. Der Höhepunkt ergab sich 120 Meter über dem Schluchtgrund in Form einer riesigen Piazschuppe, die entgegen ihrem Aussehen auch solide hielt. Sigi unterhielt mich auf den Standplätzen mit ermunternden Kommentaren und der Bemerkung, dass ich für mein Alter noch ganz ein brauchbarer Kletterer sei. Dabei strapazierte ein Quergang an einem losen Block kurz unter dem Ausstieg dann doch noch mein alterndes Nervenkostüm. Aber: Die Erfahrung meines Lebens ist die, dass es immer gut gegangen ist in diesen bald sechzig Kletterjahren und so war es auch dieses Mal. Den Durst am Ende der Tour sparten wir uns für die Kneipe am Schluchteingang auf. Der griechische Wirt kannte uns schon von früheren Besuchen und präsentierte ungefragt sofort zwei Krüge mit Retzina und wenig später viele dieser wunderbaren griechischen Salate und Snacks. Wir feierten Alberts etwa 1200ste Erstbegehung.

Wir würden bald wiederkommen, versprachen wir weinselig beim Abschied. Wir kamen im Herbst auch wieder, allerdings ohne einen meiner liebsten Freunde - Albert Precht. Er ist wenige Tage nach dieser Tour in der Perivolakia-Schlucht beim simultanen Abseilen abgestürzt. Aber immer wenn wir jetzt und in Zukunft klettern, ist Albert bei uns. Ich werde dabei aber nicht nur seine straffe Seilführung und sein ermunterndes Lächeln vermissen, sondern das wunderbare Gefühl einer Jahrzehnte dauernden Freundschaft."

Verlorene Freunde

Die Liste von Oswalds Bergfreunden, die ihre Leidenschaft mit dem Tod bezahlt haben, ist lang: Reinhard Karl, Marcel Ruedi, Friedl Mutschlechner, Ueli Steck sind nur einige von ihnen. Fast alle starben an den Achttausendern des Himalaya. Wie Oswald schreibt, war ihr Motto: „Es ist besser, einen Tag als Tiger zu leben als hundert Jahre als Schaf.“ Und er fährt fort: „Sie hatten Tigerjahre, und sie sind bei dem gestorben, was sie am liebsten taten. Und vielleicht blieben ihnen so manche Beschwerden eines langsamen zivilisierten Todes oder Siechtums erspart.“

Sicher nur ein schwacher Trost, denn mit vielen seiner Berggefährten verband ihn ein enges Verhältnis. Mit Reinhard Karl zum Beispiel das Erlebnis, auf dem höchsten Gipfel der Welt zu stehen und dabei das Gefühl zu haben, es gebe nur sie beide auf der Welt, denn 1978 hatte der Massentourismus am Mount Everest noch nicht eingesetzt. Seinen Schmerz über den Tod von Reinhard am Cho Oyu drückt Oswald so aus: „Ich konnte es nicht glauben, dass dieser unverschämte Riesenkerl mit dem kindhaften Vergnügen am Leben und dem breitesten, neugierigsten, freundlichsten Lächeln über sich selbst und den Rest der Welt tot war. Wie schade ist es, dass du jetzt nicht mehr da bist“, dachte ich mir, „dein Tod hat in mir eine tiefe Traurigkeit zurückgelassen. Die Geschichte war unvollendet, nicht ausgestanden. Irgendwann musste ich zurück in die Südwand des Cho Oyu, um zu begreifen, dass Reinhard gestorben war.“

Über Marcel Ruedi findet Oswald folgende Worte: „Wieder war ein Freund tot, mit dem ich gelacht und gelitten hatte und mit dem ich auf einem Höhepunkt empfunden hatte, dass das Leben nicht mehr schöner werden konnte. Dabei hatte er dieses Leben in all seinen Dimensionen genossen, wollte noch vieles erfahren und unter keinen Umständen in den Bergen sterben ... Es endete, weil die grenzenlose Motivation den Organismus mit der phänomenalen Konstitution über den Limes der Physiologie peitschte.“

Wie ist es zu erklären, dass Oswald nach solch einschneidenden Verlusten dennoch immer wieder hinauszog in die lebensfeindliche Welt der höchsten Berge unseres Planeten? Seine Antwort lautet: „Nicht auf Grund einer Lebensphilosophie, sondern aus Unbekümmertheit und angeborenem Optimismus, dass es schon irgendwie gut gehen werde, habe ich im Leben immer jene Dinge getan, die mir Lust und Freude bereitet haben, selten habe ich etwas aufgeschoben ... Die Welt ist nie vollkommener als am Endpunkt eines hohen Gipfels. Das Glück, ein lang ersehntes und umworbenes Ziel zu erreichen, das Glück der makellosen Schönheit und das Glück des ausgelaugten, schmerzenden, erschöpften Körpers und der vollständig zufriedenen Seele ist alle Antwort auf das Warum.“

Und wie geht es weiter?

Als Mitt-Siebziger ist sich Oswald natürlich bewusst, dass die Griffe und Tritte kleiner und die Berge höher werden. Der K 2, der Cerro Torre und eine Kletterroute im 8.

Schwierigkeitsgrad werden unerfüllte Träume bleiben. Und in anderen Bereichen die nicht gelesenen Bücher, ein Fachaufsatz in „Science“ als Erstautor oder eine Marathonzeit unter drei Stunden.

Aber: Schaut man sich Oswalds Tourenliste des Jahres 2017 an, dann stellt man verblüfft fest, dass sich etliche Klettereien im 6., ja sogar im 7. Schwierigkeitsgrad darunter befinden:

- Al Kumeira, VII, Jabal Kawr, Western Hajar Mountains, Oman
- Gerlinde-Kaltenbrunner-Route, VI+, Perivolakia-Schlucht, Kreta

Und solange es irgend geht, wird Oswald weiter in hohen Schwierigkeitsgraden unterwegs sein. Und zu Hause im Zürcher Oberland wird er sich weiter als Schafzüchter betätigen, sich um seine Gänse und Enten kümmern und biologisches Gemüse anbauen. Aber er wird auch ständig unterwegs sein – als Vortragsredner und als Sachverständiger für medizinische Fragen. Die Berge aber werden sein Lebensmittelpunkt bleiben – oder wie er es ausdrückt: „Ich bleibe Bergsteiger bis zu meinem Tod.“

Oswald Oelz

geboren am 6.2.1943 in Feldkirch, Österreich

Aus seinem Tourenbuch:

zwischen 1976 und 1990: Seven Summits – als dritter Mensch die höchsten Berge der sieben Kontinente, u.a. Mount Everest (8850 m)

1985 Shisha Pangma (8027), Himalaya
1991 Matterhorn-Nordwand, V
1994 Grandes Jorasses, Walker-Pfeiler, VI
1995 Ama Dablam (6856 m), Himalaya
1995 Eiger-Nordwand (Heckmair-Route), V+
1998 Montblanc, Frêneypfeiler, VI
1999 Heiligkreuzkofel, Direkte Mauer (Precht), VII
2009 Jabl Kawr, Al Kumeira, VII, Oman
2017 Jabl Kawr, Al Kumeira, VII, Oman (mit 74 Jahren)

KAPITEL 4

Claude und Yves Remy

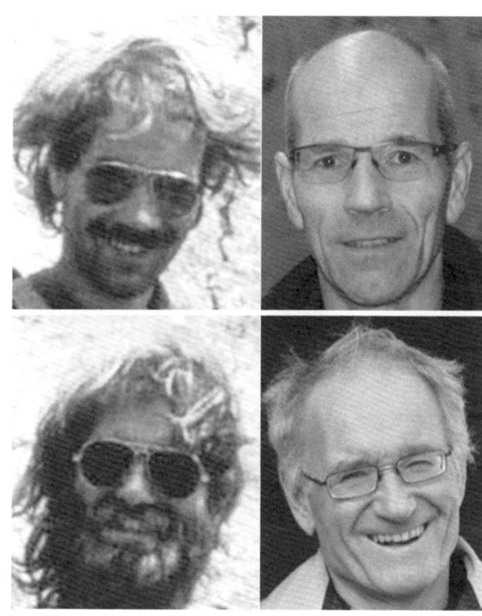

links: Yves und Claude Remy (1981)
rechts: Yves und Claude Remy (2016)
Fotos: Archiv Claude Remy

„Die Gebrüder Remy haben mit legendärem Sinn für kletterbare Linien und nie erlahmender Leidenschaft tausende neuer Kletterrouten in ganz Europa, vor allem aber in der Schweiz und Griechenland, eröffnet und eingerichtet. Sie sind so zu eigentlichen Wegbereitern des Felskletterns als Breitensport emporgestiegen."

So heißt es in der Begründung anlässlich der Verleihung des „Albert Mountain Award" im Jahre 2016. Diese Auszeichnung wird seit 1994 alle zwei Jahre an Personen oder Institutionen verliehen, „welche sich durch außergewöhnliche und nachhaltige Leistungen im Zusammenhang mit den Bergen der Welt verdient gemacht haben." Preisträger sind u.a.: Catherine Destivelle, Gerlinde Kaltenbrunner, Oswald Oelz, Albert Precht, Pit Schubert und das Alpine Museum der Schweiz.

Und auch der Schweizer Alpen-Club (SAC) würdigte im Jahre 2017 die „unermüdliche Erschließertätigkeit" der beiden Brüder mit der Verleihung der Ehrenmitgliedschaft. Sie sind damit die ersten Sportkletterer, denen diese Ehre zuteil wurde.

Dass sie für ihre Alpintätigkeit einmal ausgezeichnet würden, hätten sich Claude und Yves natürlich nie vorstellen können, als sie Mitte der sechziger Jahre mit ihrem Vater Marcel erste Touren in den umliegenden Bergen machen. Bei Marcel gehen sie in eine harte Schule: Ein langsames, geruhsames Steigen – das ist nicht sein Ding. Nie geht es ihm schnell genug und auch bei Schlechtwetter gibt es keine Ausreden. „Das härtet ab!", meint er dann nur lakonisch. Und sich gegen Entscheidungen des Vaters aufzulehnen, das ist einfach nicht möglich; da setzt es auch schon mal Ohrfeigen. Manchmal lässt er sie am Samstag auch die Schule schwänzen, wenn eine Wochenendtour auf dem Programm steht. Gegenüber der empörten Schulleiterin, der christliche Werte sehr am Herzen liegen, hat er dann schnell eine Ausrede parat: „Unsere Religion, das sind die Berge. Da sind wir Gott näher, als hier unten im Tal!"

Da die Familie Remy nicht gerade mit Geld gesegnet ist, ist die Ausrüstung von Claude und Yves eher spartanisch. Die Brüder müssen im Sommer wie im Winter mit denselben Schuhen auskommen: bei Hochtouren, beim Klettern und beim Skifahren. Als ihr Vater 1969 einen schweren Unfall hat, an der Wirbelsäule operiert wird und monatelang aufs Bergsteigen verzichten muss, unternehmen Claude und Yves selbstständig Bergtouren. Viel mehr als Hochtouren reizen sie schwierige Kletterrouten. Ihre erste große Neutour ist die Ostwand der Gais Alpins in den Waadtländer Alpen.

Erstbegehung der Ostwand der Gais Alpins

Im Sommer 1971 haben die Gebrüder Remy große Pläne: endlich Erstbegehungen machen! Dabei ist Claude erst 18 und Yves gar erst 15 Jahre alt. Als erstes Ziel suchen sie sich die 60 Meter hohe, abdrängende Ostwand der Gais Alpins aus. Ihre Ausrüstung ist mehr als dürftig, neben einigen gekauften auch mehrere selbst geschmiedete Haken, einige Karabiner und - Wanderschuhe! Für richtige Kletterschuhe reicht ihr kärgliches Taschengeld nicht.

Es hat mehrere Tage lang geregnet und der Fels ist fast überall nass. Also greifen sie unter einem Überhang an, weil hier der Fels trocken ist. Für ihre damaligen Kletterfähigkeiten sind die Schwierigkeiten immens und sie müssen eine ganze Reihe Haken schlagen. Wenn der Seilerste beim Hakenschlagen im Seil hängt, schneidet es schmerzhaft in die Körperweichteile und nach wenigen Metern werden die Schmerzen so unerträglich, dass nur ein schneller Rückzug zum Einstieg Linderung verschafft.

Die Stunden vergehen und sie haben kaum eine halbe Seillänge geschafft. Sie werden noch drei weitere Wochenenden benötigen, ehe sie sich endlich am schmalen Gipfelgrat die Hände reichen können. Nur wer selber als Jugendlicher eine Route eröffnet hat, kann wohl den Stolz der beiden nachempfinden. „Jo" – so nennen sie ihre Neuroute – ist eine fast ausschließlich künstliche Kletterei im Schwierigkeitsgrad 5c/A2.

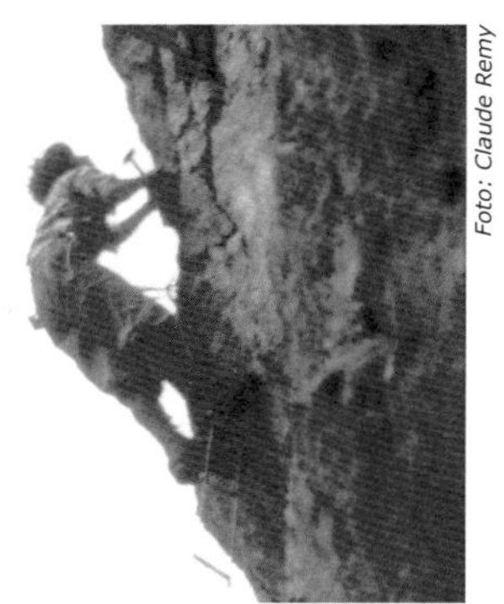
Foto: Claude Remy

Yves (mit 15 Jahren) in der Direktroute der Ostwand der Gais Alpins

30 Jahre später sind Claude und Yves wieder am Einstieg; diesmal wollen sie ihre Route frei klettern. Ihre erste Feststellung: Die einzementierten Bohrhaken von 1971 sitzen noch immer zuverlässig in ihren nur 4 Zentimeter tiefen Löchern. Sie befinden sich aber nicht immer an den Stellen, die fürs freie Klettern hilfreich sind. Also kommt mehrfach die mitgebrachte Akkubohrmaschine zum Einsatz, um die Haken an günstigeren Stellen zu platzieren. Einige Tage später klettern sie die Route komplett frei (7a). Ihr 78-jähriger Vater begleitet sie diesmal, er hängt dabei immer wieder an seinen Jümar-Steigbügeln, um seine Söhne aus allen möglichen Blickwinkeln zu fotografieren.

Nach der Durchsteigung geht Claude so manches durch den Kopf – wie hat sich doch das Klettern in 30 Jahren verändert. Er schreibt in einem Aufsatz für den SAC: „Sicher denken manche Bergsteiger mit Wehmut an die ‚heroische Zeit' zurück, als neben Kraft und Geschicklichkeit vor allem Mut, aber auch Glück gefragt waren. Damals war das Spiel in der Vertikalen nur einigen wenigen Bergsteigern vorbehalten. Eine Route galt bereits als klassisch, wenn sie nur von einigen Seilschaften pro Saison begangen wurde. In den Routen steckten dubiose Haken, die weit auseinander lagen. Die Bewertungen waren manchmal haarsträubend. Man erzählte sich Geschichten über defektes Material, Steinschlag, improvisierte Biwaks, verheerende Wetterstürze. Eine große Tour bedeutete nächtlichen Anmarsch, endlos lange Tage, schwere Rucksäcke, Zustiege durch kombiniertes Gelände, eine Mischung aus freiem und künstlichem Klettern, Setzen und Entfernen von Haken, Heimkehr in tiefer Nacht. Klettern war damals eine Aktivität der Entbehrungen.

Den Nostalgikern sei in Erinnerung gerufen, dass die ‚großen Routen' noch immer existieren und auch für junge Kletterer machbar sind, denen man zu Unrecht nachsagt, sie würden häufiger Karabiner einklinken als wirklich klettern. Es stimmt zwar, dass die junge Generation gewisse alte Routen links liegen lässt und lieber gut abgesicherte Routen in solidem Fels klettert. Aber sie hat zweifellos die Fähigkeiten, auch die alten Routen problemlos und sicher zu klettern.

Bei der abgesicherten Kletterei von heute mit fixen, vertrauenswürdigen und nahe beeinander gesetzten Sicherungen konzentriert sich das Interesse auf die reine Schwierigkeit und einen Stil, der den Kontakt von Körper und Fels fördert. Diese neue Haltung hat dazu geführt, dass das Klettern zu einem Freiluftsport mit hohem Konsumcharakter geworden ist. Trotzdem ist die moderne Kletterei nicht einfach banalisiertes Bergsteigen. Das Risiko ist noch immer da, vor allem, wenn man sich an eine Route in vollkommen freier Kletterei wagt, wo ein Sturz zum Spiel gehört. Aber dieser Sturz, obwohl abgesichert, ist und bleibt dennoch das Eingeständnis des Scheiterns: Die Route wurde nicht im Stück frei geklettert. Die Risiken haben sich verändert, aber sie bleiben mindestens so faszinierend wie früher. Vielleicht ist das Klettern einfach gesünder und menschlicher geworden."

Drei neue Routen am Petit Dru

In den Jahren 1979 bis 1981 zieht es die beiden Brüder in die Berge um Chamonix. Ganz besonders haben es ihnen die steilen Wandfluchten an den Drus in unmittelbarer Nachbarschaft der Aiguille Verte angetan. Sie kennen natürlich die bahnbrechenden Routen von Pierre Allain, Guido Magnone und Walter Bonatti und nicht zuletzt die Direktroute der Amerikaner Gary Hemming und Royal Robbins aus dem Jahre 1962. Aber bei allem Respekt vor den Leistungen dieser Spitzenbergsteiger – es bleibt noch immer Platz für lohnende neue Routen an den Drus!

Im September des Jahres 1978 starten Yves und Claude zwischen der Route von Pierre Allain und der Direktroute der Amerikaner. Nach mehreren schwierigen Seillängen wird der Fels oberhalb von ausgeprägten Bändern brüchig. So lange sie auch suchen, sie finden keinen besseren Fels. Mitten in der Suche donnert Steinschlag über die Wand und sie können sich gerade noch rechtzeitig in Deckung bringen. Zweifelnd sehen sie sich an. Auch ohne dass das Wort "Rückzug" ausgesprochen wird, richten sie die erste

Abseilstelle ein. Während ihrer Abseilmanöver stoßen sie auf ein altes Materialdepot und finden beim Durchsuchen auch Ausweispapiere. Was für ein Drama mag sich hier abgespielt haben? Jetzt haben sie es noch eiliger, aus der Wand herauszukommen.

Im Juli 1979 wollen Yves und Claude es erneut versuchen, diesmal mit Patrick Berhault und Philippe Martinez. Sie hatten die beiden im Frühjahr in den Felsen der Verdon-Schlucht kennengelernt und einen gemeinsamen Versuch einer Neutour am Petit Dru abgemacht. Als sich Claude und Yves am 15. Juli in Chamonix einfinden, ist nur Patrick Berhault am Treffpunkt, Philippe hatte in letzter Minute absagen müssen.

Diesmal entscheiden sie sich für einen Aufstieg zwischen der Seigneur- und der Allainroute. Anfangs kommen sie gut voran, unweit der Nische aber ist guter Rat teuer: Wie geht es hier weiter? Alles ist glatt und senkrecht – faszinierend, aber auch furchteinflößend. Patrick fasst sich ein Herz und klettert los. Seine ersten Bewegungen sind noch etwas unsicher, dann aber liefert er eine grandiose Demonstration seiner Kletterkunst. Ein Riss zu seiner Rechten ist mit Eis gefüllt, links erscheint die Wand griff- und trittlos, aber Patrick schafft es dennoch, zügig höherzuturnen. Die Beine weit gespreizt, schlägt er mit der rechten Hand das Eisbeil ins Eis und sucht mit beiden Füßen und der linken Hand nach Griffen und Tritten. Atemlos schauen Claude und Yves zu; von ihrem Standplatz sieht es aus, als klebe Patrick an der Wand. Trotz seiner unsicheren Haltepunkte scheint er aber die Ruhe selbst zu sein und ruft den beiden zu: „Ich hätte am rechten Schuh ein Steigeisen anlegen sollen, dann käme ich leichter höher!" Am Ende dieser heiklen Seillänge gelingt es Patrick, endlich eine zuverlässige Sicherung anzubringen und alle drei können aufatmen.

Gleichzeitig queren sie das steile Firnfeld der Nische und gelangen schließlich an einen riesigen abgesprengten Felsblock. Von hier aus steigen sie links der Allain-Route weiter. Über eisgefüllte Risse und Verschneidungen erreichen sie ein schmales Band, wo sie sich zum Biwak einrichten. Am nächsten Tag stehen sie schon nach drei Stunden neben der Madonna-Statue auf dem Gipfel des Petit Dru und reichen sich glücklich die Hände. 1000 Meter Wand liegen hinter ihnen - sie haben nur 20 Haken geschlagen und ansonsten mit Klemmkeilen gesichert. Sie nennen ihre Route in Anspielung auf den gleichnamigen amerikanischen Spielfilm "C`est arrivé demain" (= Es geschah morgen).

Ein Jahr später sind Claude und Yves schon wieder an den Drus. Diesmal ist Philippe Martinez zur Stelle, nicht aber Patrick Berhault. Nach einigen Diskussionen entscheiden sie sich für einen Versuch rechts der Direktroute der Amerikaner Hemming und Robbins. Philippe ist Berufssoldat und hat seiner Arbeitsauffassung entsprechend das gesamte Klettermaterial und die Verpflegung mit größter Sorgfalt zusammengestellt und sogar mehrfach nachgewogen, um nur nichts Unnnützes mitschleppen zu müssen. Claude und Yves aber zeigen sich nicht sehr gehorsam und packen zusätzlich noch mehrere Tafeln Schokolade in ihre Rucksäcke.

Sie steigen am niedrigsten Punkt der Westwand ein und haben sofort mit großen Schwierigkeiten zu kämpfen. Mehrfach geht es nur in technischer Kletterei weiter. Um keine Zeit mit aufwendigem Hakenschlagen zu verlieren, verwenden sie an mehreren Stellen Skyhooks und Klemmkeile, oft genug auch die allerkleinsten. Weiter oben lassen sie herrliche Freikletterstellen fast euphorisch werden. Die Wand hallt wieder von Ausrufen wie „super!", „genial!", „superb!" oder „herrlich!"

Am Biwakplatz erkennen Claude und Yves den vorher so extrovertierten und witzigen Philippe nicht mehr wieder. Er liest – die beiden Brüder trauen ihren Augen kaum – in der Bibel!* Claude und Yves ziehen es dagegen vor, über ihre bevorzugten Hardrockbands wie Motörhead, AC/DC oder Judas Priest zu reden.

Am kommenden Tag steigen sie über die letzten Seillängen der Hemming-Robbins-Route zur Madonna-Statue auf. Philippe gibt der Route den bezeichnenden Namen „Les strapontins du paradis" (etwa: Notsitze im Paradies).

Im Juli 1981 ist Christophe Profit, der aufgehende Star der französischen Bergsteigerszene, ihr Seilgefährte. Christophe mit seinen gerade mal 20 Jahren ist voller Elan und nichts geht ihm schnell genug. Sie steigen rechts der Allain-Route in eine große Verschneidung ein. Weiter oben geht es dann links der Allain-Route in Rissen und Verschneidungen bis zur Nische. Hier biwakieren sie auf einem kleinen Absatz.

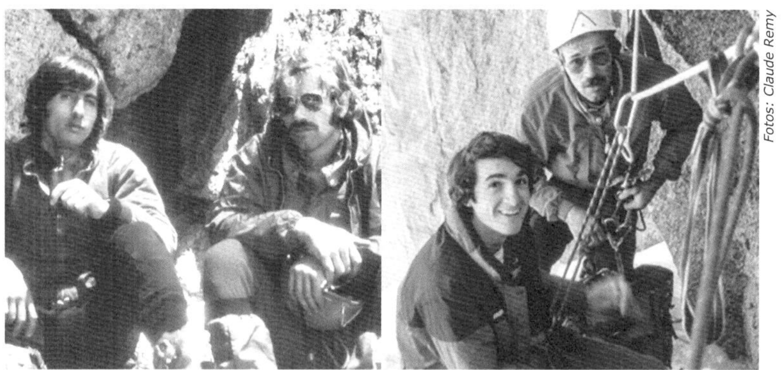

Fotos: Claude Remy

links: Patrick Berhault und Yves Remy; rechts: Christophe Profit und Yves Remy

Am nächsten Tag steigen sie voller Spannung über den Firn der Nische bis zu den Rissen im Schluchtgrund auf. Je mehr sie sich der Schlucht nähern, um so größer wird ihre Enttäuschung, denn überall ergießen sich kleine Sturzbäche über die Felsen.

**Philippe arbeitet heute (2018) als Bergführer und steht außerdem als Pfarrer der evangelischen Gemeinde in Die (südlich von Grenoble) vor.*

Würden sie hier emporklettern, wären sie bald völlig durchnässt und so verzichten sie schweren Herzens auf den direkten Aufstieg durch die Risse. Es bleibt ihnen nichts anderes übrig, als über die klassische Allain-Route zum Gipfel zu klettern. Aber immerhin haben sie bis zur Nische 500 Höhenmeter Neuland hinter sich gebracht.

Die Entdeckung des „Goldlandes": Yves und Claude Remy erschließen das Klettergebiet „Eldorado"

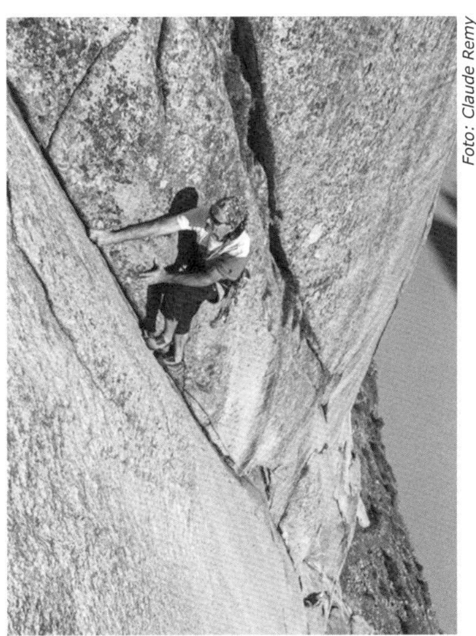

Foto: Claude Remy

Yves in der Route „Motörhead"

Im Frühsommer 1981 kommen Marcel Remy und seine Frau Rachel von einer Wanderung in der Nähe des Grimsel-Stausees zurück und Rachel erzählt ihren Söhnen Claude und Yves: „Wir haben eine riesige Granit-Wand gesehen, aber dort kann man nicht klettern, sie ist viel zu glatt!" Für die beiden Brüder heißt dieser Satz aber nichts anderes als: „Das wollen wir doch mal sehen!"

Am 6. Juli 1981 marschieren sie vom Grimselhospiz aus Richtung Staumauer. Sie sind schwer bepackt – sie haben Verpflegung und Kletterausrüstung für mehrere Tage dabei. Nach weniger als einer Stunde haben sie das Ende des Stausees erreicht und legen die Köpfe in den Nacken: Über ihnen ragen glatte Granitplatten auf, durchzogen von Verschneidungen und Rissen. „Ein Traum!", ruft Yves aus, „wie im Yosemite!" Hinzu kommt hier aber noch eine atemberaubende Hochgebirgslandschaft mit einem riesigen Gletscher und mehreren Viertausendern, darunter als ganz besonderes Prachtstück die eindrucksvolle Nordostwand des Finsteraarhorns (4274 m).

Nachdem sie sich angeseilt haben, nimmt Yves eine Verschneidung im linken Teil der Wand in Angriff. Nun beginnt ein herrliches Steigen im bombenfesten Granit. Immer wieder rufen sich die beiden Brüder „super!", „fantastisch!" oder „unglaublich!" zu. Nach 15 Seillängen sind sie am Ausstieg auf ca. 2500 Metern Höhe.

War diese erste Route – sie nennen sie „La Genèse" – bereits Klettergenuss pur, so sollte der nächste Tag noch eine Steigerung bringen. Von unten sieht ihre heutige Route unglaublich glatt aus, aber dann gibt es doch immer wieder Risse und Verschneidungen, die ein Weiterkommen ermöglichen. Dabei ist jeder Riss, jede Verschneidung anders, so dass die Kletterei ständig spannend bleibt. Beide sind wie berauscht vom herrlichen Emporturnen und trotz der großen Schwierigkeiten haben sie auf den Standplätzen ein breites Grinsen auf den Lippen.

Insgesamt schlägt Yves nur zehn Haken, denn es finden sich immer wieder ideale Stellen für ihre Klemmkeile. Die letzten Meter legen sie voller Euphorie zurück und sie beschließen spontan, diese Route nach ihrer Lieblingsband „Motörhead" zu nennen. Und als ob das nicht genug wäre, erhält außerdem jede Seillänge den Namen eines Songs dieser Band.

Am dritten Tag eröffnen Yves und Claude eine Route im Mittelteil der Wand, die den Namen „Simple Solution" (= Einfache Lösung) erhält, weil die Wegfindung keinerlei Schwierigkeiten bereitet. Am vierten Tag finden wir die beiden im Wandteil oberhalb des Staudammes. Die Neigung der Felsplatten ist hier etwas geringer als in der übrigen Wand und so wird Reibungskletterei ganz groß geschrieben. Der Name, den sie der Route geben – „Les pieds et les mains" (= Füße und Hände) - deutet bereits darauf hin, wie entscheidend hier das Klettern auf Reibung ist.

Voller Enthusiasmus erzählen Yves und Claude ihren Freunden von diesem Klettergebiet, dem sie den Namen „Eldorado" verliehen haben. Damals konnten sie noch nicht wissen, dass sich bereits wenige Jahre später jeden Sommer hunderte Kletterer dem „Goldrausch" hingeben sollten.

Eine Woche später finden wir Claude und Yves erneut in ihrem Eldorado. Sie haben trotz anfänglicher Zweifel die Absicht, einige ihrer Routen zur besseren Absicherung mit Bohrhaken zu versehen. 1981 bohren die beiden noch mühsam mit Hammer und Meißel, eine Akku-Bohrmaschine setzen sie erst ab 1986 ein. Da der Aaregranit sehr hart ist, ist das Bohren der ca. 8 bis 10 Zentimeter tiefen Löcher eine unglaublich anstrengende Arbeit, die jeweils ca. 45 Minuten in Anspruch nimmt. Yves meint später, er habe oft den Eindruck gehabt, als würde er versuchen, mit einem Taschenmesser in die Schweizer Nationalbank einzubrechen.

Nach vier Tagen ununterbrochener Arbeit, wobei sie sich kaum Zeit zum Essen und Trinken nehmen, können sie zufrieden nach Hause fahren: Die Routen „Motörhead" und „Septumania" sind jetzt so gut mit Bohrhaken abgesichert, dass Wiederholer wohl ihre wahre Freude haben werden.

1981 lernen die beiden Brüder Albert Wenk kennen, der als Produktmanager bei der Schweizer Firma Mammut arbeitet. Aus diesem ersten Kontakt entwickelt sich eine enge Zusammenarbeit, die bis zur Pensionierung von Albert Wenk im Jahre 2009 andauert. Er veröffentlicht 1982 alle Eldorado-Routen der Gebrüder Remy in einer Beilage des Mammut-Bergsportkatalogs, die zu einem großen Erfolg werden sollten. Innerhalb eines Jahres suchen gut 1500 Kletterer das Eldorado-Gebiet auf und klettern die Routen von Yves und Claude. Ihre Begeisterung für das „Goldland" ist nur zu verständlich: kurzer Zustieg, sehr schöne, lange Routen, bester Fels und eine herrliche Hochgebirgslandschaft in unmittelbarer Nachbarschaft.

In der Folgezeit eröffnen die Brüder hier noch fast 40 weitere Routen wie „Hippo-Tension" oder „Marche ou crève" (= Marschier oder krepier - trotz des abschreckenden Namens wird die Route oft begangen). Beim Eröffnen dieser Routen entdecken Yves und Claude eine neue Leidenschaft, das Speedklettern. Am 15. September 1982 durchklettern sie hintereinander sechs ihrer Routen mit insgesamt 2200 Höhenmetern! Und zum Abschluss der Saison klettert Yves ihre 16-Seillängen-Route „Septumania" solo in einer Stunde und zehn Minuten – eine fast unglaubliche Leistung!

Typisch für die Remys ist, dass sie ihre Routen, ob sie nun im Eldorado-Gebiet oder anderswo liegen, immer wieder sanieren. Sie möchten schließlich, dass ihre Routen wiederholt werden – und dies bei bestmöglicher Sicherheit für die Wiederholer. So ist es nicht verwunderlich, dass die Remy-Kletterwege oft begangen werden, ja einige sogar an manchen Wochenenden fast überlaufen sind. Einige wenige führen allerdings ein eher stiefmütterliches Dasein wie beispielsweise die insgesamt neun Routen am Dôme de Slot, einer Felspyramide am Distelgrat, die in einem langen und anspruchsvollen Zustieg vom Fieschertal zu erreichen ist. Moderne Kletterer legen halt im Allgemeinen großen Wert auf bequeme Erreichbarkeit der Routen und kurze Abstiege.

„Conquest“ in der Grauen Wand am Furkapass

Wie andere Kletterer eine Remy-Route erleben

Claude und Yves mögen sich wohl oft die Frage gestellt haben, was andere Kletterer bei der Wiederholung einer ihrer Routen empfinden und wie sie die Schwierigkeiten einschätzen. Hier nun zunächst ein Bericht des Göttinger Kletterers Felix Butzlaff, der deutlich zeigt, dass die Routen der Gebrüder Remy es in sich haben:

„Granitklettern war das Motto unseres Spätsommerausflugs. Als Appetitmacher hatten wir uns die klassische Niedermann-Route vorgenommen, eine von Walter Pauses 100 Alpen-Heldentaten, mittlerweile sanft saniert und wunderschön. Zwölf Seillängen Idealgranit bis zum sechsten Grad, eine Rissverschneidung nach der nächsten. Ein Traum.

Und heute nun ist die Route ‚Conquest‘ unser Ziel. Stephan und ich sitzen in gleißendem Sonnenschein auf einem kleinen Grasabsatz am Ende der fünften Seillänge über den Firnfeldern des Kessels der Grauen Wand im Furkagebiet – und über uns das Schaustück der Route: zwei Seillängen im ‚Super-Fissure' (= Superriss), der Grund, weshalb wir hier sind. Ich muss ein wenig schlucken. Über mir ziehen 50 Meter Handriss annähernd senkrecht in den Urner Himmel und lassen Übles ahnen. Die beiden Längen sind das fotogene Herz der Tour und haben die Route zu einiger Bekanntheit gebracht. Die Bilder von den beiden Remys aus dem Jahre 1988, wie sie in grellbunten Spandexhosen den Riss hochklemmen (und von unzähligen Nachahmern seitdem) haben auch uns hierher gelockt. Seit Jahren schon hatten wir die Route im Hinterkopf und nun hocken wir genau unter dem Rissmonster.

Die fünf Seillängen bis hierher waren eigentlich recht entspannt, nur der Einstieg gleich eine Warnung: eine sich öffnende Rissverschneidung, die als Handriss innen begann und dann als eine Art Schlund endete, bei dem man nur innen sichern konnte und allein außen vorwärts kam. Ich dankte dem lieben Herrgott gleich mehrfach, dass ich hier nachklettern durfte. Der Rest waren dann angenehme Platten bis in den siebten Grad.
Nun aber bin ich an der Reihe, so war es vorher ausgemacht. Laut Topo sind die ersten zwanzig Meter ein oberer Sechser, dann ein unbequemer Zwischenstand, und dann dreißig stramme Meter glatt Acht. Das kann man ja gut zusammenhängen, hatten wir uns gedacht. Jetzt sieht das Ganze irgendwie ziemlich einschüchternd aus, auch wenn der Foto-Claude (oder -Yves) im Hinterkopf da immer so entspannt raufmachte. Die ersten Meter in einer kleinen Verschneidung kann man noch ein wenig spreizen und auch der erste Friend sitzt vertrauenerweckend gut, trotzdem ist alles irgendwie unentspannt: die Ausgesetztheit weit über den Schneefeldern, die vielen Fotos, die man immer schmachtend angeguckt hatte, die vielen Rissmeter über einem.

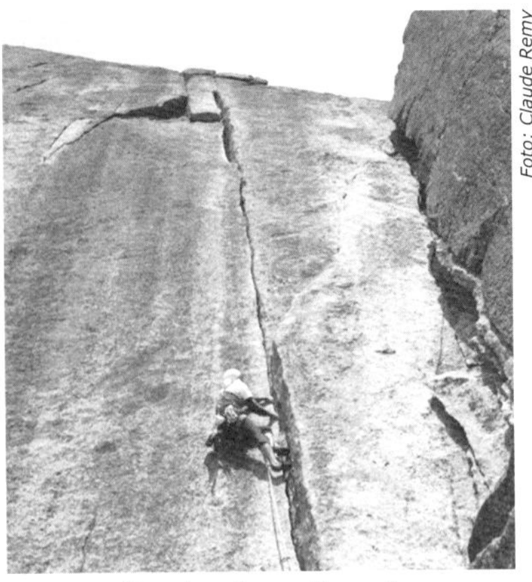
Foto: Claude Remy

Yves im „Super-Fissure"

Nach einigen Zügen dann ein Bohrhaken und die Risstechnik muss her. Und gleich die nächste Crux. Yves (oder Claude) waren das in einer astreinen Piaztechnik hochgetänzelt, aber nach vier Zügen im selben Stil platzen mir erstens fast die Unterarme und zweitens kann ich kaum vernünftig Sicherungen unterbringen, da ich nun mit dem ganzen Körper neben (und nicht klemmend vor) dem Riss hänge. Mist! Egal, schnell einen Friend reinstopfen und weiter. Der kleine Absatz des Zwischenstandes rückt langsam näher. Schnaufend und japsend komme ich dort an. Ging ja gut los, irgendwie geht meine Gesichtsfarbe langsam gegen lila, und das war ja nur der Auftakt. Alle Gedanken an ein souveränes Zusammenhängen der beiden Seillängen sind wie weggeblasen.

‚Stephan, nachkommen!' Ich muss wieder zu Atem kommen. Unnötig zu betonen, dass es natürlich ein saumäßig unbequemer schräger Absatz ist, auf dem man mehr am Stand hängt, als irgendwo entspannt steht. Nun also der große Remy-Hammer. Jede Spreizmöglichkeit ist erst einmal verbannt, es ist auch bei näherem Hinsehen ein glatter Handriss durch eine noch glattere Platte. Auch hier wieder: Irgendwie sahen die Bilder so spielerisch aus – das hier aber ist eine krude Mischung aus Schmerz und Rutsch. Nach dem zweiten Haken oder so fliege ich das erste Mal aus dem Riss. Das zweite Mal folgt, als der Handriss die Gemeinheit besitzt, sich ansatzlos zum Schulterriss zu weiten, um sich kurz danach zum Fingerriss zu schließen. Die Remys waren zwar großzügig mit Haken – immerhin sechs Stück auf den dreißig Metern. Trotzdem fühlt sich das weit an, jedenfalls in meiner Verfassung. Ich verfluche alle Risse dieser Erde und schwöre unterwegs, ab heute nur noch Frankenlöcher* und Kalkrouten zu klettern.

Ab und zu schickt Stephan mitleidig Aufmunterungen herauf. Mit Würde und Eleganz jedenfalls hat das alles nichts mehr zu tun. Nach mehreren kleineren und größeren Flügen und einer Überbrückung durch Technozüge an Klemmkeilen komme ich am letzten Haken an und ahne etwa sechs Meter über mir auf einem kleinen Band den nächsten Standplatz, das Gelände wird merklich leichter. Ich aber bin am Ende, ich hab mich noch nie so fertig gefühlt – bilde ich mir jedenfalls ein. Ich kriege keine Luft mehr, meine Hände bluten, ich kann kaum mehr sprechen und Claude & Yves können mich jedenfalls mal.

Stephan lässt mich ab und auf dem winzigen Absatz binden wir uns um. Er steigt bis zum letzten Haken nach und bringt dann die Seillänge zu Ende. Anschließend raufe ich mich die Seillänge noch ein zweites Mal hoch, fluchend, schwitzend, alles tut mir mittlerweile weh. Aber wir wollen oben ankommen. Yves und Claude lachen höhnisch, als wir schließlich ganz außer Atem am Band des letzten Standes sitzen – wir seilen ab.

Im Nachhinein war es natürlich toll, und schon beim Abseilen wandern die Blicke in die Risse der benachbarten Touren. Wir steigen ab und wechseln noch am Abend zur Salbithütte, die Hände voller Schrammen und auch die Füße wollen nicht mehr in die Kletterschuhe. Auf alle Fälle, wir wissen jetzt, was es heißt, eine Remy-Route zu klettern ..."

**Im Frankenjura findet man oft löchrigen, griffigen Kalkfels (Anm. des Verfassers).*

Und nun Auszüge aus einem Bericht des Schweizer Kletterers Hans Tobler, der bei seiner Durchkletterung der Route „Conquest“ auf die beiden Remys stieß, die ihre Route gerade sanierten:

„Die berühmte Route ‚Conquest‘ an der Grauen Wand wollten wir schon länger mal klettern und seit der Standplatzsanierung im Jahre 2013 gab es keinen Grund mehr, der dagegen sprach. Zufällig trafen wir an diesem Tag (21.07.2015) die bekannten Erschließer Claude und Yves Remy, welche die Route noch zusätzlich nachrüsteten.

Schon von weitem sehen wir, dass eine Seilschaft bereits am Einstieg der ‚Conquest‘ ist. Als wir näher kommen, erkennen wir in der ersten Seillänge einen Kletterer mit einem gelben Kopftuch, der uns sofort an Yves Remy erinnert – jedenfalls sieht man ihn mit diesem Kopftuch auf zahlreichen Kletterfotos. Schon bald bestätigt sich unsere Vermutung: Es sind die Remys, die zusammen mit einem Begleiter die Route nachrüsten wollen. Nach einer herzlichen Begrüßung teilen wir den dreien mit, dass es wohl besser wäre, wenn wir auf eine andere Route ausweichen. Claude aber antwortet sofort: ‚Nein, nein, kein Problem! Ihr müsst halt nur ab und zu etwas warten.‘ Mit seinem großen Rucksack mit zahlreichen Bohrhaken und dem übrigen Klettermaterial braucht er natürlich vor allem in den schwierigen Seillängen etwas mehr Zeit.

Kurz vor neun Uhr steigen wir in die ‚Conquest‘ ein. Die erste Seillänge ist 50 Meter lang und beginnt mit einem schönen Piaz-Riss. Yves hat zwei neue Bolts gesetzt, die uns die Sache etwas leichter machen. Dennoch sind etliche Passagen in dieser Länge sehr athletisch. (...)

7. Seillänge, 7a, 30 m: Vom Stand geht rechts eine Variante im 6b-Bereich weg, welche die Remys gewählt haben und wo sie mindestens noch einen zusätzlichen Bolt setzen. Für uns geht`s aber gleich sehr schwer und anstrengend den ‚Super-Fissure‘ weiter hoch. Ruedi klettert anfangs in Hand-Klemmtechnik und setzt zur Absicherung einen Cam. Mir ist das, als ich nachsteige, zu schmerzhaft und ich klettere diese Passage in Piaztechnik. Vor dem großen, gutgriffigen Block ist noch eine schwere Stelle zu meistern, bevor man sich etwas erholen kann.

Der Riss spaltet sich nun in zwei Risssysteme auf, welche im oberen Teil bei den Bolts nochmals sehr schwer zu klettern sind, da keine guten Tritte mehr vorhanden sind. Ich finde diese Seillänge sehr anstrengend und hart. (...)

Kurz vor 15 Uhr erreichen wir den Ausstieg; knapp sechs Stunden haben wir gebraucht, wobei wir zwischendurch etwas warten mussten. Wir trinken und essen eine Kleinigkeit, dann seilen wir ab. Wir holen die Remys ein, die beim Abseilen die Risse etwas putzen und da und dort noch einen Bolt setzen. Am Einstieg essen wir gemütlich z`Mittag und wandern zufrieden zurück zum Parkplatz in Tätsch. Das war wieder ein toller Tag im Furkagebiet!»

Neurouten im Land der Götter

Nachdem die Remy-Brüder seit dem Jahr 2002 immer wieder auf die Sporadeninsel Kalymnos gefahren sind und hier hunderte von Kletterrouten eröffnet haben, suchen sie sich schließlich ein neues Ziel: Leonidio, an der Ostküste des Peloponnes. Wie viele andere Kletterziele im Süden Griechenlands bietet Leonidio Kletterbegeisterten aus dem Alpenraum einen unschätzbaren Vorteil: Wenn dort im Winter Schnee liegt, herrscht hier mildes und meist sonniges Wetter vor.

Zwischen dem 18. Januar und dem 6. Februar 2018 eröffnen die Brüder 70 Einseillängen- und zwei Mehrseillängenrouten. Dabei versenken sie ca. 1000 Bolts in die Kalkfelsen um Leonidio, um die Routen möglichst gut abzusichern. Da das natürlich erheblich ins Geld geht, suchen sie beim Bürgermeister von Leonidio um finanzielle Unterstützung an, die sie letzten Endes auch erhalten. Schließlich sorgen sie mit ihrer unermüdlichen Tätigkeit als Routenbauer dafür, dass zahlreiche „wintermüde" Kletterer aus Westeuropa Geld in die Kassen der Hotels, Restaurants und Geschäfte fließen lassen.

Der Fels hat zwar meist nicht die Spitzenqualität wie auf Kalymnos, was ihn aber charakterisiert, sind bizarre, rostbraun gefärbte Sinterstrukturen, die bisweilen auf dem Felsuntergrund zu kleben scheinen und für zusätzliche Attraktivität sorgen.

Da ihr Aufenthalt auch in diesem Jahr nur kurz ist, versuchen die Brüder, die Zeit optimal zu nutzen. Sie stehen früh auf und kehren erst bei einbrechender Dunkelheit in

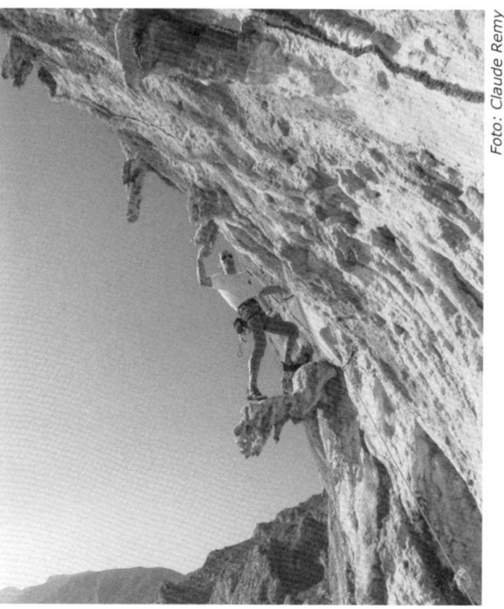
Foto: Claude Remy

Yves Remy in der Route „Axium", 6 c+, Kalymnos, mit spektakulären Sinterstrukturen

ihr Hotel zurück. Ein typischer Klettertag sieht folgendermaßen aus: Schwer beladen mit etwa 100 Bohrhaken, der Akkubohrmaschine und fünf Ersatzbatterien, 200 Metern Seil, Karabinern und anderem Klettermaterial ziehen sie los. Vergessen werden dürfen außerdem nicht mehrere Liter Wasser für den langen Tag.

Zunächst einmal reinigen sie den Big Red Wall, ihr heutiges Ziel, von Vegetation, aber auch von brüchigem Gestein. Als sie mit den Vorarbeiten fertig sind, steht die Sonne schon hoch am Himmel. Yves steigt nun in die geplante Route ein und bringt überall, wo es ihm notwendig erscheint, Bohrhaken an. Am Ende der achten und letzten Seillänge gibt die fünfte Batterie ihren Geist auf, aber sie sind oben – und todmüde.

Am kommenden Tag vervollkommnen sie die Route, setzen hier und da noch einen zusätzlichen Bohrhaken, entfernen ein paar Sträucher und Grasbüschel. Jetzt können die ersten Wiederholer kommen und – hoffentlich – große Kletterfreude bei dieser Route im 6. und 7. Schwierigkeitsgrad empfinden.

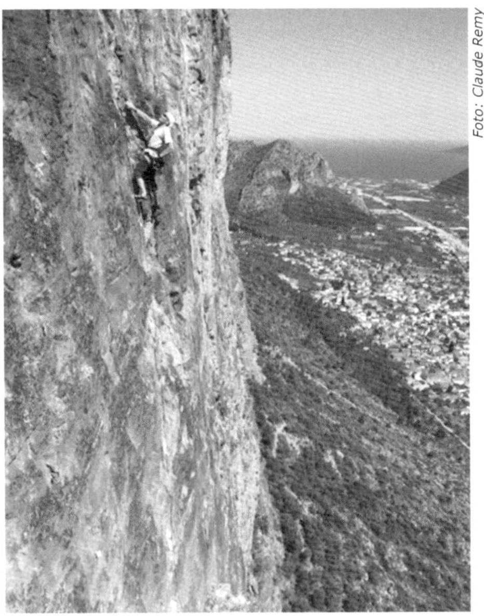

Foto: Claude Remy

Yves an dem Big Red Wall (Leonidio)

Die Remy-Brüder: unstillbarer Hunger nach Erstbegehungen

Spricht man Claude und Yves auf ihre Pläne für die Zukunft an, so kommt spontan die Antwort: „Wir machen natürlich weiter mit dem Erschließen von Kletterrouten.

Wir haben absolut nicht die Absicht, uns zur Ruhe zu setzen. Klar, ab und zu merken wir unser Alter, da tut es heute hier weh und morgen da. Und außerdem brauchen wir jetzt immer wieder Erholungspausen, aber unser Vater ist unser Vorbild. Da haben wir also noch so ca. 30 Kletterjahre vor uns", sagt Yves mit einem breiten Grinsen, das schnell in ein herzhaftes Lachen übergeht.

Das Eröffnen von neuen Routen hatte ihnen 1969 der bekannte französische Bergsteiger René Desmaison nach einem Vortrag in Lausanne ans Herz gelegt: „Bereits bestehende Routen könnt ihr auch später noch wiederholen, aber Erstbegehungen müsst ihr jetzt machen; sonst schnappen andere sie euch womöglich noch vor der Nase weg!" Und dieser Satz hatte sich in ihre Köpfe eingebrannt.

Als sie dann Anfang der siebziger Jahre ihre ersten neuen Routen an kurzen Felswänden einrichten, sehen sie das zunächst als Training für die großen Touren an den Drei- und Viertausendern. Sie sichern ihre Routen meist mit Bohrhaken ab und somit ist für größtmögliche Sicherheit gesorgt. Schnell merken sie, wie ihre Kletterfähigkeiten steigen und sie wagen sich an immer schwierigere Wände heran. Im Hochsommer zieht es sie dann aber wieder ins Hochgebirge, wo sie Mehrseillängenrouten, wie an den Drus, erschließen.

Mitte der siebziger Jahre lernen sie dann die Verdon-Schlucht in Südfrankreich kennen. Dieses erst 1968 für den Klettersport entdeckte Gebiet bietet bis zu 300 Meter hohe, senkrechte, aber oft auch überhängende Felsfluchten. Zunächst wiederholen die Remys die schwierigsten Routen, aber schnell packt sie die Leidenschaft, auch hier neue Routen zu eröffnen. Jedes Jahr kommen sie wieder und bald gehen insgesamt 100 Neutouren auf ihr Konto. 1978 berichten die beiden in einem langen Artikel mit zahlreichen Fotos über ihre Erfahrungen im „Yosemite der Armen", wie die Verdon-Schlucht bisweilen unter Kletterern genannt wird. Der Artikel hat eine ganz erhebliche Signalwirkung auf die Spitzenkletterer in der Schweiz und in der Folgezeit pilgern sie zu hunderten in dieses neue Kletterparadies. Und für Claude bedeutet der Erfolg seines Textes Ansporn, auch in Zukunft ihre Neurouten regelmäßig zu dokumentieren.

Zwischen 1979 und 1981 ergibt sich die Gelegenheit, mit den französischen Elitebergsteigern Patrick Berhault, Philippe Martinez und Christophe Profit an den Drus auf Neulandsuche zu gehen. Es gelingen ihnen schließlich drei neue Routen (s. S. 92 - 95). Was sie in den Bergen um Chamonix allerdings stört, ist, dass hier ihrem Geschmack nach viel zuviel Betrieb herrscht. Außerdem werden unter den „Extremen" in Chamonix ihre drei Neurouten nicht unbedingt mit Wohlwollen kommentiert und so wenden sich die Brüder wieder verstärkt den heimatlichen Bergen unterhalb der 3000-Meter-Grenze zu. Sie entdecken Anfang der achtziger Jahre zwei bis dahin völlig unbekannte Klettergebiete, das „Eldorado" (s. S. 95 - 97) am Grimselpass und das Sanetschgebiet nördlich von Sion.

Sie fühlen sich damals „voll im Saft" (dixit Yves) und so folgt in den achtziger und neunziger Jahren ein wahrer Erschließungsrausch, der ab 1986 auch von der akkubetriebenen Bohrmaschine („unsere Freundin Hilti" – wie sie sie nennen) begünstigt wird. Allein in diesem „Hilti-Jahr" eröffnen die beiden 100 Neutouren. In den folgenden Jahren ist kein lohnenswertes Klettergebiet in der Schweiz vor ihnen sicher: das Furkagebiet, der Salbitschijen, die Wendenstöcke, der Titlis, die Gastlosen, der Tällistock und viele andere mehr.

In den 80er und 90er Jahren zählen sie noch grob die Zahl der geschlagenen Bohrhaken und Neurouten: Sie kommen auf ca. 2000 Bohrhaken und Dutzende Neurouten pro Jahr, die kleineren Einseillängenrouten gar nicht mitgerechnet. Später geben sie das Zählen auf, es wird ihnen einfach zu mühsam, in Buchhaltermentalität alles genau zu registrieren. Bis zum Jahr 2018, so schätzen sie aber, haben sie mehr als 12 000 Seillängen erstbegangen – weltweit kommt wohl keine andere Seilschaft an diese Leistung heran! Und wenn man sie danach fragt, warum sie mit so großer Leidenschaft immer wieder neue Routen eröffnen, dann antworten sie nach kurzem Zögern: „Diese Frage stellen wir uns eigentlich gar nicht; vielleicht ist es in erster Linie die Suche nach Neuland, nach dem Unbekannten, die uns so anzieht."

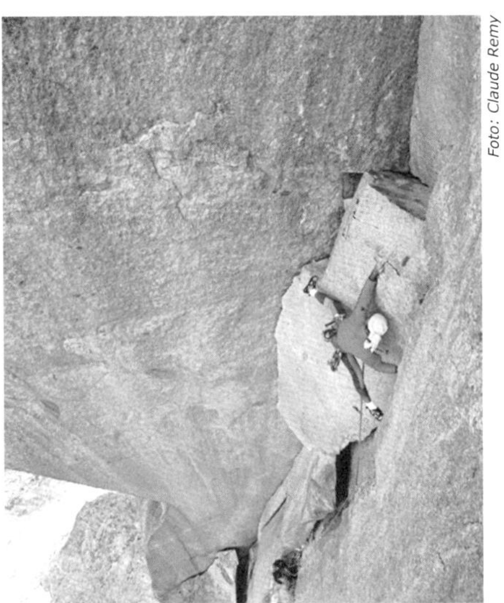

Foto: Claude Remy

Yves in der Route „Etat de choc", 7a, Petit Clocher du Portalet (Trient-Massiv)

Wenn sie sich ein neues Gebiet vornehmen, eröffnen sie nicht nur eine einzige Route, sondern versuchen, gleich alle anderen interessanten Routenmöglichkeiten „mitzunehmen". Das ruft beinahe unausweichlich Kritiker auf den Plan. Die einen bemängeln mangelnde Sorgfalt bei ihrer Erschließertätigkeit – ihnen sei Quantität wichtiger als Qualität. So würden sie beispielsweise Bohrhaken oft versteckt hinter Kanten oder in Vertiefungen platzieren und auch die Linienführung sei oft nicht überzeugend, was bei mehreren Richtungsänderungen zu erschwertem Seildurchlauf führe.

Wieder andere meinen, dass in manchen Routen, vor allem aus den 80er Jahren, die Hakenabstände zu groß und diese Routen damit zu exponiert seien. Und schließlich gibt es Kritiker, die ihnen vorwerfen, dass alle Seillängen durchgehend 45 Meter lang sind, auch wenn vielleicht nur wenige Meter tiefer ein bequemer Standplatz auf einem Absatz zu finden ist. Den Remys sei es also wichtiger, mit möglichst wenigen Abseilstellen auszukommen, als mit durchdachterer Standplatzwahl für ein kräfteschonenderes und damit sichereres Klettern zu sorgen.

Einige dieser Kritiken finden Claude und Yves durchaus berechtigt und sie versuchen, bei ihrer ständigen Routenpflege die gröbsten Mängel zu beseitigen. Bei anderen Kritiken ist es nur zu offensichtlich, dass hier Neider am Werk sind und sie sehen großzügig über gewisse Unterstellungen hinweg.

Die Topos im Mammut-Bergsportkatalog führen dazu, dass die Vermutung aufkommt, die Remys seien aus finanziellen Gründen so „erschließungsgeil". Sie würden jeden Monat von der Firma Mammut etliche Schweizer Franken auf ihr Konto überwiesen bekommen. Diese Unterstellung weisen die Brüder jedoch entschieden zurück: „Wir bekommen weder von Mammut noch von anderen Sponsoren Geld. Wir erhalten lediglich Ausrüstungsgegenstände zu besonders günstigen Preisen."

Dabei könnten die beiden eine finanzielle Unterstützung gut gebrauchen, den sie arbeiten über Jahrzehnte hinweg nur halbtags, Yves als Verkäufer und Verkäuferausbilder in einem Sportgeschäft und Claude in verschiedenen Jobs, die er immer so wählt, dass ihm genügend Zeit zum Klettern bleibt. Seit dem Jahr 2003 versucht er, als Journalist und Autor von Kletterführern und Büchern über alpinhistorische Themen über die Runden zu kommen. „Wir brauchen keine teuren Autos. Wir klettern und damit sind wir zufrieden", so äußert sich Claude mehrfach in Interviews.

Und bei einer Halbtagsbeschäftigung haben sie natürlich viel Zeit für ihre Kletterleidenschaft. Fast immer sind sie nur zu zweit unterwegs und Yves klettert dabei in der Regel voraus, wie Claude freimütig zugibt: „Er trainiert öfter als ich und in seiner Glanzzeit hat er sogar den einfingrigen Klimmzug geschafft", erzählt er ohne auch nur einen Anflug von Neid. „Und im Juli 1998 ist ihm ein grandioser Coup gelungen. An einem Tag hat er in 14 1/2 Stunden 48 Gipfel der Gastlosen-Kette überquert, hat dabei Schwierigkeiten bis zum Grad 6a+ bewältigt und 2500 Meter im Aufstieg und 2300 Meter im Abstieg zurückgelegt."

Das harmonische Miteinander ist sicher eines der Erfolgsgeheimnisse der Remy-Seilschaft. Yves meint dazu: „Wir waren uns immer sehr nah und kennen uns gegenseitig sehr gut. Wir verlieren keine Zeit mit Diskussionen, wohin wir gehen, was wir machen, wie wir es machen. Manchmal sind wir sogar mit dem Auto losgefahren und haben dann erst unterwegs entschieden, wohin uns die Reise führen soll. Und wir haben eine weitere Gemeinsamkeit: Wir sind beide ganz große Fans von Hardrock. Auf unseren oft stundenlangen Autofahrten hören wir meistens Musik von unseren Lieblingsbands ‚Motörhead' und ‚Rammstein' - und das in voller Lautstärke! Wir lassen dabei immer die Fenster geschlossen, wir wollen ja nicht, dass draußen irgendwelche Tiere traumatisiert werden!" Der langjährige Chefredakteur der Zeitschrift „Bergsteiger", Andreas Kubin, der die beiden Remys gut kennt, zieht sogar eine Parallele zwischen dieser Musik und dem Kletterstil der Remys: „Die Kletterei von Yves und Claude widerspiegelt ihre Leidenschaft für den Hardrock von Motörhead und Rammstein: kreativ, hart, brutal und kompromisslos."

Ihre Reisen führen die Remys nicht nur in die heimatlichen Berge, sondern auch nach Griechenland, Jugoslawien, Kasachstan, Jordanien und Sardinien. Seit dem Jahr 2002 fliegen sie regelmäßig im Frühjahr auf die griechische Insel Kalymnos und eröffnen dort jedes Mal zahlreiche Routen, inzwischen sicher weit mehr als 600! Auch ihr Vater Marcel begleitet sie mehrfach in dieses neue Kletterparadies (s. Porträt von Marcel Remy).

Bei ihren neuen Routen in Griechenland wie auch den heimatlichen Bergen haben die Remys ihre Vorgehensweise bereits seit einem guten Jahrzehnt geändert. Sie geben dem allgemeinen Trend nach besser abgesicherten Routen nach und setzen viel mehr Bohrhaken als in ihren jungen Jahren. Und regelmäßig rüsten sie viele ihrer alten Routen mit zusätzlichen Bohrhaken aus. Sie möchten natürlich, dass ihre Routen auch geklettert werden und nicht einer kleinen Elite vorbehalten bleiben.

Und so werden wir sie auch in den kommenden Jahren mit ihrer „Freundin Hilti" und Dutzenden Bohrhaken im schweren Fels finden, getreu ihrem Leitsatz: „Für andere Kletterer Routen zu eröffnen, das bestimmt unser ganzes Leben."

Nachtrag: Im Juli 2020 schrieb Claude Remy dem Autor: „Wir feiern in diesem Jahr unser 50-jähriges Kletterjubiläum. Sicher, wir haben heute nicht mehr ganz so viel Kraft wie noch vor einigen Jahren. Aber unserer Entschlossenheit, Neugier und Freude haben die Jahre nichts anhaben können. Das Abenteuer des Lebens geht weiter, sei es im Eldorado, im Verdon, in Griechenland oder anderswo. Und zu unserem Jubiläum haben wir damit begonnen, in der fast 600 Meter hohen Nordostwand des Argentine-Zentralgipfels eine Neuroute zu erschließen. 17 Seillängen sind bereits mit Bohrhaken versehen, bis zum Gipfel bleiben wohl noch knapp zehn weitere Längen."

Im Sommer 2021 werden die beiden als stramme Mitt- bzw. Endsechziger diese Route wohl zu Ende führen und ihrer langen Liste an Neubegehungen damit ein weiteres Highlight hinzufügen.

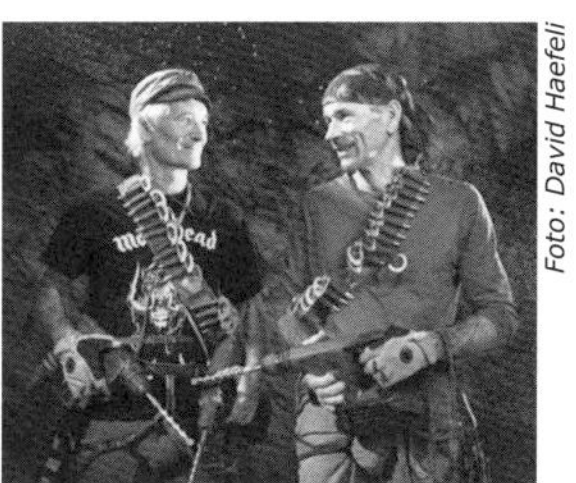

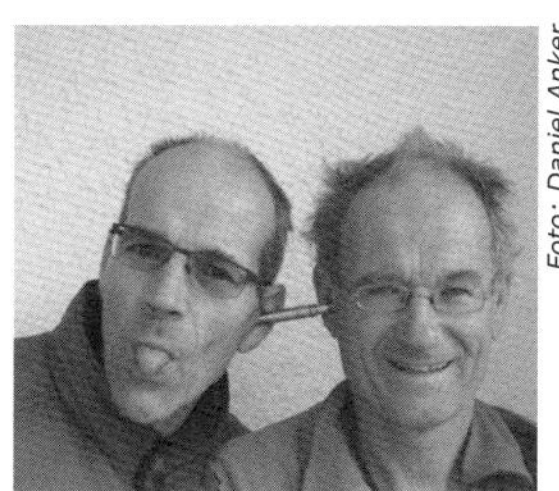

links: Spaß muss sein: Claude und Yves bis an die Zähne „bewaffnet" (in den Patronengurten stecken Bohrhaken); rechts: Yves und Claude – eng verbunden

Auszug aus dem Tourenbuch von Claude und Yves Remy

(Routen, die ihnen am meisten bedeuten)

Claude Remy
geboren am 15.09.1953 in Lausanne

1973 Petite Dent de Morcles, 5c, A2, Waadtländer Alpen, 1. Begehung
1977 „Crâne Creux", 6a, A2/A3, Französischer Jura, 1. Begehung
1979 „C`est arrivé demain", Dru-Nordwand, Montblanc-Massiv, 1. Begehung
1981 „Motörhead", 6b, Eldorado, Grimselgebiet, 1. Begehung
1984 „Clog and stock", 6a+, 15 Seillängen, Salbitschin, 1. Begehung (frei)
1992 „Trillio", 7a, Mont Aiguille, Vercors, 1. Begehung zum 500. Jahrestag der Erstbesteigung des Mont Aiguille
1992 „Rockmantic", 7b+, Wendenstöcke, 1. Begehung
2016 „Aghios Lemmy", 6b, Leonidio/Griechenland, 1. Begehung
2016 „King Albert", 5a, Grimselgebiet, 1. Begehung zs. mit Marcel Remy (93 Jahre)

Yves Remy
geboren am 01.03.1956 in Lausanne

1977 „Estamporannée", 6c, Verdon, 1. Solobegehung
1979 „Cima Ovest", 7a, St.-Loup, 1. freie Begehung
1981 „Septumania", 6a+, Eldorado, Grimselgebiet, 1. Begehung
1983 „Inox", 7a, Schöllenen-Schlucht, Urner Alpen, 1. Begehung
1983 „Etat de Choc", 7a, Petit Clocher du Portalet, Trient-Massiv, 1. Begehung
1987 „KGB", 6c, Salbittürme, 1. Begehung
1989 „Vrenli", 7c, 22 Seillängen, Wendenstöcke, Urner Alpen, 1. Begehung
1990 „Liberté", VI+, A3, Porche du Bournillon, Vercors; die 180 Meter vorragende Wand ist der größte jemals durchkletterte Überhang weltweit. Es wurden 400 Bohrhaken gesetzt (M10), 1. Begehung
1993 „Mamba", 6c+, Miroir de l`Argentine, 1. Begehung
2017 „Mazi", 6c, Leonidio/Griechenland, 1. Begehung

KAPITEL 5

Marcel Remy

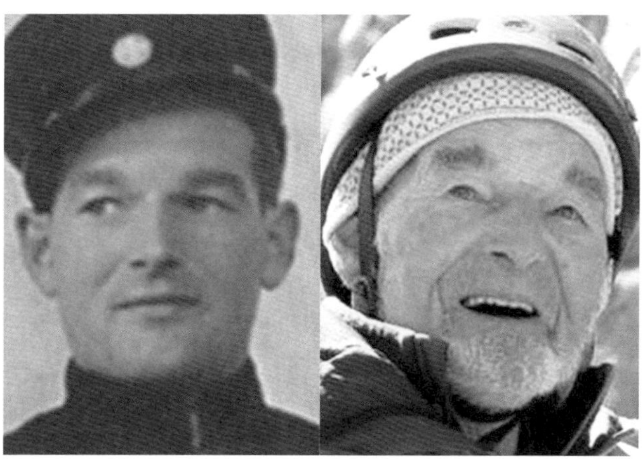

Marcel Remy als junger Eisenbahnbeamter und mit 94 Jahren am Einstieg des Miroir de l`Argentine

Fotos Archiv Claude Remy

- Wer besucht mit 80 Jahren einen Snowboard-Kurs?
- Wer befährt mit 90 Jahren auf einem Skateboard die Straßen seines Heimatortes?
- Wer klettert mit weit über 90 Jahren noch im sechsten Schwierigkeitsgrad?

Die Antwort lautet: Marcel Remy, geboren am 6. Februar 1923 in Montbovon, einem kleinen Dorf in der französischsprachigen Schweiz. Bescheiden winkt Marcel ab, wenn man ihn heute auf seine erstaunlichen sportlichen Leistungen anspricht: „Das ist doch nichts Außergewöhnliches. Und ich habe nie besonders schwierige Touren gemacht, war nie im Himalaya oder den Anden. Ich war immer ein einfacher Mensch und bin es bis heute geblieben. Aber es stimmt schon – ich wäre liebend gern nach Tibet geflogen, nach Südamerika oder nach Alaska."

Um die sportlichen Leistungen von Marcel besser einordnen zu können, muss man sich etwas näher mit seiner Kindheit und Jugend beschäftigen. Sein Vater, François Remy, zwingt ihn, bereits mit sechs Jahren hart zu arbeiten, schlägt ihn oft und zeigt ihm immer wieder seine Geringschätzung. Später wird Marcel erfahren, dass er kein Wunschkind war und deswegen von seinem Vater ständig schlecht behandelt wurde. François Remy arbeitet als Gleisarbeiter bei der Eisenbahn und seine Frau Bertha kümmert sich um die Einstellung der Weichen und um die Beleuchtung in einem nahe gelegenen Eisenbahntunnel. Das verlangt eine ständige Verfügbarkeit, aber dennoch finden die beiden Zeit, sich nebenher Vieh zu halten und einen großen Gemüsegarten zu bearbeiten. Und der kleine Marcel muss kräftig mit anpacken: Er melkt die Ziegen der Familie, schleppt schwere Milchkannen, hilft bei der Käseherstellung, reinigt den großen Käsekessel, holt Wasser vom Brunnen und geht bei vielen anderen Tätigkeiten zur Hand.

Heute sagt er dazu: „Bis zu meinem 17. Lebensjahr habe ich all diese Arbeiten verrichtet, ohne je zu murren oder aufzubegehren. Ja, ich hatte sogar Freude an der Arbeit, denn ich war fast ständig an der frischen Luft – und das mitten in der schönen Bergwelt. Nur eines wurde immer unerträglicher für mich: die schlechte Behandlung durch meinen Vater, die ständigen Maßregelungen, die ungerechtfertigten Vorwürfe. All das hat mich aber auch hart gemacht gegenüber Schmerzen, gegenüber körperlichen Anstrengungen – eines aber vertrage ich bis heute nicht, nämlich wenn jemand ungerecht behandelt wird."

Mit 18 Jahren lehnt sich Marcel zum ersten Mal gegen seinen Vater auf und verlässt das Elternhaus. Er verdingt sich bei einem Bauern als Landarbeiter und verdient endlich eigenes Geld. Sein Traumjob aber ist diese Arbeit nicht, als 14-Jähriger hätte er viel lieber eine Ausbildung zum Automechaniker gemacht. Das aber hatte sein Vater strikt abgelehnt: „Du brauchst keinen Beruf zu lernen, du hast hier alles, was du brauchst!"

François Remy wird seinem Sohn nie verzeihen, dass er das Elternhaus verlassen hat und viele Jahre später – Marcel ist inzwischen verheiratet und hat zwei Söhne – weigert er sich sogar, Marcel zu begrüßen: „Ich kenne diesen Herrn nicht!", ist sein einziger Kommentar. Kurz vor seinem Tod besucht Marcel seinen Vater ein letztes Mal. Nach wie vor lehnt dieser es aber ab, seinen Sohn zu begrüßen. Angesichts so großer Hartherzigkeit kann ein Außenstehender wohl nur den Kopf schütteln!

Mit 20 Jahren bewirbt sich Marcel bei der Eisenbahn und erhält schließlich nach einer längeren Probezeit eine Anstellung als Beamter. Wie sein Vater ist er vor allem mit der Gleiskontrolle beschäftigt, eine Arbeit, die ihm zusagt, weil er ständig im Freien ist – eine Büroarbeit wäre ihm vollkommen zuwider.

Am 1. Februar 1942 bricht eine Katastrophe über die Familie herein. Eine riesige Lawine verschüttet ihr Haus und Marcels Mutter und seine Schwester sterben in den Schneemassen. Sein Bruder Roland überlebt zwar, trägt aber irreparable neurologische Schäden davon. Jahrelang kümmert sich Marcel um ihn, nimmt ihn auch mit auf Bergtouren. In den Bergen fühlt Roland sich wohl, er leidet hier viel weniger unter den nervösen Zuckungen, die sein Gesicht vollkommen entstellen.

Im Jahre 1943 wird Marcel zur Armee eingezogen, um seinen Grundwehrdienst abzuleisten. Da er bereits als Jugendlicher Schifahren gelernt hat, wird er für mehrere Monate zu einem Hochgebirgslehrgang nach Zermatt versetzt und erhält dort eine gründliche alpine Ausbildung. Nach seiner Zeit beim Militär setzt er die dort erworbenen Fertigkeiten bei seinen eigenen Touren um und er ist jetzt fast jedes Wochenende in den Bergen unterwegs. Manchmal begleitet ihn dabei eine junge Frau, Rachel, die offensichtlich Gefallen an ihm gefunden hat. Zwei Jahre später heiraten die beiden und lassen sich in Montreux nieder. Mehrere Jahre später kommen ihre Söhne Claude (1953) und Yves (1956) zur Welt.

Auf klassischen Bergtouren unterwegs

Im Sommer 1956 erfüllt sich Marcel einen lange gehegten Traum – die Besteigung des Montblanc. Sein Seilgefährte, namens Bolomey, ist zwar ein guter Bergsteiger, er hat aber ein großes Laster: Er trinkt gern Wein – und das literweise! Sie erreichen den Gipfel ohne Zwischenfälle, beim Abstieg Richtung Mont Maudit aber lässt Bolomey ständig seine schlechte Laune an Marcel aus. Kaum haben sie die Torino-Hütte erreicht, bestellt Bolomey eine Flasche Wein, dann eine zweite und schließlich eine dritte.

Am nächsten Tag besteigen sie den Dent du Géant (4013 m). Auch wenn Bolomey seinen Rausch ausgeschlafen zu haben scheint, so gelingt es Marcel nicht, die eigentlich sehr schöne Kletterei zu genießen, weil er sich ständig fragt, ob Bolomey nicht irgendeinen Unfug anstellen wird. Glücklicherweise geht alles gut, nicht aber am folgenden Tag! Diesmal steht die Südwestwand des Dent du Requin (3422 m) auf dem Programm. Der Zustieg auf einem steilen Eishang ist heikel, die Kletterei im bombenfesten Granit aber ein wahrer Genuss. Marcel ist überglücklich - noch weiß er nicht, was ihn beim Abstieg erwartet!

An der zweiten Abseilstelle fährt Bolomey wortlos in die Tiefe und schreit schließlich „Nachkommen!“ zu Marcel hoch. Mehr sagt er nicht, obwohl er Marcel hätte warnen müssen, dass man sich hier nur etwa 15 Meter abseilt, denn weiter unten befindet sich ein gewaltiger Überhang. Nichtsahnend seilt sich Marcel über den Überhang ab und sieht auf einmal die gähnende Tiefe unter sich. Etwa vier Meter von der Wand entfernt baumelt er hin und her. „Ich bin unter dem Überhang, was mach ich jetzt?“, schreit er Bolomey zu, der irgendwo hinter einem Felsvorsprung stehen muss. Er erhält aber keine Antwort, auch nicht, als er noch lauter schreit. Mit dem Mut der Verzweiflung und mit letzten Kräften hangelt er sich schließlich am Seil hoch und erreicht keuchend ein kleines Felsband.

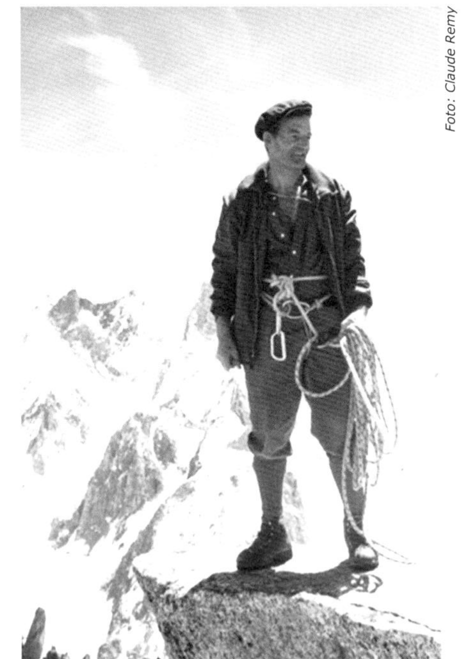

Foto: Claude Remy

Marcel Remy Anfang der 60er Jahre auf der Aiguille du Plan

Wiederum ruft er, erhält aber auch diesmal keine Antwort. Vorsichtig schiebt sich Marcel bis zu einer Felsecke. Direkt dahinter steht Bolomey und herrscht ihn an: „Du Idiot! Wenn du keine Ahnung vom Klettern hast, dann bleib lieber zu Hause!“ Eine derartige Unverfrorenheit verschlägt Marcel die Sprache und er schwört sich, nie mehr mit diesem unmöglichen Typen auf Bergtour zu gehen. Einige Jahre später wird er erfahren, dass Bolomey seinem übergroßen Alkoholkonsum erlegen ist.

Marcel hat mehrfach Bergunfälle nur knapp überlebt. So wird er viermal von Lawinen mitgerissen, kann sich aber jedes Mal selbst befreien, weil er nie tief verschüttet wird. Und noch heute schüttelt er den Kopf, wenn er daran denkt, was ihm Anfang der fünfziger Jahre mit dem erst 17-jährigen Jean-Jacques Kiener am Matterhorn passiert ist. Beim Abstieg, unweit der Moseley-Platte, verliert Marcel seinen Eispickel durch eine ungeschickte Bewegung. Der Pickel saust einen 50 Grad steilen Firnhang hinunter, verhakt sich kurz, schlägt einen Salto und bleibt schließlich, 50 Meter tiefer, in einem Schneehaufen stecken. Ohne lange nachzudenken, steigt Marcel rasch auf dem Firnhang ab und gleitet plötzlich aus, weil seine Steigeisen stollen. Immer mehr Fahrt aufnehmend rutscht er den steilen Hang hinab, hat gerade noch Zeit, „Wir sind verloren!“ zu schreien, als seine Rutschpartie jäh abgebremst wird. Sein junger Begleiter hatte geistesgegenwärtig das Seil über einen Felsblock geworfen und so beiden das Leben gerettet!

Apropos junger Begleiter: Seit Ende der sechziger Jahre nimmt Marcel immer wieder Gruppen von Jugendlichen mit in die Berge und bringt ihnen die wichtigsten Kletter- und Sicherungstechniken bei. Mit den Begabtesten durchsteigt er dann auch schwierige Kletterrouten im 4. und 5. Schwierigkeitsgrad. Wenn die Jugendlichen ihm immer voll vertrauen, dann natürlich wegen seiner bergsteigerischen Fähigkeiten, aber auch wegen seiner Hilfsbereitschaft und großen Warmherzigkeit. Dies hindert ihn aber nicht daran, denjenigen ordentlich die Leviten zu lesen, die seine Anweisungen nicht befolgen.

Marcel entdeckt den 6. Schwierigkeitsgrad

Bis Anfang der siebziger Jahre ist Marcel ein klassischer Bergsteiger, d.h. er ist nie im extremen Fels oder Eis unterwegs. Als aber seine Söhne Claude und Yves sich zunehmend dem extremen Felsklettern widmen, kommt auch Marcel langsam auf den Geschmack. Ab Mitte der siebziger Jahre fährt er mit seinen Söhnen mehrfach ins Vercors bei Grenoble und in die Gorges du Verdon, die Verdon-Schlucht in Südfrankreich. Es gelingen ihnen hier zahlreiche Routen im 6. Schwierigkeitsgrad. In den folgenden Jahrzehnten wechselt er ständig zwischen extrem schwierigen und leichteren Touren, Klettersteigen – aber auch einfachen Bergwanderungen, die er vor allem mit seiner Frau Rachel unternimmt.

Im März 2007 – Marcel ist inzwischen 84 Jahre alt – nehmen ihn seine Söhne auf die griechische Insel Kalymnos mit, die bereits seit einiger Zeit das Traumziel vieler Kletterer ist. Er durchsteigt hier mehrere Einseillängenrouten „on sight“ bis zum oberen 6. Schwierigkeitsgrad. Nach einiger Zeit wollen alle den „Kletteropa“ sehen. Man klatscht ihm Beifall, feuert ihn an. Bald ist der „Mad Dad“ (verrückter Papa), wie man ihn inzwischen bewundernd nennt, so bekannt, dass ein lokaler Fernsehsender eine kurze Reportage über ihn dreht. Schließlich gelingt ihm mit „Pornokini“ sogar eine Route im Schwierigkeitsgrad 6 a+, und das „on sight“!

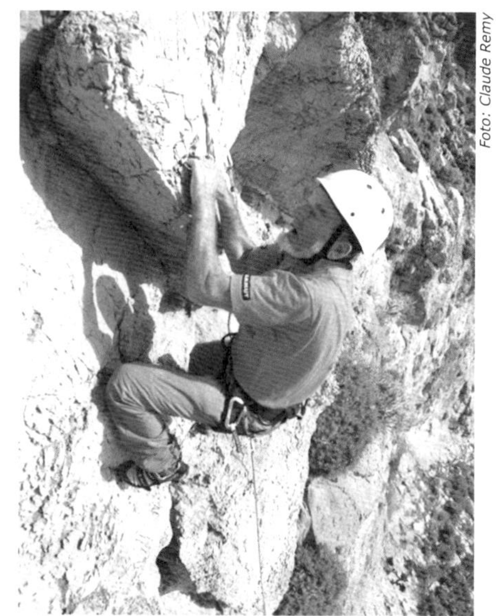
Foto: Claude Remy

Marcel Remy mit 84 Jahren in der Route „Pornokini" (6a+)

Im Januar 2009 muss er an beiden Händen operiert werden und sich mehrere Monate lang mit einfachen Wanderungen begnügen. Als ihn Freunde darauf ansprechen, ob es nicht vernünftiger sei, in seinem Alter ganz aufs Klettern zu verzichten, widerspricht er energisch: „Nein, auf gar keinen Fall! Klettern ist mein Lebenselixier. Wenn ich nicht mehr klettern kann, dann hat mein Leben keinen Sinn mehr!" Und so beginnt Marcel nach vier Monaten wieder behutsam mit ersten Belastungsübungen seiner Handgelenke. In dieser Zeit wird er von einem Journalisten interviewt, der seinen Lesern erklären möchte, wie ein 86-Jähriger es schafft, noch immer im schwierigen Fels zu klettern. Als er im Gespräch das Wort „Phänomen" verwendet, unterbricht ihn Marcel sofort: „Phänomen!? Wenn Sie wüssten! Ich habe zwei künstliche Hüftgelenke, einen Herzschrittmacher, einen Wirbelsäulenschaden, der zu meiner frühzeitigen Pensionierung führte, meine Milz wurde entfernt, ich wurde an einem Magengeschwür und an Füßen und Händen operiert! Und das nennen Sie Phänomen!?"

Und etwas später zitiert Marcel seinen Hausarzt: „Monsieur Remy, nur gut, dass wir Ihnen zwei neue Hüftgelenke eingesetzt haben, was Sie ja anfangs nicht wollten. Wenn wir Sie nicht operiert hätten, hätten Sie sich immer weniger bewegt und wären schließlich bettlägerig geworden. Sich bewegen, die Dinge tun, die man mag, auch wenn es manchmal etwas wehtut, auch wenn man länger braucht, um sich zu erholen – das ist die Zauberformel, um alt zu werden und dabei in Form zu bleiben."

Im Februar 2015 fliegen Marcel und seine Söhne nach Leonidio in Griechenland. Die Felsen um dieses Städtchen in Südgriechenland ziehen seit einiger Zeit Sportkletterer aus ganz Europa an. Wenn in weiten Teilen Europas im Frühjahr und Herbst oft „Schmuddelwetter" herrscht, ist es in diesen südlichen Gefilden meist warm und fast immer sonnig. Marcel durchsteigt hier zu seinem 92. Geburtstag die Einseillängen-Route F.O.S.L. im Schwierigkeitsgrad 5 c – und dies als Seilerster!

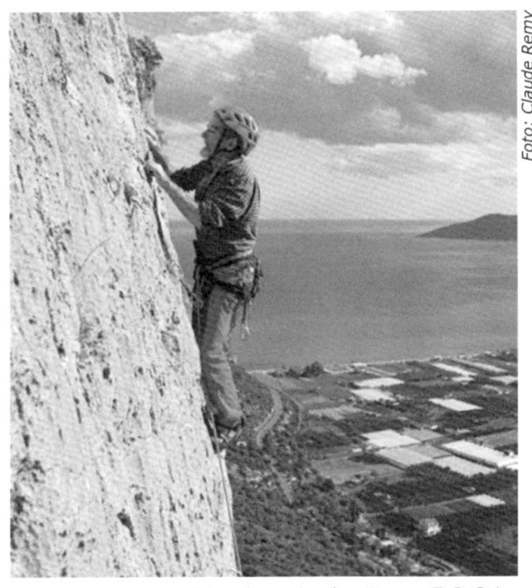

Foto: Claude Remy

Marcel Remy mit 92 Jahren in der Route F.O.S.L.

Die Jahre vergehen und noch immer durchsteigt Marcel seinen geliebten Miroir de l`Argentine, wenn auch nicht mehr als Seilerster. Allmählich spürt er, dass er mit über 90 Jahren bei einer so langen Kletterroute doch langsam an seine Leistungsgrenze gelangt. Zwei Jahre lang begnügt er sich nun mit kürzeren Kletterrouten, ehe ihn der Ehrgeiz doch wieder packt.

Mit 94 Jahren durch den Miroir de l`Argentine

Der Miroir de l`Argentine befindet sich in den Waadtländer Alpen, unweit des Genfer Sees. Der Miroir (= Spiegel) ist eine gewaltige, gut 60 Grad geneigte Kalkplatte, die größte ihrer Art in den Alpen. Eine ganze Reihe Kletterrouten vom vierten bis zum siebten Grad durchzieht die 450 Meter hohe Wand. Marcel kennt sie fast alle, hat er doch den Miroir – seine absolute Lieblingswand – mehr als 200-mal durchstiegen. Er kennt hier jeden Meter so gut, dass er im Jahre 1968 sogar seine erst 14 bzw. 12 Jahre alten Söhne mitnimmt. Am Gipfel sind Claude und Yves zwar ziemlich kaputt, aber die Kletterei hat ihnen doch so gut gefallen, dass hier vielleicht der Grundstein für ihre spätere Kletterleidenschaft gelegt wird.

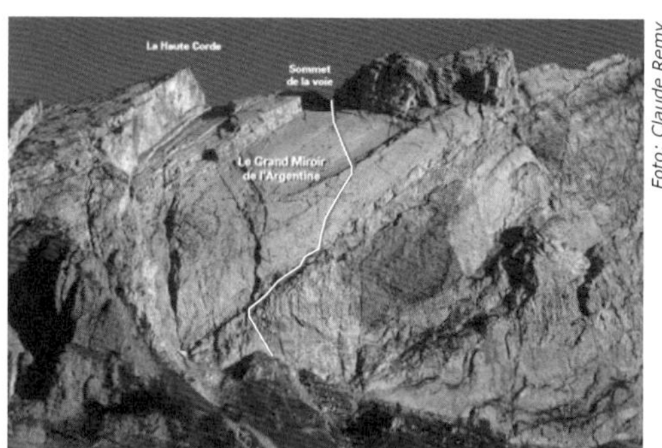

Foto: Claude Remy

Der Miroir de l`Argentine mit der Direktroute (Sommet de la voie = Ausstieg)

Im Jahre 2017, also 50 Jahre später, haben sich die Rollen ins komplette Gegenteil verkehrt: Claude und Yves sind inzwischen seit langem Superstars der Sportkletterszene und Marcel ist mit seinen 94 Jahren ein „Klettergreis". Als er seine Söhne im Frühjahr 2017 bittet, ihn durch den Miroir de l`Arentine zu führen, sind sie zunächst mehr als skeptisch. Sie meinen, er hätte höchstens 5 - 10 Prozent Chancen, die 12 Seillängen der Route zu schaffen. Aber Marcel lässt nicht locker, er will den Miroir unbedingt noch einmal durchsteigen. Claude und Yves willigen schließlich ein, dies aber unter zwei Bedingungen:

-Marcel muss in der Kletterhalle mehrfach bis zu 12 Seillängen im 5. Grad direkt hintereinander durchsteigen, was in etwa der Länge und der Schwierigkeit der Direktroute am Miroir entspricht.

-Er muss eine ganze Reihe Bergwanderungen mit mehr als 1000 Höhenmetern in zügigem Tempo absolvieren, um das Herz-Kreislauf-System zu trainieren.

Claude und Yves hoffen insgeheim, dass ihr Vater nach einer gewissen Zeit entmutigt aufgibt, aber er zieht das Programm eisern durch. Inzwischen haben auch die Medien von Marcels Projekt erfahren und allmählich wird aus der ursprünglich vorgesehenen Familientour eine professionell geplante Unternehmung. Die Remys werden begleitet von:

- zwei Kameramännern
- einem Kameramann, der eine Drohne mit Kamera bedient
- einem Journalisten
- dem Gleitschirmpiloten Jérémy Péclard
- dem hervorragenden Kletterer Yvan Duvaud, der Marcel durch die Wand sichern wird

Claude und Yves haben vor, meist parallel zu ihrem Vater zu klettern, um ihn dabei aus den verschiedensten Perspektiven zu fotografieren.

Am 21. August 2017 steigen Marcel und seine beiden Söhne von der kleinen Ortschaft Solalex über einen steilen Pfad zum Fuß des Miroir auf. Hier, auf 1850 Metern Höhe, richten sie sich zum Biwak ein. Zwar sind es von Solalex bis zum Wandfuß nur 400 Höhenmeter, aber Claude und Yves meinen, dass es besser ist, wenn ihr Vater all seine Kräfte für das Klettern aufspart.

Am frühen Morgen des kommenden Tages treffen die übrigen Mitglieder des Teams am Biwakplatz ein. Scherzworte wie „Langschläfer", „Faulenzer" und „Warmduscher" fliegen hin und her, nur Marcel ist recht schweigsam. Die Anspannung ist ihm deutlich anzusehen, außerdem stört ihn etwas das ganze Aufheben, das um seine Person gemacht wird.

Um 8.30 Uhr beginnen die verschiedenen Teams mit der Kletterei. Es ist zwar noch etwas frisch, aber keine Wolke ist am Himmel zu sehen – es wird also ein strahlender Tag werden. Über drei Seillängen geht es durch eine Verschneidung und einen Kamin hinauf zum unteren Band, das die gesamte Wand durchzieht. Die Schwierigkeiten im 4. und 5. Grad stellen für Marcel kein Problem dar, zumal er mit Yvan einen umsichtigen Führer hat, der immer für eine straffe Seilführung sorgt. Nach ca. 30 Metern auf dem Band nehmen sie nun die „Direkte" in Angriff, die in neun Seillängen zum Gipfelgrat führt. Marcel klettert langsam, aber sicher. Nur manchmal, wenn Yvan das Seil etwas zu straff hält, ruft Marcel ihm „langsam, langsam!" zu.

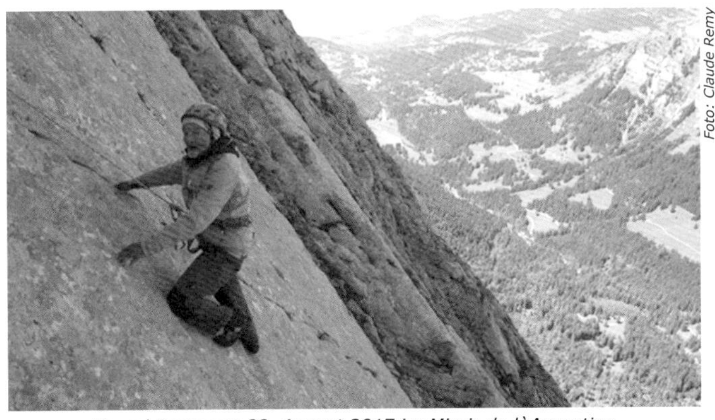
Foto: Claude Remy

Marcel Remy am 22. August 2017 im Miroir de l`Argentine

An den Standplätzen ruht er sich immer mehrere Minuten aus. Er will unbedingt mit seinen Kräften haushalten und auf gar keinen Fall riskieren, mitten in der Wand umkehren zu müssen. Claude und Yves beobachten jede Bewegung ihres Vaters genau, um eventuell eingreifen zu können, wenn er in Schwierigkeiten geraten sollte. Aber Marcel steigt in seinem Rhythmus beharrlich weiter, auch wenn er manchmal in den schwierigen Passagen im oberen 5. Grad vor Anstrengung stöhnt. Wenn sie ihn dann fragen, wie er sich fühlt, kommt regelmäßig die Antwort: „Geht schon, geht schon!" So legen sie Meter um Meter zurück und allmählich entspannen sich die Minen von Claude und Yves. Jetzt ist auch wieder Zeit zum „Rumflachsen": „Na, junger Mann, wie gefällt dir die Kletterei?" oder „Für einen Anfänger kletterst du nicht schlecht!"

Der Gipfelgrat rückt immer näher und gegen 15 Uhr 15 ist die Scharte am Grat erreicht. Marcel kniet ein paar Momente in der Scharte nieder. Er strahlt über das ganze Gesicht: „Ich hab`s geschafft! Ich hab`s geschafft!" Und zu seinen Söhnen gewandt: „Na, das hättet ihr nicht gedacht, oder?" Claude und Yves haben Mühe, ihre Rührung zu verbergen und nehmen ihren Vater lange in die Arme. „Wir waren alle ungemein erleichtert und es flossen auch einige Tränen", erzählt Claude später.

Aber noch ist die Tour nicht zu Ende. Von der Scharte geht es auf einem schmalen, heikel zu begehenden Grat zum Nebengipfel, La Haute Corde, auf 2325 Metern Höhe. Auch wenn Marcel nicht vollkommen erschöpft ist, so steckt ihm doch der lange Aufstieg über den Miroir in den Knochen, er kommt nur sehr langsam voran und muss immer wieder rasten. Endlich erreicht er mit seinen Begleitern das Flachstück, auf dem Jérémy Péclard mit seinem Doppelsitzer-Gleitschirm wartet.

Marcel lässt sich von Jérémy in das schwierige Startmanöver einweisen. Sie haben nur einen kurzen Anlauf, dann fällt das Gelände steil ab. Zu ihrem Pech ist jetzt auch noch der Wind eingeschlafen. Aber glücklicherweise verläuft der Start ohne Zwischenfälle und Marcel kann so den Flug in vollen Zügen genießen. Als sie nach etwa 10 Minuten landen, ist Marcel fast enttäuscht, dass das Flugabenteuer schon zu Ende ist.

Als alle Mitglieder des Teams wieder im Tal vereint sind, dankt Marcel ihnen mit bewegten Worten und wendet sich schließlich an seine Söhne: „Ich danke euch für eure ständige Unterstützung, eure Geduld und euer Vertrauen." Mit ein paar Tränen in den Augen fährt er fort: „Ich habe euch das Bergsteigen beigebracht, aber später, beim Klettern, da habe ich alles von euch gelernt. Ich verdanke euch dieses Abenteuer. – Übrigens, das war mein letzter Miroir." Und unter allgemeinem Gelächter fügt er hinzu: „Ich bin ja schließlich kein junger Spund von 60 Jahren mehr!"

Im Winter 2017/2018 unternimmt Marcel – wie jedes Jahr – eine ganze Reihe leichterer Skitouren und als er nach einer Tour mit Freunden bei einer Flasche Rotwein zusammensitzt, meint er mit einem Schmunzeln: „Meine Söhne sind der festen Überzeugung, dass ich den Miroir de L`Argentine am 22. August 2017 zum letzten Mal durchstiegen habe, aber warten wir mal ab; schauen wir mal, wie ich mich mit 100 Jahren fühle ..."

Um sich auch mit 100 Jahren noch ausreichend fit für den Miroir de L`Argentine zu fühlen, trainiert Marcel eifrig weiter. Und so finden wir ihn immer wieder in Fünfer- oder Sechserrouten im Fels oder in der Kletterhalle.

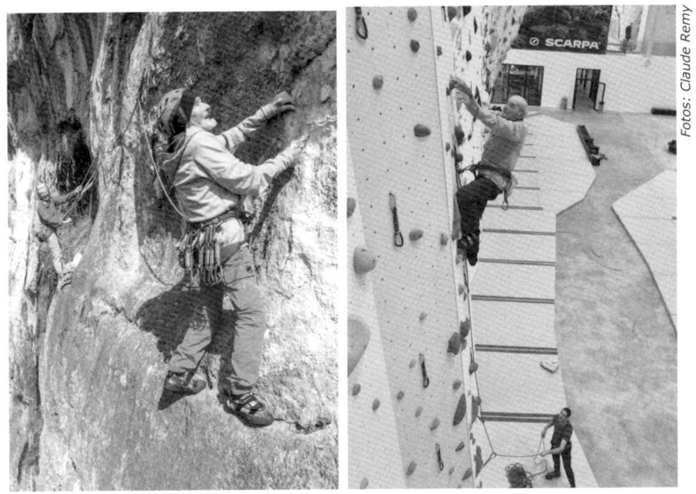

Fotos: Claude Remy

Marcel in einer Route (5b+) in St. Loup (links); Marcel an seinem 98. Geburtstag in der Kletterhalle (rechts)

Marcel Remy

geboren am 6.2. 1923 in Montbovon, Schweiz

Auszug aus dem Tourenbuch von Marcel Remy:

In den 50er und 60er Jahren zahlreiche Viertausender in der Schweiz und in Frankreich wie:
Matterhorn (4478 m)
Montblanc (4810 m)

Seit Ende der 60er Jahre schwierige Klettertouren mit seinen Söhnen Claude und Yves wie:
1968 Miroir de l`Argentine, Waadtländer Alpen, Voie Directe, 5a
1972 Cirque d`Archiane, Vercors, Voie du Levant, 6a
1978 Gorges du Verdon, Les Ecureuils, Eperon Sublime, 6b
1981 Petite Dent de Morcles (2969 m), Berner Alpen, zwei Neurouten, jeweils 6a/A 1
2003 Miroir de l`Argentine, Waadtländer Alpen, Voie Remix, 5c+
2009 Miroir de l`Argentine, Waadtländer Alpen, Voie Normale, 5a, jede zweite Seillänge im Vorstieg (mit 86 Jahren)
2010 „Stars on Stage", 6a, Kalymnos, Griechenland
2015 Madwall, „F.O.S.L.", Leonidio, Griechenland, 5c, mit 92 Jahren im Vorstieg

KAPITEL 6

Pit Schubert

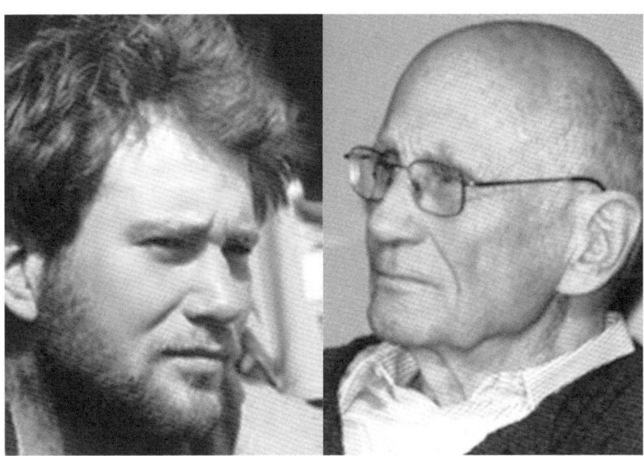

Pit Schubert mit 25 und mit 81 Jahren

Fotos: Archiv Pit Schubert

Klaus-Peter Schubert wird 1935 in Breslau in Schlesien geboren. Seit seiner Kindheit wird er von allen aber nur Pit genannt. Er gehört noch zu der Generation, die die Wirren des Zweiten Weltkrieges und ihre Folgen bewusst miterlebt hat, eine für junge Leute von heute kaum nachvollziehbare Zeit. Im Herbst 1944 wird Pit mit seinen beiden Geschwistern wegen der Bombenangriffe auf Breslau evakuiert und findet bei einer Tante am Fuße des Riesengebirges Unterschlupf. Sein Vater wird noch in den letzten Kriegsmonaten zum Volkssturm eingezogen. Er gerät in russische Kriegsgefangenschaft, wird aber bereits im Herbst 1945 – wohl wegen seines vorgerückten Alters – entlassen. Durch Zufall findet er seine Kinder wieder, nicht aber seine Frau.

Angesichts der schwierigen Lage der deutschen Zivilbevölkerung – im Haus der Schuberts lebt bereits eine polnische Familie – entschließt sich der Vater, Schlesien zu verlassen und nach Westen, in den Frankfurter Raum (Frankfurt am Main), auszureisen. Ungewissheit besteht allerdings nach wie vor, wo sich seine Frau befindet und ob sie überhaupt noch lebt.

Die vierwöchige Reise in einem Güterzug wird zu einer wahren Strapaze, denn sie haben fast nichts zu essen. Am Ende der Reise haben alle stark an Gewicht verloren und brauchen Wochen, ehe sie wieder ihr Normalgewicht erreichen. Viel schlimmer aber sind die ständigen Sorgen um die Mutter. Zwar hat Pits Vater erfahren, dass sie Breslau kurz vor der Einschließung der Stadt durch die Rote Armee mit dem Zug Richtung Dresden verlassen hat, aber ist sie vielleicht bei der verheerenden Bombardierung Dresdens Mitte Februar 1945 ums Leben gekommen?

Der Vater wendet sich an den Suchdienst des Roten Kreuzes und erst zweieinhalb Jahre später, im Frühjahr 1948, können alle aufatmen – die Mutter lebt! Aufgrund der Kriegswirren ist sie in Mittersill in Österreich gelandet.

Erste Kletterversuche

Die Familie lässt sich in der Kleinstadt Königstein im Taunus nieder, wo Pit auch zur Schule geht. Schon als Bub verspürt er in seiner neuen Heimat das Bedürfnis, überall hinaufzuklettern. Mangels geeigneter Felsen sind es zunächst nur Bäume, meistens junge Buchen. Er schaukelt dann so lange, bis er sich mit der biegsamen Krone zum Boden herablassen kann.

Als Sechzehnjähriger schreibt er sich in der Sektion Frankfurt des Deutschen Alpenvereins ein. Dort erlernt er die nötigen Klettertechniken, um sich sicher am Fels bewegen zu können. Natürlich gehört auch das Abseilen zum Ausbildungsprogramm, wobei der Abseilende immer von oben gesichert wird. Nach einiger Zeit möchte Pit das Abseilen auch einmal allein ausprobieren. Er leiht sich in der Sektion ein Hanfseil aus (Kunststoffseile gab es damals noch nicht) und fährt zum Hohenstein im Odenwald. Rasch erreicht er den höchsten Punkt und schlägt dort einen Ringhaken, den er sich ebenfalls in der Alpenvereinssektion ausgeliehen hat. Dann zieht er das Seil durch den Ring und seilt sich im Dülfersitz ab – so wie man es ihm beigebracht hat.

Als er wieder nach oben klettert, um ein weiteres Mal abzuseilen, stellt er erstaunt fest, dass der von ihm in einem senkrechten Riss angebrachte Haken, den er schräg von oben eingeschlagen hatte, jetzt schräg nach unten zeigt. Die Abseilbelastung musste ihn also nach unten gerissen haben. Glücklicherweise aber steckte er noch tief genug im Riss, ansonsten hätte Pits Kletterkarriere bereits hier ein schnelles Ende nehmen können.

Diese Erfahrung führt dazu, dass sich Pit in Zukunft beim Abseilen nie einem einzigen Haken anvertraut und gegegebenenfalls noch einen zweiten Haken anbringt – jedenfalls, solange es noch keine Bohrhaken gibt.

Mit 17 Jahren fährt er mit dem Fahrrad zum ersten Mal in die Alpen. Sein erster richtiger Alpengipfel ist das Rubihorn (1957 m) im Allgäu. Die Nacht verbringt er in einem Heustadl und steigt am nächsten Morgen kerzengerade in die steile Westflanke ein, ohne Weg oder irgendwelche Trittspuren. Die Flanke wird immer steiler und irgendwann sagt sich Pit: „Zurück kann ich jetzt nicht mehr. Besser, ich gehe weiter gerade hinauf!“ Glücklicherweise kommt er heil oben an und auf der Rückseite führt ihn ein Weg wieder sicher ins Tal zurück.

In den folgenden Jahren wagt er sich an immer schwierigere Kletterrouten, zunächst in den heimischen Klettergebieten, bald aber auch in den Alpen. In den Dolomiten klettert er 1960 die Hasse-Brandler-Führe an der Rotwand (VI, A 2) und schließlich die Wand, von der er so lange geträumt hatte: die Nordwand der Großen Zinne auf der Comici-Führe (VI). Und im Wilden Kaiser durchsteigt er viele der klassischen Sechser-Routen an der Fleischbank, am Predigtstuhl und am Totenkirchl.

Er hat jetzt ein so hohes Kletterniveau erreicht, dass er im Sommer 1961 die direkten Nordwände der Großen und der Westlichen Zinne in den Dolomiten auf sein Programm setzt. Als erstes nimmt er sich mit seinem Seilpartner Willi Pecher die Direttissima an der Großen Zinne vor, die erst drei Jahre zuvor von Dietrich Hasse, Lothar Brandler und zwei weiteren Gefährten zum ersten Mal begangen worden war. Damals galt diese Führe als schwierigste Felsklettertour der Alpen. Mit einem Biwak bewältigen sie die 550 Meter hohe Wand und sind jetzt voller Zuversicht für die noch folgenden Touren.

Zwei Tage später stehen Pit und Willi unter der Nordwand der Westlichen Zinne, die sie auf der ebenfalls extrem schwierigen Schweizerführe durchsteigen wollen. Nach der ersten Seillänge befindet sich Pit an einem Hängestand und sichert Willi, der vorausgeht. Plötzlich löst sich ein Stein unter den Füßen von Willi und trifft Pit am Kopf, oder genauer gesagt, kracht auf seinen Steinschlaghelm. Ohne diesen Helm, den

Pit erst wenige Monate zuvor gekauft hatte, hätte er sich «die Radieschen von unten betrachten können» - wie er es später ausdrückte. Er fühlt sich zwar für eine halbe Stunde etwas benommen, kann aber die Kletterei problemlos fortsetzen und im stark überhängenden Dach sogar wieder die Führung übernehmen.

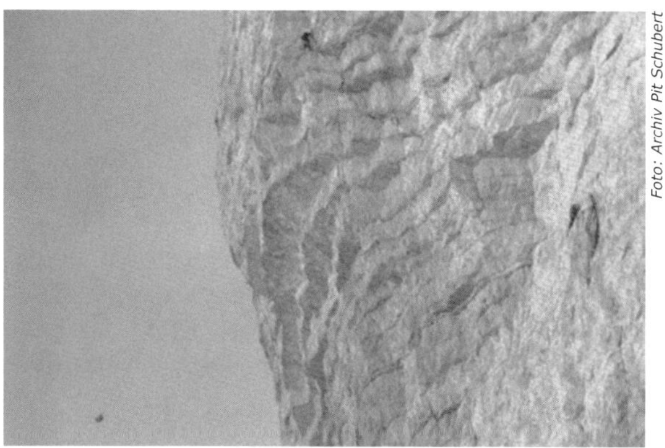

Foto: Archiv Pit Schubert

In der Schweizerführe der Westl. Zinne: Der Rucksack von Pit pendelt hier etwa 30 Meter hinaus

Als Bergvagabunden unterwegs

Im Frühjahr 1961 beendet Pit seine Ausbildung als Maschinenbauingenieur. Er steigt aber nur kurz ins Berufsleben ein und nimmt sich anschließend eine halbjährige Auszeit, um sich in den Bergen so manchen Wunsch nach großen Touren zu erfüllen. In dem 21-jährigen Frankfurter Jürgen Winkler, der später Bergführer und ein erfolgreicher Bergfotograf werden sollte, findet er den idealen Gefährten. Auch Jürgen hat gerade seine Ausbildung als Fotograf abgeschlossen und träumt von Abenteuern in den schwierigsten Wänden der Alpen.

Zunächst einmal machen die beiden im Winter 61/62 die Felsen des heimischen, bis zu 200 Meter hohen Rotenfels unsicher und versuchen sich hier an den schwierigsten Routen. Im Frühjahr 1962 starten sie dann mit dem Motorrad von Pit, einer Bücker mit 250 cm3, Richtung Alpen. Ihr umfangreiches Gepäck haben sie auf einem Anhänger untergebracht. Die nicht sehr leistungsstarke Maschine kommt an so manchen steilen Alpenpässen an ihre Grenzen und Jürgen muss bisweilen absteigen und keuchend hinterherlaufen.

Ihr erstes Ziel ist der Wilde Kaiser. Hier haken sie einen Klassiker nach dem anderen ab: die Dülfer-Führen an der Fleischbank-Ostwand und an der Totenkirchl-Westwand und noch etliche andere Routen. Dann geht es ins Steileis. Zunächst kommt die Wiesbachhorn-Nordwestwand dran, dann die Pallavicinirinne am Großglockner. Da die beiden im Sommer in die Westalpen wollen, sind diese beiden Eistouren als erster Test ein absolutes Muss.

Im Juni wechseln sie in die Brenta, wo sie die Foxkante an der Guglia di Brenta und die Oggioni-Verschneidung an der Brenta Alta durchsteigen. Danach folgen die Nordwand der Königsspitze im Ortlergebiet, der Bumillerpfeiler am Piz Palü und schließlich die Nordostwand des Piz Badile.

Jetzt glauben unsere beiden „Preißen" genügend Erfahrung gesammelt zu haben, um sich an die ganz großen Brocken heranzuwagen. Während Jürgen aber zunächst mit Frankfurter Freunden ein paar Viertausender um Saas Fee sammelt, zieht es Pit zum Matterhorn.

Matterhorn-Nordwand

Bereits seit Jahren träumt Pit vom Matterhorn, nicht etwa vom Normalweg, sondern von der Nordwand. Er spielt sogar mit dem Gedanken, sie allein zu durchsteigen. Sein Drang nach Extremtouren ist so ausgeprägt und seine Leistungsfähigkeit so hoch, dass seine Freunde ihn später «Klettermaschine» nennen werden.

Mitte August steigt er zur Hörnlihütte auf. Als er sich am nächsten Tag früh am Morgen dem Fuß der Nordwand nähert, sieht er drei Bergsteiger aus der Nordwand absteigen. „Wir sind umgekehrt, alles vereist! Willst du die Wand alleine machen?", erkundigen sie sich. „Na, wenn die Bedingungen nicht gut sind, lass ich das lieber bleiben", antwortet Pit. Sicher ein weiser Entschluss bei diesen Verhältnissen. Außerdem hat sich seit der ersten Solodurchsteigung der Nordwand durch Diether Marchart im Jahre 1959 kein weiterer Alleingänger an der Wand versucht. Welchen Nimbus die Wand damals hatte, zeigt auch der abschließende Satz im Tourenbericht von Diether Marchart: „Meine Alleinbesteigung ... wird vielleicht Entrüstung hervorrufen." Er will damit ausdrücken, dass viele Bergsteiger seine Alleinbegehung einer so hohen und steinschlaggefährdeten Wand als leichtsinnig einstufen werden.

Da das Wetter gut ist, will Pit aber nicht einfach mit den drei Bergsteigern zur Hütte zurückkehren. Kurz entschlossen quert er weiter unter der Nordwand zum Fuß des Zmuttgrates. Auch wenn die Schwierigkeiten im Fels den IV. Grad nicht übersteigen, so ist dieser lange Grat mit oft brüchigem Fels besonders für einen Alleingänger ein ernstes Unternehmen. Im unteren Teil, einem Eisgrat, ist Pit erstaunt, aber auch etwas beunruhigt, weil das Eis bei jedem Schritt laut knackt – so, als würde der ganze Grat gleich zusammenbrechen. Dergleichen hat er bisher nie erlebt, und er findet als einzige Erklärung, dass sich bei jedem Schritt wohl Spannungen im Eis abbauen. Kurz vor zwölf Uhr erreicht Pit den Gipfel und steigt sofort über den Hörnli-Grat ab.

Als er am späten Nachmittag auf dem Campingplatz in Zermatt ankommt und nach einem Begleiter für die Matterhorn-Nordwand sucht, stößt er auf die drei Bergsteiger vom Morgen. Es sind Österreicher aus der Gegend von Linz: Konrad Scharnreiter, Gerhard Werner und Mathias Hofpointner. Alle drei sind sofort Feuer und Flamme, als er sie auf eine gemeinsame Durchsteigung der Wand anspricht.

Am nächsten Tag, dem 18.8., steigen die vier bei noch immer gutem Wetter zur Hörnli-Hütte auf. Dort eröffnet man ihnen aber, dass die Hütte bereits überbelegt ist und niemand mehr aufgenommen werden kann. Kurz entschlossen richten sich Pit und seine Begleiter in den Felsen um die Hütte zum Biwak ein.

Am kommenden Morgen gehen sie noch bei Dunkelheit los und steigen in die Wand ein, als der neue Tag sich mit blassen Pastellfarben ankündigt. Im Einstiegseisfeld sind die drei Linzer etwas schneller als Pit. Bei den ersten Felsen seilen sie sich an, Pit mit Mathias und Konrad mit Gerhard. Pit als der bessere Felsgeher wird nun bis zum Ausstieg führen. Länge um Länge arbeiteten sie sich in der Riesenwand höher. Die Kletterei ist alles andere als ein Vergnügen: nach unten geschichteter, vereister Fels, unterbrochen durch Passagen mit lockerem, abrutschbereitem Schnee. Ein großes Problem stellen außerdem die Standplätze dar, denn nur selten lässt sich eine zuverlässige Selbstsicherung anbringen.

Gegen 16 Uhr erreichen sie das Ende der etwa 300 Meter hohen Schrägverschneidung. Hier befindet sich ein akzeptabler Biwakplatz, aber für ein Biwak ist es noch zu früh. Also klettern die vier weiter. Wohin das Auge auch reicht – die Wand ist überall vereist und abweisend. Inzwischen sind auch immer mehr Wolken aufgezogen und Nebelschwaden behindern teilweise die Sicht. Dazu kommt noch ein unangenehm kalter Wind.

Als es zu dunkeln beginnt, schlagen die Linzer vor, nach links steil aufwärts zur etwa 100 Meter entfernten Solvay-Hütte zu queren, denn ein Biwak auf abschüssigem Band, in der Selbstsicherung mehr hängend als sitzend, erscheint keinem der drei als besonders erstrebenswert. Pit ist von dieser Idee zwar nicht sehr angetan, gibt aber schließlich nach. Gegen 19 Uhr 30 erreichen sie die Hütte, eine kleine unbewartete Notunterkunft, und bald schnurren ihre beiden Benzinkocher und sie bereiten sich heiße Getränke zu.

Nach einer recht erholsamen Nacht queren sie gegen 8 Uhr, leicht absteigend, in die Nordwand zurück und Pit führt, wie am Vortag, die vier Richtung Gipfel. Eine Zeitlang folgen sie einer Rinne, weil Pit hier schwach ausgeprägte Trittspuren im Firn ausgemacht hat. Die Wand weist keine Absätze oder Bänder auf, was Pit bei seinen Touren bisher noch nie erlebt hat. Nirgendwo kann man sich mal eine Weile setzen und ein paar Happen essen oder einfach nur kurz durchschnaufen.

Seit dem Vorabend liegt leichter Nebel über der Wand, der es schwer macht, Entfernungen richtig einzuschätzen. Als Pit meint, es blieben noch zwei oder drei Seillängen bis zum Gipfel, rennt er die Wand förmlich hinauf ... und stürzt beinahe über den Gipfelgrat in die Südwand, so sehr hatte ihn der Nebel genarrt. Und beim anschließenden seilfreien Übergang zum Ostgipfel stolpert Pit auf dem ausgesetzten Grat, rutscht ein paar Meter in die steile Nordwand, kann sich aber gerade noch rechtzeitig mit dem Eisbeil abfangen. Zu diesem Sturz sagt Pit heute als über Achtzigjähriger: „In meinem jugendlichen Alter (26 Jahre) störte mich das nicht weiter; heute würden mir die Haare zu Berge stehen."

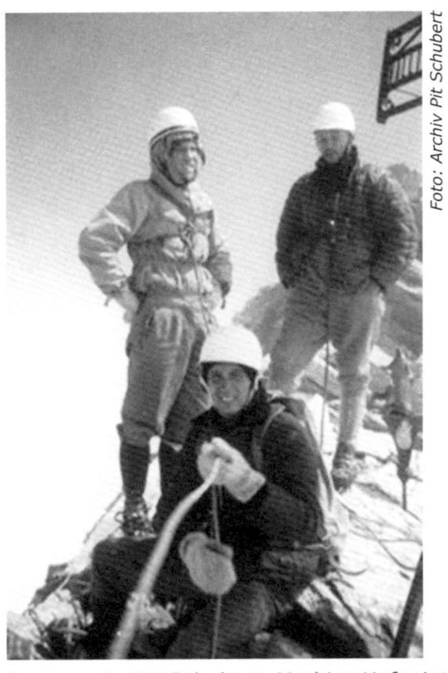

Foto: Archiv Pit Schubert

Auf dem Gipfel des Matterhorns; v.l.: Pit Schubert, Mathias Hofpointner und Gerhard Werner

Am Peuterey-Grat

Pit und Jürgen, der inzwischen wieder aufgeschlossen hat, könnten sich jetzt eigentlich eine Verschnaufpause gönnen und einen Badeaufenthalt an der Côte d`Azur einlegen, aber wer das glaubt, kennt die beiden schlecht. Sie fahren ins Montblanc-Gebiet, um sich hier an zwei ganz großen Zielen zu versuchen, dem gesamten Peuterey-Grat am Montblanc – und vor allem – der Durchsteigung des Walkerpfeilers an den Grandes Jorasses.

Pits Maschine muss wieder einmal Schwerstarbeit leisten; über den Großen St. Bernhard-Pass (2469 m) geht es nach Courmayeur und ins Val Veny auf der Südseite des Montblanc. Ihr Ziel ist die 5. Begehung des gesamten Peuterey-Grates, der 1953 den beiden Deutschen Richard Hechtel und Günther Kittelmann zum ersten Mal gelang.

Am Nachmittag des 24. August steigen Pit und Jürgen schwer beladen zur kleinen Noire-Hütte (2316 m) auf. Dabei müssen sie mehrere Kletterstellen bis zum III. Grad überwinden. In der Hütte sind sie ganz allein und finden nach Inspektion der Schränke und Regale ein paar Brot- und Käsereste. Da sie nicht allzu viel Proviant dabeihaben, ist das eine hochwillkommene Ergänzung ihres Abendessens.

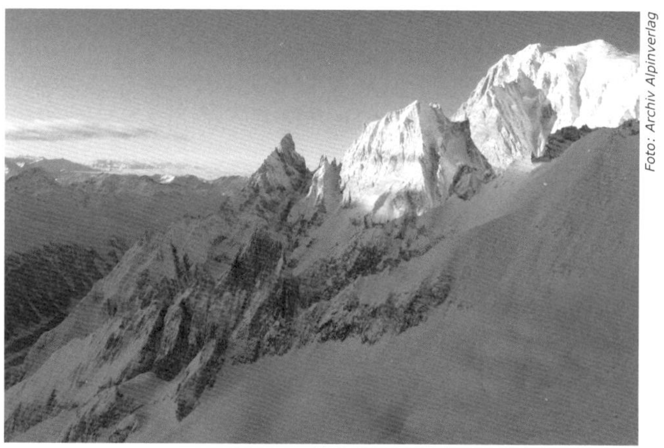

Foto: Archiv Alpinverlag

Der Peuterey-Grat bei winterlichen Verhältnissen von der Aiguille Noire de Peuterey (links) zum Gipfel des Montblanc (rechts)

Am 25. August brechen sie früh auf und queren den Fauteuil des Allemands bis zum Einstieg in den Südgrat der Aiguille Noire. Der Grat bietet schöne, abwechslungsreiche, aber auch fordernde Kletterei zwischen dem III. und V. Grad. Die Zeit vergeht wie im Flug und die beiden richten sich am späten Nachmittag zu ihrem ersten Biwak ein. Das Wetter ist gut, aber wird es auch mehrere Tage halten? Wie immer bei einer langen Tour ist diese Frage eine ständige Sorge.

26.8.: Heute ist das Ziel von Pit und Jürgen die Biwakschachtel Craveri in der Brèche Nord des Dames Anglaises. Zunächst aber gilt es, Schnee für den Morgenkaffee zu schmelzen und das dauert auf ihrem kleinen Benzinkocher ewig lange. Als sie endlich mit ihrem Frühstück fertig sind, wärmt sie bereits die Morgensonne. Als sie nach langer Kletterei den Gipfel der Aiguille Noire de Peuterey erreichen, ist es bereits später Nachmittag. Über die nun folgenden Stunden schreibt Jürgen Winkler später:

„Jetzt beginnt die lange Abseilerei, gute 300 Höhenmeter mit dem 40-Meter-Seil und einer gleich langen Reepschnur, um damit das Seil abzuziehen. Das alles geschieht im Dülfersitz, Sitzgurt und Abseilachter gab es damals noch nicht. Mehrmals gibt es Schwierigkeiten beim Abziehen des Seils – mal verhängt sich der 11-mm-Strick, mal die dünne Reepschnur. Das unbekannte Gelände, ein Verhauer und die einbrechende

Nacht zwingen zum Biwak in einer engen Schuttrinne. Im lockeren Grus bau ich mir einen Platz für den Hintern. Rechts und links ein Haken in den Fels, einige Meter Seil hin- und hergespannt, ein Geländer gegen das Rauskippen. Wenige Meter über mir richtet sich Pit ein.

Die Nacht wird lang, ein Wechselspiel zwischen Wachsein und Dahindämmern. Einmal gibt es ein lautes Krachen und Poltern, ein Felssturz drüben am Innominata-Grat. Funken sind zu sehen und bald steigt ein schwefliger Geruch in die Nase. In der Nacht fällt mein Sitz zusammen, und wieder muss ich mir eine Sitzgelegenheit schaffen."

27.8.: Heute geht es schon beim ersten Morgengrauen weiter – sie wollen versuchen, den Zeitverlust des Vortages wieder gutzumachen. Nach etlichen Abseilmanövern und der Querung mehrerer Felstürme, die den eigentümlichen Namen „Dames Anglaises" (= englische Damen) tragen, erreichen sie um die Mittagszeit die Biwakschachtel Craveri. Pit schmilzt Eis und bereitet etwas Essbares zu, während der Profifotograf Jürgen mit seinen beiden Kameras zahlreiche Bilder „schießt".

Das dritte Biwak, ein ebener Platz zum Liegen, richten die beiden knapp unterhalb des Gipfels der Aiguille Blanche de Peuterey (4112 m) ein. Eigentlich wäre dies ein idealer Platz zum Durchschlafen – wenn nur nicht der Magen so knurren würde! Ihr Proviant war lediglich für drei Tage bemessen, durch irreführende Angaben im Führer aber hatten sie viel Zeit verloren.

28.8.: Als sie am kommenden Morgen nach wenigen Minuten den Gipfel der Aiguille Blanche erreichen, treffen sie dort zwei Seilschaften aus München, die ihnen großzügigerweise etwas von ihrem Proviant abgeben. Nach kurzer Essenspause seilen sie sich 120 Meter in den Col de Peuterey ab. Bis zum Gipfel des Montblanc liegen jetzt noch 900 Höhenmeter vor ihnen. Immer mehr macht sich die Höhe bemerkbar, der Atem geht stoßweise und die Schritte werden langsamer. Endlich, gegen 19 Uhr, stehen sie ganz oben – müde, ausgebrannt, vor allem aber glücklich darüber, dass ihnen die fünfte Begehung des gesamten Grates gelungen ist!

Über den Walkerpfeiler auf den Gipfel der Grandes Jorasses

Nach der anstrengenden Begehung des Peuterey-Grates gönnen sich Pit und Jürgen einen Ruhetag und knattern dann am 30. August mit ihrer Bücker im ersten Gang über den Kleinen St. Bernhard-Pass nach Chamonix. Am nächsten Tag fahren sie, trotz ihrer schmalen Urlaubskasse, mit der Zahnradbahn nach Montenvers (1913 m) und stellen dort ihr kleines Zelt auf.

Seit Tagen plagt Jürgen eine Sehnenentzündung am linken Fuß, die durch den harten oberen Rand des Bergschuhs verursacht wurde. Da Auspolstern und Weichklopfen mit dem Kletterhammer keine Linderung bringen, bleibt nur die radikale Methode, mit einem scharfen Messer ein Stück Leder wegzuschneiden.

Pit und Jürgen unterhalten sich längere Zeit mit dem österreichischen Bergsteiger Rudi Lindner, der den Walker-Pfeiler gerade durchstiegen hat. Er empfiehlt ihnen, am ersten Tag nur bis zum Cassin-Biwak aufzusteigen. Sollte sich in der Nacht das Wetter verschlechtern, ist ein Rückzug aus dem Pfeiler kein Problem und eine Sache von wenigen Stunden. Bleibt das Wetter dagegen gut, besteht die Chance, in einem Tag vom Cassin-Biwak zum Gipfel aufzusteigen.

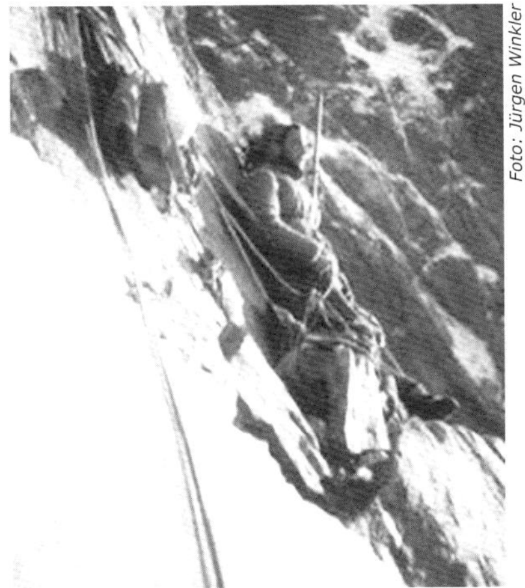

Foto: Jürgen Winkler

Pit Schubert im Cassin-Biwak

Sonntag, 2.9.: Getreu dem Plan von Rudi Lindner brechen Pit und Jürgen erst relativ spät von Montenvers auf und erreichen nach fünfstündigem Marsch über das Mer de Glace, zum Schluss über steile Firnfelder und teils brüchigen Fels, am späten Nachmittag das Cassin-Biwak. Das schmale Band langt nicht zum Liegen für zwei, aber bequem zum Sitzen. Den Rücken an den Fels gelehnt, lassen sie ihre Beine über dem Abgrund baumeln. Zwei, drei Felshaken dienen der Sicherheit und zum Aufhängen des Klettermaterials. Die letzten Sonnenstrahlen bringen kaum noch Wärme, aber für Jürgen vorteilhaftes Licht für einige spektakuläre Aufnahmen.

Montag, 3.9.: Jürgen schreibt über diesen Tag: „Raus aus dem wärmenden Fußsack, etwas essen und trinken, Sachen packen, in die Enden des Doppelseils einbinden. Dann Einstieg in die 75-Meter-Verschneidung und klettern, klettern – eine Seillänge so schön und interessant wie die andere. Nach den vielen Wochen des Unterwegsseins sind wir in bester Verfassung. Am späten Nachmittag zieht es zu und beginnt zu schneien. Das Gelände wird leichter und wir suchen einen Platz für die Nacht. Bis zum Gipfel wären es nur noch drei bis vier Seillängen, aber hier sind wir weniger dem Wind ausgesetzt. Jeder richtet sich ein, so gut es geht. Pit schmilzt Schnee und bereitet einen Kakao. Es wird ein Gesöff mit schrecklichem Geschmack. Beim Nachfüllen des Tanks ist dem Pit etwas Benzin in den Kochtopf geraten."

Dienstag, 4.9.: Das Wetter hat sich kaum gebessert. Es schneit zwar nicht mehr, aber Nebel liegt über der Wand, der die Orientierung erschwert. Die wenigen Seillängen, die ihnen noch bis zum Gipfel bleiben, prägen sich kaum in ihr Gedächtnis ein; im Vergleich zu den Schwierigkeiten des Vortages ist die Kletterei im III. und IV. Schwierigkeitsgrad jetzt auch keine Herausforderung mehr für sie.

Am Gipfel halten sie sich nur kurz auf und machen sich bei noch immer schlechter Sicht an den Abstieg zur Jorasses-Hütte (2804 m). Dort bittet Jürgen seinen Freund um eine längere Rast – die entzündete Sehne an seinem Fuß bereitet ihm immer mehr Schmerzen. Der weitere Abstieg nach Entrèves ist endlos lang und Jürgen legt ihn mehr oder weniger humpelnd zurück. Von Aosta aus fahren sie mit dem Bus, dann mit der Bahn nach Chamonix, wo sie am späten Abend eintreffen.

Nach einem kurzen Abendessen legen sie sich in ihr Zelt, aber sie sind viel zu aufgedreht, um sofort einschlafen zu können. Noch lange reden sie über die zurückliegenden Tage am Peuterey-Grat und am Walker-Pfeiler, die sich unauslöschlich in ihr Gedächtnis einbrennen werden.

Gespräch mit Pit Schubert am 24.09.2019 über seine Durchsteigung der Eiger-Nordwand

(A = Autor; PS = Pit Schubert)

A : Pit, nachdem Sie die Nordwand des Matterhorns und den Walkerpfeiler durchstiegen hatten, fehlte Ihnen nur noch die Eiger-Nordwand, um zu den « Drei-Nordwände-Männern" zu gehören. In den 60er Jahren gehörte man ja damit zur absoluten Bergsteigerelite – da schaute man in Bergsteigerkreisen schon zu einem auf, oder?

PS: Na, jetzt wollen wir mal nicht übertreiben. Klar, ehrgeizig war ich schon. Es war schon mein Ziel, die drei Nordwände zu schaffen, aber genauso wichtig war es für mich, in meinem Beruf voranzukommen. Ich war ja in München in der Luft- und Raumfahrtindustrie tätig. Wir haben damals einen senkrechtstartenden Düsenjäger konzipiert und auch gebaut, der übrigens heute im Deutschen Museum in München steht. Später war ich an der Entwicklung eines künstlichen Herzens beteiligt, das damals allerdings noch etwas zu groß war, um es einem Menschen zu implantieren.

A: Kehren wir zum Eiger zurück! Nach dem kurzen Bericht, den ich hier vorliegen habe, waren Sie Ende Juli 1964 mit drei Gefährten unterwegs: Heinz Werner, Rüdiger Steuer und Ernst Mahner. Sie haben also die drei großen Wände jeweils mit anderen Gefährten gemacht. Haben Sie sich mit den Kameraden vom Matterhorn und mit Jürgen Winkler überworfen?

PS: Nein, überhaupt nicht, aber manchmal ist es halt so, dass man unterschiedliche Wege geht. Ich glaube schon, dass ich eher „pflegeleicht“ bin. Ich glaube, sagen zu können, dass ich mich mit keinem meiner Seilgefährten je ernsthaft gestritten habe.

A: Wie ist es denn am Eiger gelaufen? Sie hatten ja – glaube ich – kein Glück mit dem Wetter!

PS: Genau! Gleich am zweiten Tag hat es gegraupelt und geschneit und meine Kameraden wollten eigentlich umkehren. Wir haben uns dann doch fürs Weitergehen entschieden, aber es wurde ziemlich „ungemütlich“. Im Wasserfallkamin sind wir total durchnässt worden und kurz darauf ist Ernst Mahner durch Steinschlag an der Hand verletzt worden.

A: Das war noch am zweiten Tag und wie war es dann am dritten Tag?

PS: Es hat immer noch geschneit und die Felsen waren von einer Eisschicht überzogen. Wir haben uns zu einer Viererseilschaft zusammengeschlossen, um die Risiken zu minimieren. Heinz Werner, der vorausging, hatte im Götterquergang keine leichte Aufgabe – er musste mit dem Pickel erst den Fels vom Eis befreien.

A: Und dann mussten Sie noch mal biwakieren?

PS: Ja, am oberen Rand der Spinne haben wir uns Mulden ins Eis gehackt und haben die Seile als Unterlagen genommen, damit unsere Allerwertesten nicht zu Gefrierfleisch wurden – aber gefroren haben wir trotzdem.

A: Wie ging es dann am vierten Tag weiter?

PS: Die Ausstiegsrisse waren total vereist und Heinz Werner als Seilerster hatte ganz schön zu kämpfen und war mehr als einmal kurz vorm „Fliegen“. Gegen 14 Uhr waren wir dann auf dem Gipfel.

A: Und Sie haben dann versucht, noch am gleichen Tag zur Kleinen Scheidegg abzusteigen?

PS: Ja, aber da hat uns ein Zwischenfall einen Strich durch die Rechnung gemacht. Rüdiger Steuer hatte es besonders eilig, ist auf einem Firnfeld mit der Pickelbremse abgefahren – er hatte aber nicht gesehen, dass die Firnauflage nur sehr dünn war und darunter Blankeis. Er ist gestürzt und hat sich mehrfach überschlagen, hat seinen Sturz aber glücklicherweise wenige Meter vor einem Steilabbruch noch abbremsen können. Dabei hat er sich aber die Schulter ausgerenkt.

A: Und Sie mussten dann letzten Endes noch mal biwakieren?

PS: Ja, nur 200 Meter über dem Wandfuß. Und am nächsten Tag bin ich dann mit Rüdiger zum Arzt in Grindelwald marschiert, der ihm die Schulter wieder eingerenkt hat.

Außer Ernst Mahner mussten wir drei anderen uns dann im Krankenhaus in München behandeln lassen, denn wir hatten leichte Erfrierungen an den Füßen erlitten.

A: Zum Schluss interessiert mich noch folgende Frage: Wenn man sich die beeindruckende Liste all Ihrer Extremtouren ansieht, dann fragt man sich, wieso Sie nie an einer Herrligkoffer-Expedition in den Himalaya teilgenommen haben. Hat er Sie denn nie eingeladen?

PS: Doch. Ich war mit Herrligkoffer auf einer Expedition in Nordost-Grönland, wo wir viele Gipfel erstbestiegen haben. Und er hat mich auch zur Everest-Expedition 1978 eingeladen, aber nach der Amputation meiner Zehen waren meine Füße sehr kälteempfindlich, und deshalb konnte ich nicht an der Expedition teilnehmen. Außerdem wäre ich ohnehin beruflich nicht abkömmlich gewesen.

A: Pit, vielen Dank für dieses Gespräch.

Erstbegehung in der Südwand des Piz de Ciavazes

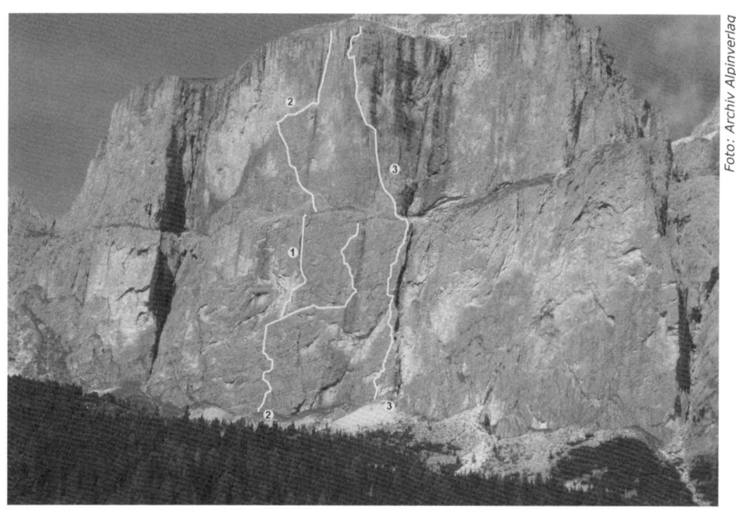

Foto: Archiv Alpinverlag

Die Schubertführe (Nr. 3) in der Südwand des Piz de Ciavazes (in halber Wandhöhe das Gamsband)

Auch wenn der Rotpunktgedanke und damit das Sportklettern erst 1976 beginnt, so klettert Pit Schubert Ende der 60er-, Anfang der 70er-Jahre schon oft frei – so wie in seiner Führe in der Südwand des Piz de Ciavazes. Die Idee zu dieser Erstbegehung hat allerdings nicht er, sondern sein Freund Karl Heinz Matthies. Als der bessere Kletterer führt Pit zunächst die beiden ersten Seillängen, dann übernimmt Karl Heinz den

Vorstieg. „Er murkst allerdings bereits auf den ersten zehn Metern derart rum“ (wie Pit es später ausdrückt), dass Pit ihm empfiehlt zurückzukommen, was Karl Heinz auch gern tut. Bis zum Gamsband in knapp halber Wandhöhe führt Pit nun alle weiteren Seillängen. Die Schwierigkeiten bewegen sich durchgehend im V. und VI. Grad. 35 Haken schlägt Pit insgesamt, davon allein zehn in der ersten Seillänge.

Nach zehn Stunden steigen die beiden am Gamsband aus. Damit will sich Pit allerdings nicht begnügen; er möchte auch noch den etwas längeren oberen Teil der Wand durchsteigen. Dazu fühlt sich Karl Heinz jedoch nicht in der Lage, und er bittet Pit, die Route mit einem anderen Partner fertigzuklettern.

Bereits eine Woche später, am 3. Juni 1967, ist Pit schon wieder am Piz de Ciavazes, diesmal mit seinem oftmaligen Seilpartner Klaus Werner. Sie ersparen sich den unteren Wandteil und queren auf dem Gamsband bis zum Ausstieg der neuen Route. Nun beginnt wieder Neuland. Zunächst führt sie Schrofengelände zur ersten schwierigen Seillänge. In wechselnder Führung steigen Pit und Klaus zügig höher. Das Gelände ist im Allgemeinen etwas weniger schwierig als im unteren Wandteil, bietet dann aber doch, kurz vor dem Ausstieg, ein unerwartetes Hindernis. Der letzte Steilaufschwung ist völlig vereist und zwingt sie zu einer fünfzehn Meter langen, schräg aufwärts führenden Querung. Auf den letzten zwanzig Metern kommt dann in einem strammen Sechser auch noch ihre Trittleiter zum Einsatz.

Bei hereinbrechender Dunkelheit steigen Pit und Klaus aus der Wand aus. Noch können sie nicht wissen, dass sich der untere Wandteil schon bald zu einem großen Dolomiten-Klassiker entwickeln sollte. Der obere Wandteil allerdings wird heute nur äußerst selten durchstiegen, wohl auch, weil er weniger durch Haken abgesichert ist.

Da Klaus Werner den bereits mit Klaus Mathies durchstiegenen Wandteil nicht kennt, klettern die beiden am folgenden Tag diese 10 Seillängen in fünf Stunden und machen sich dann, durchaus zufrieden über die gelungene Erstbegehung, auf die Heimfahrt.

Der Münchner Extrembergsteiger Manfred Sturm (s. Porträt im vorliegenden Buch) schreibt in seinem Buch „Schön war`s“ zu dieser Führe: „Ein Denkmal hat sich Pit selber gesetzt, mit der Erstbegehung der ‚Schubert‘, einer wunderschönen, unzählige Male durchgeführten Kletterei (VI) an der Ciavazes Südwand in den Dolomiten.“

Immer wieder im Himalaya

Die erste Reise von Pit in den Himalaya führt ihn im Frühjahr 1969 nach Nepal zur Annapurna I (8087 m). Anlässlich der Feier zum 100-jährigen Bestehen des DAV soll der Vereinsleitung die Besteigung eines Achttausenders „auf dem Geburtstagstisch präsentiert werden.“ Doch das Team um Pit Schubert schafft den Gipfel nicht, auf dem Vorgipfel „Roc Noir“ (7513 m) müssen sie aufgeben.

Die neue Welt, die Pit im Himalaya entdeckt, lässt ihn von nun an nicht mehr los. Mehr als 70-mal war er inzwischen in diesem größten Hochgebirge der Welt, in manchen Jahren bis zu dreimal, und alle Reisen zusammen genommen verbrachte er fünf Jahre seines Lebens dort! Was ihn besonders fasziniert, sind die verschiedenen Religionen, die Klöster, die Menschen mit all ihren Facetten, die Feste, Sitten und Gebräuche und schließlich – die mehr als unorthodoxen Verkehrsmittel und -verhältnisse.

Im Mai 1976 ist Pit ein weiteres Mal im Himalaya, diesmal mit dem Ziel, die Südflanke der Annapurna IV (7525 m) zum ersten Mal zu durchsteigen. Mit ihren 5000 Metern gehört diese Flanke zu den höchsten der Welt. Dazu kommt, dass sie im unteren Teil, bis auf 5500 Metern Höhe, auffallend steil ist und ständig von Lawinen bestrichen wird. An einem Tag zählen Pit und seine Kameraden sage und schreibe 60 Lawinen!

Kein Wunder, dass sich fast alle Expeditionsteilnehmer gegen einen Gipfelaufstieg entscheiden, sie finden die Flanke einfach zu gefährlich. So bleiben nur Pit und Heinz Baumann übrig, um die Besteigung trotz aller Risiken zu versuchen. Erschwerend und letztlich fast verhängsvoll kommt hinzu, dass Pit und Heinz ab Lager II (5020 m) keine Funkverbindung mehr zum restlichen Team haben, weil die Funkgeräte ausgefallen sind.

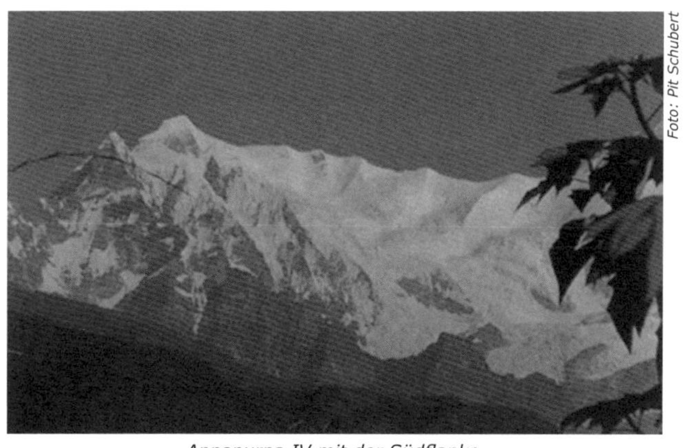

Foto: Pit Schubert

Annapurna IV mit der Südflanke

Erst neun Tage, nachdem die beiden aufgebrochen sind, erreichen sie den Gipfel. Damit haben sie sich um fünf Tage verschätzt, denn sie meinten ursprünglich, den Gipfel nach nur vier Tagen erreichen zu können. Sofort machen sie sich an den Abstieg. In Lager II (5020 m) finden sie niemand mehr – das Lager ist verlassen, ebenso Lager I (4150 m) und auch das Vorgeschobene Basislager auf 3600 Metern Höhe ist leer. Immer mehr wird für Pit und Heinz zur Gewissheit: „Die Kameraden haben bereits den Rückmarsch angetreten, weil sie uns für tot halten.“ Pit als Expeditionsleiter hatte ja selbst den Termin für den spätestmöglichen Rückweg festgelegt und an den hatten sich ihre Expeditionskameraden offensichtlich gehalten. Pit und Heinz waren bereits seit einer Woche überfällig und ohne jedes Lebenszeichen von den beiden mussten ihre Kameraden davon ausgehen, dass sie wahrscheinlich einer der zahlreichen Lawinen zum Opfer gefallen waren.

Was Pit und Heinz nicht wissen können: Natürlich hatten ihre Kameraden nicht einfach tatenlos bis zum letztmöglichen Termin für den Rückweg abgewartet. Zum einen hatten sie weiter östlich einen halbwegs sicheren Durchstieg gesucht, um den beiden entgegenzukommen – aber leider vergeblich, auch hier war die Lawinengefahr zu groß. Zum anderen hatten sie die Möglichkeit in Erwägung gezogen, dass Pit und Heinz auf der kürzeren und weniger gefährlichen Nordseite abgestiegen sein könnten. Deshalb hatten sie mit der Polizei in Pisang auf der Nordseite Kontakt aufgenommen, aber auch hier war das Ergebnis negativ.

Inzwischen mühen sich Pit und Heinz weiter abwärts. Dabei ist das Verb «sich mühen» noch untertrieben, denn beide haben starke Erfrierungen an den Füßen, die jeden Schritt zur Qual machen. Auch haben sie kaum noch Nahrung und können im Wesentlichen nur noch trinken, Schnee zum Schmelzen ist ja genügend vorhanden.

An der letzten Abseilstelle lassen sie das Seil hängen. Sie meinen, weiter unten eines der Fixseile für weitere Abseilmanöver verwenden zu können. Was sie auch hier nicht wissen können: Die Sherpas haben gegen die strikte Anweisung des Teams alle Fixseile entfernt. Für sie sind Pit und Heinz tot – wozu da noch die Seile hängen lassen, die sie laut Vereinbarung mit der Expeditionsleitung behalten dürfen.

An einem senkrechten, acht Meter hohen Abbruch wird es für Pit und Heinz noch einmal kritisch. Da sie kein Seil mehr haben, müssen sie einen Sprung auf einen 45 Grad steilen Firnhang wagen. Bei Heinz, dessen Füße etwas weniger erfroren sind, geht alles gut, bei Pit ist es eher ein kaum kontrollierter Absturz mit fürchterlichen Schmerzen in den Füßen. Und sie haben weitere gefährliche Situationen zu überstehen – Lawinen, die sie streifen, einen Spaltensturz und schließlich bricht auch noch ein Haken aus, was ohne die geistesgegenwärtige Reaktion von Heinz zu einer Katastrophe geführt hätte.

Auch in der letzten, etwa 1000 Meter hohen Dschungelwand, die sie noch vom Basislager trennt, fehlen die Fixseile. Das Abklettern wird zum Abrutschen auf Bauch und Knien. Als sie endlich am Wandfuß ankommen, sind sie einerseits erleichtert, weil sie alle gefährlichen Passagen hinter sich haben, andererseits aber steigern sich ihre Schmerzen nun ins fast Unerträgliche. Beide haben nur noch einen Wunsch: sofort einschlafen, um im Schlaf keine Schmerzen mehr spüren zu müssen!

Eine Stunde mag wohl vergangen sein, da weckt sie ein Geräusch. Ein einheimischer Jäger steht vor ihnen, bewaffnet mit einer vorsintflutlich anmutenden Flinte. Die Verständigung mit dem Mann ist mühsam, er spricht nur einige Worte Englisch, aber schließlich hören sie aus seinen wenigen Brocken Englisch heraus, dass laut Radio Kathmandu zwei Mitglieder ihrer Expedition, 40 und 43 Jahre alt, umgekommen sind. Jetzt haben Pit und Heinz es sozusagen amtlich, dass sie eigentlich gar nicht mehr am Leben sind!

Der Jäger will sie am kommenden Tag zu einer bewohnten Siedlung bringen, muss aber zunächst noch jagen gehen. Also bleibt Pit und Heinz nichts anderes übrig, als sich allein durch den Urwald zu schleppen. Auf zwei Skistöcke gestützt taumelt Pit, den es am schlimmsten erwischt hat, mal nach links, mal nach rechts. Immer wieder strauchelt er und landet dann in von Brennesseln durchsetztem Gestrüpp. Seine Zehen und Fersen sind aufgeplatzt und stehen unter Eiter. So ist es für die zahlreichen Blutegel ein Leichtes, sich ausgiebig mit Pits Blut vollzusaugen. Einziges Mittel, das Pit und Heinz gegen die Vampire hilft: Mit ihrem Feuerzeug machen sie ihnen den Hintern heiß. So quellen sie auf, platzen und lassen los.

Nachdem sie die Plagegeister wieder einmal losgeworden sind, gelingt es ihnen, ein paar Stunden zu schlafen. Am frühen Morgen gehen sie weiter. Am Nachmittag setzt der für diese Region übliche Regen ein, und so wird der 500 Meter hohe Aufstieg zur bewohnten Siedlung noch mühsamer. Auf einmal hören sie einen Zuruf – der Jäger ist wieder da! Er nimmt ihre Rucksäcke, packt obendrauf das geschossene Wild und geht voran. Die beiden folgen ihm mit vor Schmerzen zusammengebissenen Zähnen. Nach Stunden, die ihnen unendlich vorkommen, erreichen sie abends die kleine Siedlung.

Nach langen Palavern werden sie im Haus einer Familie aufgenommen und erhalten endlich etwas zu essen. Ausgehungert wie sie sind, verschlingen sie Unmengen von Reis, Linsen und Eiern. Als der Hunger gestillt ist, schlafen sie sofort ein.

Am kommenden Morgen macht sich der Bruder des Jägers auf den Weg, er läuft den ganzen Tag und die Nacht hindurch und es gelingt ihm, nach diversen Schwierigkeiten telefonischen Kontakt zu den Expeditionskameraden von Pit und Heinz aufzunehmen. Drei Tage später gibt es dann ein glückliches Wiedersehen in Kathmandu.

Die Familienangehörigen von Pit und Heinz haben inzwischen die Nachricht erhalten, dass die beiden verschollen, wahrscheinlich sogar tot sind. Pits Frau macht sich in ihrer Verzweiflung mit dem Gedanken vertraut, dass sie ihre beiden Kinder alleine wird durchbringen müssen. Da trifft am 4. Tag die erlösende Meldung ein, dass Pit und Heinz leben und bereits auf dem Weg nach Europa sind.

Damit findet die Geschichte – so könnte man meinen – ein glückliches Ende. Dem ist aber nicht so: Zurück in München muss Pit monatelang ins Krankenhaus und verliert trotz größter ärztlicher Fürsorge alle Zehen beider Füße. Wie er letzten Endes damit zurecht kommt, drückte er dem Autor gegenüber folgendermaßen aus:

„Meine fehlenden Zehen bereiteten mir die ersten vier bis fünf Jahre leichte Gleichgewichtsstörungen, vor allem aber ‚greißliche' Schmerzen. Inzwischen sind die Amputationsstellen aber abgehärtet; folglich habe ich keinerlei Schmerzen und Gleichgewichtsprobleme mehr, sowohl beim normalen Gehen wie auch beim Klettern und Skifahren."

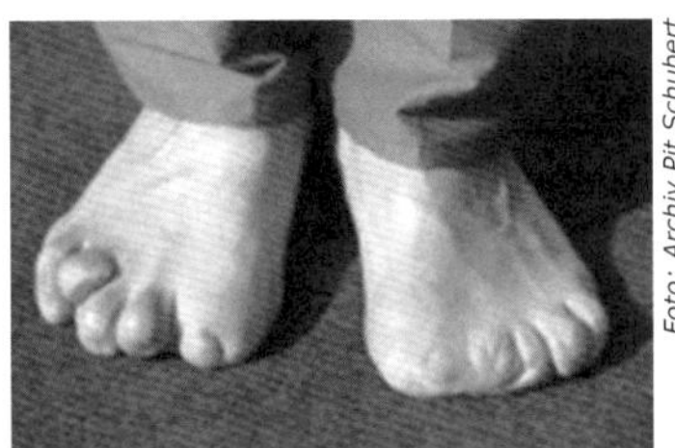

Foto: Archiv Pit Schubert

Die Füße von Pit Schubert nach den Amputationen

Immerhin aber gilt Pit als 60 % schwerbeschädigt und benötigt zum Klettern und Bergsteigen spezielle, kürzere Schuhe, die er sich Anfang der 80er Jahre bei einem Schuhmacher in der damaligen DDR anfertigen lässt.*

Pit Schubert – der „Sicherheitspapst"

Pit Schubert ist den meisten Bergsteigern als Sicherheitsexperte bekannt, als derjenige, der entscheidend dazu beigetragen hat, dass die Zahl der Unfälle von DAV-Mitgliedern deutlich zurückgegangen ist. Wie er in diese Rolle geriet, weiß von der jungen Generation allerdings kaum jemand. Deswegen soll hier kurz nachgezeichnet werden, wie sich die Situation im Herbst 1968 darstellte.

„Ehe wir hier auseinanderlaufen wie die Säue vom Trog, sollten wir Nägel mit Köpfen machen. Ich schlage vor, dass wir Pit Schubert zum Vorsitzenden des Sicherheitskreises machen. Wer ist dafür?" Kaum hat Toni Hiebeler diese Frage gestellt, gehen sofort unzählige Hände in die Höhe. „Und wer ist dagegen?" Nur eine Hand erhebt sich, die von Pit Schubert. „Also Pit, da wirst du wohl in den sauren Apfel beißen müssen!", meint Toni mit einem Lächeln und alle anderen klatschen Beifall.

So lauteten die entscheidenden Sätze, als sich im Oktober 1968 etwa 60 Extrembergsteiger auf die Initiative von Manfred Sturm in der Zentrale des DAV in München zusammengefunden hatten. Anlass für dieses Treffen waren mehrere tödliche Unfälle von Spitzenbergsteigern, die wahrscheinlich durch besseres Material oder geeignetere Sicherungsmethoden hätten vermieden werden können.

**Auch Oswald Oelz trägt auf Empfehlung von Pit Schuhe des gleichen Schuhmachers.*

„Es ist an der Zeit, unser Material und auch unsere Sicherungsmethoden – wie beispielsweise die gute alte Schultersicherung – auf den Prüfstand zu stellen. Seit 10 Jahren schießen wir Satelliten ins All, im kommenden Jahr planen die Amerikaner die erste Mondlandung, und wir verwenden noch immer Eispickel mit Holzschäften. Da muss sich etwas ändern – wir müssen unser Material mit wissenschaftlichen Methoden überprüfen!“, meinte Manfred Sturm in seinen einleitenden Worten.

Das am 28. Oktober 1968 gegründete Gremium, der so genannte Sicherheitskreis des DAV, umfasst insgesamt 9 Mitarbeiter. Alle arbeiten aber, neben ihrem normalen Beruf, auf ehrenamtlicher Basis. Dies gilt auch für Pit, den Leiter. Da das Arbeitsvolumen ständig wächst und vielfach nur am Feierabend, in Nachtschicht oder manchmal sogar am Wochenende zu bewältigen ist, wird im Frühjahr 1978 vom DAV eine hauptamtliche Stelle für die Sicherheitsforschung geschaffen, der Pit bis zu seiner Pensionierung im Jahre 2000 vorstehen sollte. Das Hauptarbeitsgebiet des Sicherheitskreises definieren seine Mitglieder wie folgt: „Analyse und Prophylaxe von Berg- und Kletterunfällen sowie Prüfung von alpintechnischer Ausrüstung und deren Normung“.

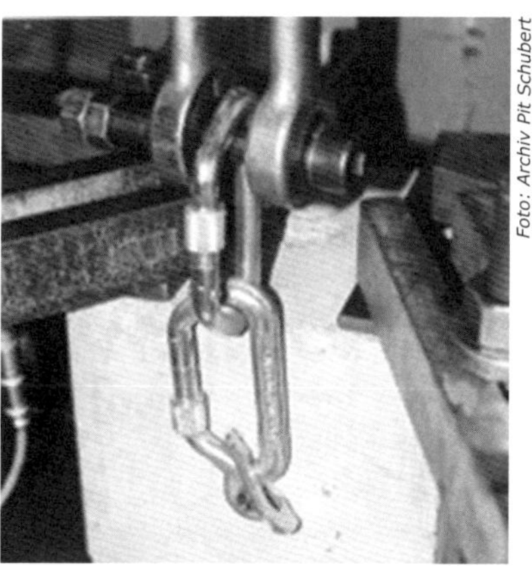

Foto: Archiv Pit Schubert

Bohrhakentest im Prüflabor

Ab November 1968 stürzt sich Pit in die Arbeit – und dies keineswegs mit der anmaßenden Haltung, selber immer alles richtig gemacht zu haben. Freimütig erzählt er beispielsweise folgende Episode: „Es war bei einer frühen Wiederholung des Schmuckkamins an der Fleischbank-Ostwand mit Klaus Werner. Ich führte die schwierige Kaminseillänge und fand nach 40 Metern keinen Stand. Trotzdem rief ich: ‚Klaus, komm nach!‘ Zwischen uns ein einziger von unten nach oben geschlagener Haken am Überhang. Ich hatte mindestens noch acht Meter zu klettern, mit Klaus gleichzeitig. Und wir hatten Glück, es ging gut!“

Als erstes nimmt der Sicherheitskreis Bergseile unter die Lupe. Die damalige UIAA-Norm sieht vor, dass Seile mindestens zwei Normstürze überstehen müssen. In beharrlicher Überzeugungsarbeit gelingt es Pit, diese Norm kontinuierlich anzuheben; heute sieht die UIAA-Norm fünf Normstürze vor. Wenn das Wort „Norm“ bei der Arbeit des Sicherheitskreises immer wieder auftaucht, dann deshalb, weil wissenschaftlich fundierte Ergebnisse nur dann möglich sind, wenn die Testbedingungen reproduzierbar sind und bestimmte Normen festgelegt werden.

In der Folgezeit wird in oft aufwendiger und zeitraubender Arbeit die übrige Alpinausrüstung überprüft wie z.B.: Kletterhelme, Felshaken, Karabiner, Anseilgurte, Eisgeräte, Eisschrauben oder Steigeisen.

Da die Arbeit in engem Kontakt mit der UIAA erfolgt, erhalten die Materialen dann nach bestandenem Test in aller Regel das UIAA-Gütesiegel. Und die Hersteller von Alpinausrüstung ziehen in den meisten Fällen mit – auch wenn die Weiterentwicklung und Verbesserung der Materialien kostenintensiv ist. Die Mehrkosten werden aber weitgehend dadurch ausgeglichen, dass sich das UIAA-Gütesiegel als enorm verkaufsfördernd erweist.

Besondere Aufmerksamkeit widmet Pit klassischen Felsrouten, in denen die Haken, überwiegend Normalhaken, bereits seit Jahrzehnten stecken und denen die meisten Bergsteiger immer noch vertrauen. Die Untersuchungen ergeben aber, dass viele dieser „Rostgurken“ im Falle eines Sturzes ein erhebliches Sicherheitsrisiko darstellen. Also machen sich Pit und seine Helfer daran, die unsicheren Haken durch hochwertige Bohrhaken zu ersetzen. Diese Tätigkeit wird nach und nach zu einem der Arbeitsschwerpunkte von Pit.

Puristen wie Reinhold Messner kritisieren allerdings das Sanieren von Alpenklassikern, weil das „das Abenteuer kaputtmacht“, weil das dann „kein Alpinismus mehr ist“. Diese Meinung wird aber von der großen Mehrzahl der Bergsteiger nicht geteilt, ganz im Gegenteil, sie sind dem Sicherheitskreis dankbar für dessen unermüdliche Sanierungstätigkeit. Inzwischen wurden in Klettergärten und im Gebirge an die 10 000 alte Haken entfernt und durch Bohrhaken ersetzt.

Seit Beginn seiner Arbeit im Sicherheitskreis weist Pit aber auch immer wieder darauf hin, dass bestmögliches Material allein keine Garantie für Sicherheit am Berg darstellt. Als logische Konsequenz startet er eine systematische Kampagne gegen nahezu alle verhaltensbedingten Unfallursachen.

So beschäftigt er sich beispielsweise in langen Versuchsreihen mit der Mitreißgefahr im vergletscherten Hochgebirge, die lange Zeit vollkommen falsch eingeschätzt wurde.

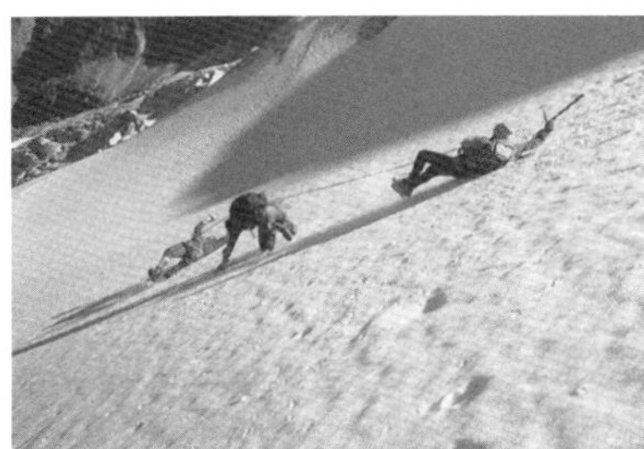

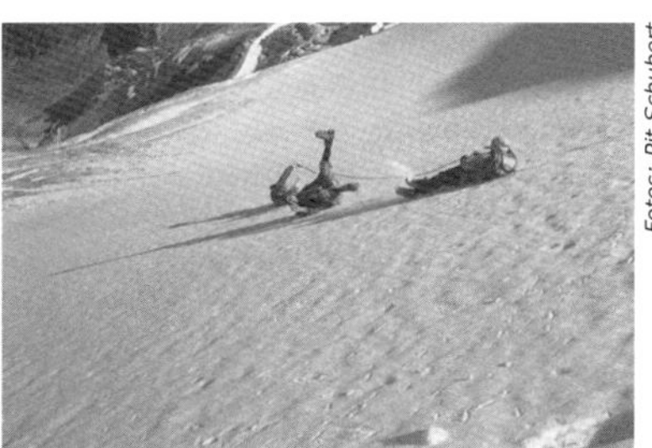

Fotos: Pit Schubert

Die oft unterschätzte Mitreißgefahr im Hochgebirge im Praxisversuch auf einem harten Firnhang von nur 26 Grad Neigung

Oft genug wurden Unfälle dieser Art dem Schicksal zugesprochen. Wenn man an die unzähligen Seilschaften mit oft wenig geübten Bergsteigern denkt, die im Sommer auf vergletscherten Normalwegen unterwegs sind, dann ist es beinahe erstaunlich, dass nicht noch viel mehr schwere Unfälle passieren. Dies ist zum Großteil sicher darauf zurückzuführen, dass Mitreißunfälle meist beim Abstieg, also in der Mittagszeit passieren. Der Firn ist dann in der Regel bereits von der Sonne aufgeweicht und ein Sturz damit leichter abzubremsen.

Ganz anders sieht dies bei härterem Firn und zunehmender Hangneigung aus. Stürzt hier ein Mitglied einer gleichzeitig gehenden Seilschaft, dann werden in der weitaus größten Zahl der Fälle die übrigen Seilpartner mitgerissen. Der Mensch als Zweibeiner hat nun einmal wenig Standfestigkeit und es genügen bereits geringe Zugkräfte, um ihn umzureißen. Dies ergeben alle Untersuchungen des Sicherheitskreises ganz eindeutig, auch wenn sie mit „gestandenen Mannsbildern" wie Heeresbergführer-Anwärtern durchgeführt werden.

Pit sagt zur Mitreißproblematik: „Der Mitreißgefahr kann man nur durch Sichern an einem Fixpunkt (z.B. Eisschraube oder eingegrabener Eispickel als T-Anker) begegnen. Und wer meint, dass man dann unwahrscheinlich viel Zeit verliert, dem kann ich nur entgegnen: Es ist besser, Zeit zu verlieren als das Leben!"

Seine unermüdliche Arbeit für mehr Sicherheit am Berg bezahlt Pit auch zweimal mit Verletzungen bzw. bleibenden gesundheitlichen Schäden. So bricht er sich die große Zehe, als er bei einer Sicherungstagung der UIAA die Gefahr einer zu langen Selbstsicherung demonstrieren will. Und noch schwerwiegender: Als er dabei ist, Untersuchungen zu Fangstoßkräften anzustellen, zieht er sich eine irreversible Wirbelverletzung im Lendenbereich zu. Mit seinem typischen Galgenhumor kommentiert Pit diese Vorkommnisse heute: „Für die Wissenschaft müssen halt Opfer gebracht werden!"

Während seiner 32-jährigen Tätigkeit für den DAV publiziert Pit über 200 Fachaufsätze zum Thema „Sicherheit am Berg", die teilweise in 12 Sprachen übersetzt wurden.

In seiner Trilogie „Sicherheit und Risiko in Fels und Eis", erschienen im Bergverlag Rother, fasst Pit die Ergebnisse der Arbeit des Sicherheitskreises zusammen und stellt sie mit vielen Zeichnungen und Fotos so anschaulich und überzeugend dar, dass diese Bücher zur Pflichtlektüre jedes Bergsteigers gehören sollten.

Zusätzlich zu seiner Arbeit im DAV-Sicherheitskreis ist Pit auch Mitglied der Sicherheitskommission der UIAA und von 1996 bis 2004 deren Präsident. Er setzte hier besondere Akzente im Bereich der Normung, die „natürlich immer etwas hinter dem augenblicklichen Stand der Technik hinterherhinkt – nur darf dieses Hinterherhinken nicht allzu lange dauern" (Pit Schubert).

Da die jahrzehntelange und weit über den deutschen Sprachraum bekannte Arbeit von Pit überall große Anerkennung fand und noch immer findet, ist es eigentlich selbstverständlich, dass er zahlreiche Auszeichnungen erhielt, u.a. das Bundesverdienstkreuz, die Ehrenmitgliedschaft der UIAA, des polnischen und akademischen tschechischen Alpenvereins, die „König-Albert-Verdienstmedaille" und den „Dietmar-Eybl-Preis für Sicherheit am Berg".

So sehr sich Pit über diese Auszeichnungen freut, sein schönster Lohn ist sicher, dass er mit seiner Tätigkeit dazu beiträgt, die Sicherheit am Berg deutlich zu erhöhen und zahlreiche Bergsteiger vor schweren Unfällen zu bewahren.

Trotz seines ständigen Engagements im Sicherheitskreis und in der UIAA-Sicherheitskommission findet Pit dennoch Zeit für Erstbegehungen und Wiederholungen schwierigster Kletterrouten. So gelingt ihm 1975 mit Udo Pohlke die erste Begehung der „Neuen Ostwand" an der Fleischbank im Wilden Kaiser, nach Aussage eines Wiederholers ein „Schmankerl ersten Grades". Unter den unzähligen schwierigen Klettertouren – vor allem in den 70er Jahren – stechen besonders hervor: die Livanosverschneidung an der Cima Su Alto, die Ostwand (Da Roit-Gabriel) an der Cima del Bancon, die „Maestri-Baldessari" an der Westwand der Rotwand oder die Südwestwand (Lacedelli-Ghedina) der Cima Scotoni.

Seine Bemühungen um mehr Sicherheit am Berg setzt Pit auch nach seiner Pensionierung im Jahre 2000 fort. Vor allem im Wilden Kaiser und im Oberreintal saniert er fast alle klassischen Routen – vom IV. bis hin zum VII. Grad. Und 2002, also mit 66 Jahren, macht er während seiner Sanierungsarbeiten im Oberreintal eine Erstbegehung in der Westwand des Unteren Berggeistturms. Er nennt diese Route im V. Grad mit einem Augenzwinkern „Altherrenpartie".

Pit Schubert – jenseits von Normen und Bruchlasten

Nach der Lektüre des vorangehenden Kapitels über Pit, den „Sicherheitspapst", mag leicht der Eindruck entstehen, Pit sei ein todernster Mensch, der sich nur für Zerreißtests, Fallversuche und strengere Normen interessiert. Besonders in seiner Jugend aber war Pit für jede Gaudi zu haben, und in den Bergen war er ein „wilder Hund“, vor allem in der gemeinsamen Zeit mit Klaus Werner zwischen 1963 und 1975.

In den sechziger Jahren sind die beiden ständig mit Pits Motorrad in den Bergen unterwegs. Da sich auf einem Zweirad nicht viel unterbringen lässt, legt er sich bald eine Beiwagenmaschine zu. Aus dem Beiwagen montiert er zwecks Platzgewinnung den Sitz heraus und damit bei Regen das Wasser ablaufen kann, schlägt er einige Löcher in den Boden. Die gesamte Ausrüstung wird dann im Beiwagen verstaut und los geht`s Richtung Alpen, natürlich mit Klaus auf dem Sozius.

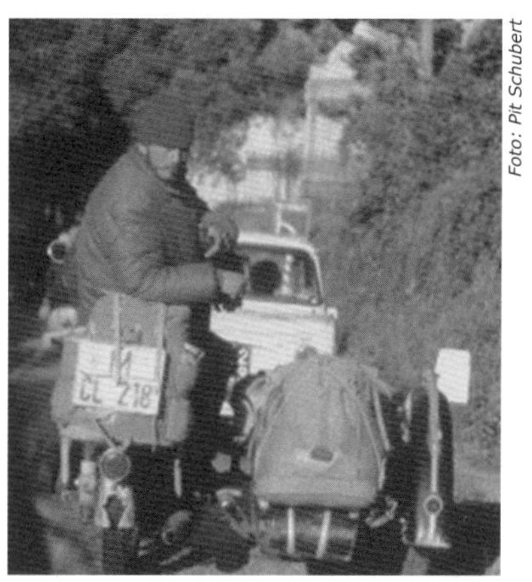

Foto: Pit Schubert

Mit Klaus Werner auf dem Sozius Richtung Alpen

Pit und Klaus haben bei fast keiner ihrer Touren einen Rucksack dabei, das Kletterzeug tragen sie am Klettergürtel und um die Schultern. Der Biwaksack und eine Tafel Schokolade finden unterm Hemd am Rücken Platz. Auch bei einem geplanten Biwak nehmen sie meist keinen Rucksack mit – warum auch? Ersatzwäsche, Daunenjacke, Verpflegung, Kocher, Essgeschirr – das alles ist für sie überflüssiger Ballast.

Bei einer ihrer ersten gemeinsamen Touren, der Delagoturm-Nordwestwand, geraten sie gleich in eine „saugefährliche“ Situation – wie Pit sich gern ausdrückt. Klaus im Vorstieg findet nach 40 Metern keinen Stand und ruft zu Pit hinunter: „Komm schnell nach, ich kann mich nicht mehr lange halten!“ Zwischen den beiden steckt ein einziger Haken. Pit steigt rasch nach und Klaus findet glücklicherweise nach wenigen Metern einen guten Standplatz!

Bei der 4. Begehung der „Philipp-Flamm“ an der Punta Tissi (Civetta), mit ihren 1200 Höhenmetern damals die gewaltigste Route in den Ostalpen, erleben sie eines ihrer wildesten Abenteuer. Von den 87 Haken der Erstbegeher stecken im Jahre 1963 nur 26 und die beiden haben nur wenige Haken dabei! Pit erzählt: „Nach 25 Metern ohne Haken kam ein Überhang mit einem Haken. Ich hing die Trittleiter ein und turnte hinauf. Beim Nachziehen der Leiter kam diese – mitsamt dem Haken! Aber mit meinen 27 Jahren beeindruckte mich das überhaupt nicht. Weiter oben führte Klaus. An einem Überhang steckte er – weil wir keinen Haken mehr hatten – den Hammerstiel (er war natürlich noch aus Holz) in einen Querriss, hing die Leiter darüber und kletterte hinauf."

Eher lustig ist im Nachhinein folgende Episode: Pit und Klaus wollen sich die zweite Begehung der „Erdenkäufer-Sigl" an der Nordwand der Laliderer Wand holen. Bei unsicherem Wetter steigen sie in die Wand ein. Ein Biwak haben sie eingeplant – den Biwaksack haben sie dabei, aber keine Daunenbekleidung. Die ganze Nacht über schneit es, und am nächsten Morgen sind sie von einer Winterlandschaft umgeben. Da gibt es nur eine Lösung: Rückzug! Zweimal lassen sich die Seile nicht abziehen, also prusikt Pit wieder hinauf. Vor dem zweiten Mal aber sind seine Finger vollkommen gefühllos. Mit einem Schmunzeln erzählt Pit später: „Ich bat den Klaus, mir das Hosentürl zu öffnen (mit meinen kalten Bratz`n schaffte ich das nicht mehr), dann pinkelte ich mir über die Finger. Der Wärmeschock von 37° C brachte mir das Gefühl zurück und ich konnte hinaufprusiken. Schließlich sind wir gut unten angekommen."

Manchmal sind die Bedingungen am Berg aber ideal, wie einmal mit Elmar Landes und Uli Limmer im Wilden Kaiser. Uli hat seine Ziehharmonika dabei und während des Aufstiegs im Dülferriss zwischen Fleischbank und Christaturm legen die drei immer wieder Pausen ein – und dann geht`s los mit Ländlern, Stanzerln und Gejodel. Das Publikum am Ellmauer Tor kann gar nicht genug davon haben und fordert immer wieder begeistert Zugaben!

Drei Senioren in der Fleischbank-Ostwand

Während seiner Tätigkeit in der UIAA-Sicherheitskommission lernt Pit auch zwei Italiener kennen, Carlo und Giuliano. Die beiden sind immer noch eifrig auf Klettertouren in den heimatlichen Bergen unterwegs, obwohl Carlo inzwischen 73 Jahre alt ist und Giuliano nur wenige Jahre jünger. Im Sommer 2004, Pit zählt inzwischen 68 Lenze, unterhalten sich die drei in einem Gemisch aus Deutsch und Englisch über Hans Dülfer und seine für die damalige Zeit revolutionären Erstbegehungen im Wilden Kaiser. Spontan lädt Pit die beiden zu einer Klettertour in den Wilden Kaiser ein. Carlo und sein Freund sind sofort hellauf begeistert und schlagen vor, doch am besten eine Dülfer-Route zu begehen. „Warum nicht die Fleischbank-Ostwand?", meint Pit. Er erzählt ihnen kurz von den Versuchen vor der Erstbegehung durch Hans Dülfer und Werner Schaarschmidt. „Ja, die Wand war schon heißbegehrt, bevor Dülfer und Schaarschmidt am 5. Juni 1912 dann der große Wurf gelang", erzählt Pit weiter, „damals die schwierigste Route im Kaiser."

Als Pit mit den beiden Italienern am Fuß der Ostwand steht, kommen ihm doch so einige Bedenken. Er hat nämlich inzwischen erfahren, dass Carlo ein künstliches Hüftgelenk hat. „Wenn der mal beim Spreizen keine Probleme bekommt!“, geht es ihm durch den Kopf. Obwohl er selber ja auch nicht mehr gerade zu den Allerjüngsten gehört, fühlt er sich doch vollkommen fit und den Schwierigkeiten der Route mehr als gewachsen. Er hat die „Dülfer“ viele Male begangen und zuletzt – wie in den allermeisten klassischen Kaiser-Führen – an allen Standplätzen die alten, verrosteten Standhaken entfernt und dafür sichere Bohrhaken gesetzt.

Die Führe beginnt mit einer längeren Rechtsquerung im II. und III. Schwierigkeitsgrad. Pit beobachtet seine beiden Seilgefährten; sie folgen rasch nach und scheinen gut mit dem Kaiser-Fels zurechtzukommen. In der sechsten Seillänge wartet dann die erste Sechser-Stelle (VI-) und auch die überwinden die Italiener überraschend sicher und schnell, auch Carlo mit seiner Prothese. Beim Nachsichern der beiden hat Pit seine eigene Methode, die er so beschreibt:

„Wir verwendeten keine Seilkommandos, wie ich dies schon seit Jahrzehnten mache. Wenn ich Stand bezogen habe, zieh ich nur am dunkleren Seil einen guten Meter ein (immer Zwillingsseil, außer in der Kletterhalle), dann wissen die Kameraden unten, dass ich Stand habe; sie geben die Seile auf, ich zieh sie ein – und wieder ist kein Seilkommando notwendig, denn wenn die Seile aus sind, merke ich dies ja, weil ich sie nicht mehr weiter einziehen kann; ich lasse die Seile danach wieder etwas nach, lege sie in die Sicherung ein und ziehe sie ein – das ist das Kommando, dass der / die Seilpartner nachkommen können; sie hängen ihre Selbstsicherung aus und kommen nach. Ich mache dies schon seit gut drei Jahrzehnten so, weil die Schreierei über größere Entfernungen nicht gerade angenehm ist, und wenn die Route um eine Kante führt - und vor allem bei Wind oder gar Sturm - man meist die Seilkommandos sowieso nicht hört. Ich und meine Seilpartner hatten damit nie Probleme. Natürlich war jeder Seilpartner, dem ich dies das erste Mal beigebracht habe, etwas verunsichert, doch nach wenigen Seillängen war die Unsicherheit überwunden, und er machte es künftig genauso.“

Die beiden Seilquergänge in der „Dülfer“ sind für unsere drei Senioren kein Problem. Sie spulen Seillänge um Seillänge ab. Die zwei Schlüsselseillängen im VI. Grad befinden sich im oberen Wandteil, womit die beiden Italiener gar nicht mehr gerechnet hatten; also müssen sie jetzt doch noch einmal etwas fester hinlangen. Der Rest ist leichte Kletterei, und die noch folgenden 100 Höhenmeter am Nordgrat sind zwar ausgesetzt, aber im Vergleich zu den Schwierigkeiten in der Wand doch eher ein besserer Spaziergang – jedenfalls für Kletterer ihres Niveaus.

Am Gipfel ist die Freude groß, die beiden Italiener sind glücklich, dass sie eine Dülfer-Führe kennenlernen durften und danken Pit überschwänglich. Das freut ihn natürlich, auch wenn er die Route schon so oft begangen hat, dass er beinahe jeden Griff und Tritt auswendig kennt.

Der Abstieg über den Herrweg verläuft ohne Zwischenfälle und so könnten die drei eigentlich mit einem Lächeln auf den Lippen den Heimweg antreten. Aber dann wird ihre Freude doch noch durch ein trauriges Ereignis getrübt. Schon von weitem sehen sie eine Gruppe von Kletterern, die sich um eine am Boden liegende Person bemühen. Als sie schließlich auf ihrer Höhe ankommen, sehen sie, dass der Kopf des am Boden liegenden Kletterers vollkommen zertrümmert ist. Er hatte keinen Helm getragen, war von einem großen Stein direkt am Kopf getroffen worden und hatte deswegen keine Überlebenschance.

Eigentlich wollte Pit die beiden Italiener noch in seine Wohnung in Niederndorf zu einem Glas Wein einladen, aber zum Feiern ist jetzt niemandem zumute. Und so verabschieden sich Carlo und Giuliano und treten die lange Heimreise an.

Rentnertour am Plombergstein

Die Jahre und Jahrzehnte vergehen und die Reihen um Pit lichten sich, etliche seiner Seilpartner kommen in den Bergen ums Leben oder sterben eines natürlichen Todes. Da er – insbesondere auch durch den Sicherheitskreis - viele Bergsteiger kennengelernt hat, findet er dennoch immer wieder Kameraden, die ihn auf seinen Klettertouren begleiten. Natürlich sind die Ziele als 70- oder 80-Jähriger nicht mehr so anspruchsvoll wie Jahrzehnte zuvor. Oft fährt er ins Salzburgerland und begeht dort meist 5-Seillängen-Routen bis zum VI. Schwierigkeitsgrad.

Im Juli 2017 hat er sich mit Mani Sturm verabredet. Ihr Ziel ist der «Juniperus». Pit hat diese Route bereits vor mehr als 20 Jahren entdeckt und seitdem sicher mehr als hundertmal begangen. Da er hier jeden Griff und Tritt kennt, ist er vollkommen entspannt. Der Ehrgeiz, der ihn in jungen Jahren zu immer schwierigeren Touren getrieben hatte, ist ohnehin längst vorbei.

Vom Parkplatz am Wolfgangsee ist es nicht besonders weit zum Felsaufbau des Plombergsteins (830 m). Zu viert machen sie sich gemächlich auf den Weg. Mit von der Partie sind noch Manis Frau Christa und ein gemeinsamer Freund, Günter Schweißhelm.

Während des Zustiegs fällt Mani eine Frage ein, die er Pit schon seit langem stellen will: „Du, welche Route hast du eigentlich mit Klaus Werner gemacht, als wir uns 1970 am Ombretta-Biwak getroffen haben?“ (s. Porträt von Manfred Sturm). Pit bleibt stehen, um nachzudenken, sagt dann aber, beinahe verzweifelt: „Du, ich weiß es nicht mehr. Das ist schon so lange her!“ „Das geht in unserem Alter doch allen so; vermutlich weiß man vieles noch – man muss nur die richtige Schublade ziehen“, meint Günter mit einem verschmitzten Lächeln.

Die erste Seillänge beginnt gleich mit einem Überhang und auch darüber sieht es steil aus. Aber aus vielen Kletterjahren wissen unsere Oldies, dass sich so manche Schwierigkeit bei näherer Betrachtung von alleine auflöst. Und so finden sie auch in der von unten völlig glatt wirkenden großen Platte genügend Griffe, die das Klettern zur puren Freude machen. Es braucht nicht viele Worte; sie kennen sich alle schon so lange und wissen um die Qualitäten der anderen. Selbst die sonst üblichen lauten Kommandos wie „Stand!" oder „Nachkommen!" sind bei ihnen überflüssig. Wer je mit Pit geklettert ist, weiß das und stellt sich problemlos darauf ein.

Die anderen schauen Pit zu, wie er die steilen Felsen emporturnt. Obwohl er seit Monaten nicht mehr beim Klettern war, zeigen sich besonders an den schwierigen Stellen seine jahrzehntelange Erfahrung und das alte Talent. In der vierten Seillänge folgt ein etwas heikler Spreizschritt und Pit will Günter einen Tipp geben, wie er die Stelle am besten klettert, aber der hat seine eigene Technik und ist im Nu darüber hinweg. Bald haben auch Mani und Christa diese Passage gemeistert und nach gut zwei Stunden sind alle glücklich am Gipfel vereint. Sie lassen den Tag in einem nahe gelegenen Restaurant bei riesigen Eisbechern ausklingen und genießen noch lange den herrlichen Blick auf den Wolfgangsee.

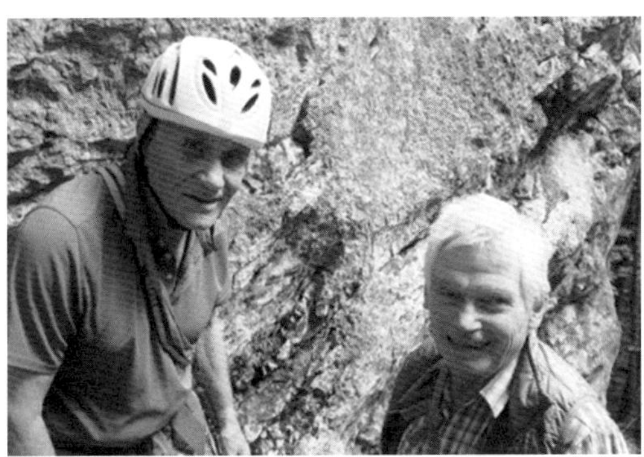

Foto: Archiv Pit Schubert

Pit Schubert (links) und Manfred Sturm am Juniperus

Allen Bergsteigern, die wie Pit und Mani die 80 überschritten haben und möglicherweise hin und wieder daran denken, dass ihnen nicht mehr sehr viel Zeit bleibt, möchte man die folgenden Strophen mit auf den Weg geben. Sie stammen aus dem Lied „In 50 Jahren ist alles vorbei" des Humoristen Otto Reutter und werden hier in leicht abgewandelter Form wiedergegeben:

„Und fürchte dich nie, ist der Tod auch nah,
Je mehr du ihn fürchtest, um so eh`r ist er da.
Vorm Tod sich fürchten, hat keinen Zweck.
Man erlebt ihn ja nicht, wenn er kommt, ist man weg.
Und irgendwann kommen wir all` an die Reih`
Und in fünfzig Jahren ist alles vorbei.

Drum: Kannst du noch wandern, dann bleib nicht zu Haus,
Und kannst du noch klettern, dann nutze es aus!
Und freu dich hier unten im Erdenlicht.
Wie`s unten ist, weißt du – wie`s oben nicht.
Nur einmal blüht im Jahre der Mai,
Und in fünfzig Jahren ist alles vorbei."

In einem Interview sagte Pit kürzlich: „Wenn ich noch einmal auf die Welt kommen würde, würde ich es genau wieder so machen. Ich würde wieder Bergsteiger werden und mich mit Sicherheitsproblemen auseinandersetzen – schließlich will auch ich am Berg überleben."

Pit Schubert

geboren am 02.12.1935 in Breslau, Schlesien

Auszug aus seinem Tourenbuch:

1960 Rotwand, SW-Wand, Hasse-Brandler, VI, Rosengarten, Dolomiten
1961 Große Zinne, direkte Nordwand, Hasse-Brandler, VI, A 3, Drei Zinnen, Dolomiten
1961 Westliche Zinne, Nordwand, Schweizer Weg, VI, A 3, Drei Zinnen, Dolomiten
1962 Matterhorn, Nordwand, Schmid-Führe, IV-V, Wallis
1962 Walkerpfeiler, VI, Grandes Jorasses, Montblanc-Gebiet
1963 Marmolada, Südwand, dir. Südpfeiler, Scheffler/Uhner, VI, (Zweite Begehung), Dolomiten
1964 Eiger-Nordwand, Heckmair-Route, V, Berner Oberland
1965 Petit Dru, Bonatti-Pfeiler, VI, A 2, Montblanc-Gebiet
1967 Petit Dru, direkte Nordwand (zweite Begehung), VI, Montblanc-Gebiet
1973 Cima del Bancon, Ostwand, Da-Roit-Führe (10. Begehung), VI+, Civetta, Dolomiten

PS: Im Original heißt es statt
„Drum: Kannst du noch wandern, dann bleib nicht zu Haus,
Und kannst du noch klettern, dann nutze es aus."
folgendermaßen:
„Drum: Und hast du noch Wein, dann trink` ihn aus,
Und hast du ein Mädel, dann bring es nach Haus."

KAPITEL 7

Walter Spitzenstätter

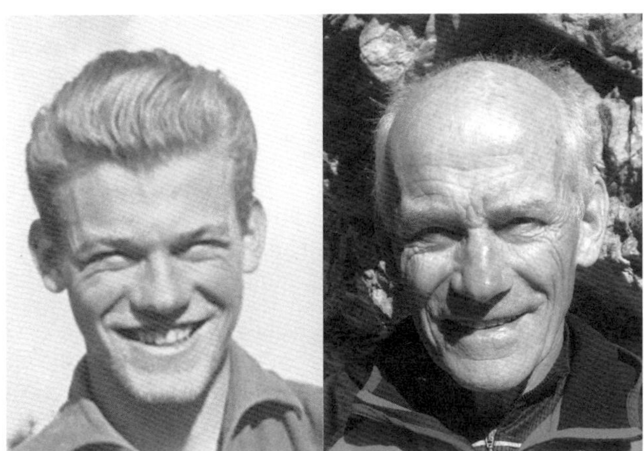

Walter Spitzenstätter mit 20 und mit 75 Jahren
Fotos: Archiv Walter Spitzenstätter

„In den 50er und 60er Jahren hatten wir nur 14 Tage Jahresurlaub und mussten am Samstag bis 18 Uhr arbeiten“, erwähnt Walter Spitzenstätter in einem Gespräch mit dem Autor. „Und von 1990 bis 2001 hatte ich praktisch zwei Berufe: Als Optikermeister arbeitete ich in einem großen Optikerbetrieb und zusätzlich noch in unserem Familienunternehmen ‚Videopool‘, für das ich vor allem in den Bereichen Buchhaltung und Rechnungswesen tätig war. Diese Doppelbelastung war meist nur in nächtelanger Arbeit zu bewältigen.“

Wie Walter es dennoch schaffte, in diesen Jahrzehnten unzählige schwierigste Unternehmungen in den Bergen durchzuführen, ist wohl nur mit seinem unbändigen Tatendrang und seinem großen Bewegungstalent zu erklären. Und außerdem: Im Unterschied zu vielen anderen Spitzenbergsteigern wie beispielsweise Peter Habeler oder Reinhold Messner, die bereits als Sechs- oder Siebenjährige erste Bergerfahrungen sammelten, stieg Walter erst mit 14 Jahren ins Klettern ein. Innerhalb weniger Jahre machte er aber so große Fortschritte, dass er bereits 1958 als 17-Jähriger eine große Erstbegehung auf seinem Konto hatte, die Direttissima der Scharnitzspitze-Südwand.

Als ihn Helmut Baldauf aus Telfs auf diese Erstbegehung anspricht, ist Walter zunächst mehr als skeptisch: „Ich hab` doch keine große Klettererfahrung“, versucht er Helmut davon zu überzeugen, dass das noch eine Nummer zu groß für ihn ist, aber Helmut wischt alle Einwände beiseite: „Ich weiß doch, wie gut du kletterst, du bist der richtige Mann für mich!“

Helmut kennt die Wand bereits zur Hälfte, der Weiterweg erschien ihm bei seinen bisherigen Versuchen allerdings schleierhaft. Die beiden machen aus, dass Helmut den ersten Teil führt, dann soll Walter nach einer Möglichkeit suchen, die darauffolgende sehr brüchige und steile Wand zu überlisten.

Als Walter dann nach der ersten Wandhälfte vorsteigt, ist er zunächst doch sehr beeindruckt, denn es geht gleich ordentlich zur Sache. Vor allem die abstehende Platte, die fürchterlich hohl klingt, auch wenn man sie nur leicht anstößt, lässt doch etliche Zweifel in ihm aufkommen, ob er sie wirklich voll belasten kann. Mit angehaltenem Atem schleicht er sich darüber hinweg – uff, das wäre geschafft! Nun nimmt er nach einer sieben Meter langen Querung eine gelbe Wandstelle in Angriff. Hier beginnt jetzt wirklich Neuland und beinahe ehrfurchtsvoll bewältigt Walter die ersten Meter. „Du bist der erste Mensch, der hier klettert!“, sagt er sich mehrfach, „noch nie hat ein anderer Kletterer diese Griffe und Tritte berührt.“ Er schlägt mehrere Haken und schafft schließlich diese Problemstelle, an der Helmut mehrfach gescheitert war.

Mit einem breiten Grinsen lässt er Helmut nachkommen und klettert anschließend in einem Risssystem weiter bis auf den Kopf eines Pfeilers, direkt unter dem Gipfel. Die letzte Seillänge hat es dann richtig in sich und Walter muss noch einmal alles geben, ehe er nach bangen Minuten direkt am Gipfel aussteigt. Stolz erfüllt die beiden, als sie sich am höchsten Punkt glücklich die Hände reichen. Und ihr Stolz wurde im Nachhinein sicher noch größer, als Walter Pause ihre Neuroute mehrere Jahre später in sein Buch „Im extremen Fels“ aufnahm. Er stufte darin die 260 Meter hohe Führe mit VI-, A1 ein.

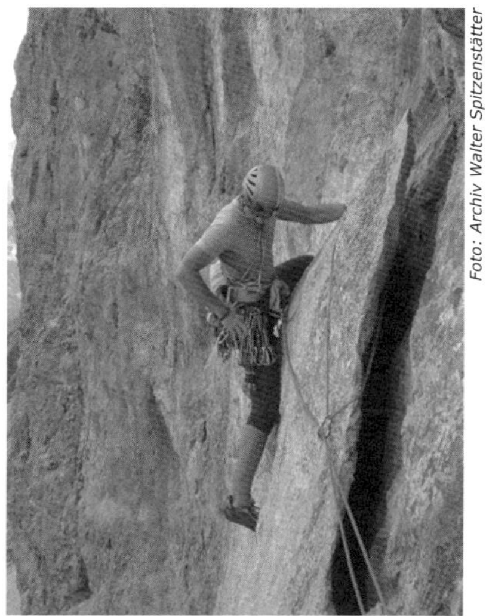

Foto: Archiv Walter Spitzenstätter

Die ominöse abstehende Platte bei einer späteren Begehung

Die Ziele von Walter werden nun immer anspruchsvoller. Noch im gleichen Sommer durchsteigt er die Nordverschneidung (Rebitsch/Lorenz) in der Lalidererspitze-Nordwand und die Dachl-Rosskuppe-Nordverschneidung. Beide Routen wurden damals mit VI+ bewertet. Ein Jahr später geht es durch die Direttissima (Hasse/Brandler) der Nordwand der Großen Zinne und im Sommer 1960 - Walter ist erst 19 Jahre alt – führt er die 10. Begehung des Bonattipfeilers am Petit Dru durch.

Am Bonattipfeiler

„Die nächste Steigerung beim Klettern hatte sich schon in meinem Kopf festgesetzt“, schreibt Walter, „in den Westalpen im Granit an einem mächtigen Berg zu klettern, das war mein großer Traum. Friedl Purtscheller, der Mineraloge, war mit seinem Kollegen Egon Horak im Sommer im Mont-Blanc-Gebiet auf Forschung unterwegs und wollte gerne eine schneidige Tour mit mir unternehmen. Wir hatten vereinbart, uns in Chamonix zu treffen, aber ohne Handy, ohne Adresse kam es, wie es kommen musste: Wir fanden uns nicht. Nur durch Zufall trafen wir dann beim Einkaufen zusammen und konnten unser geplantes Abenteuer angehen.

Mit ‚Puti', wie wir den Friedl nannten, stieg ich von Montenvers zum Grand Rognon auf, wo wir biwakierten. Am nächsten Morgen ging's dann durch das steile Couloir unter den Flammes de Pierre hinauf zum Einstieg. Anfangs eine harte Firnauflage, dann teils blankes Eis - ohne Steigeisen wäre hier nichts zu machen gewesen, ein wahrhaft ernstes Westalpencouloir. Jedenfalls waren wir sehr beeindruckt von dem tollen Tiefblick auf das 1000 Höhenmeter tiefer liegende Montenvers, als wir endlich am Einstieg waren. Puti, der Eisspezialist, war im Couloir der große Meister, jetzt an dem Fels durfte ich vorausklettern.

Schon an den ersten beiden Seillängen erkannten wir, wie schlecht die Verhältnisse waren. Dünnes Wassereis überzog immer wieder den Fels, in den Rissen lag Schnee und Sicherungspunkte waren nur sehr spärlich vorhanden. Vor allem aber spürten wir die 15 kg, die jeder von uns am Rücken hatte. Wir hatten auch etliche Haken mit und 3 Holzkeile, ein schönes Geklimper, aber all dieses Material war wichtig, um uns den Durchstieg bis zum Gipfel zu ermöglichen. Besonders benötigt wurden U-Haken, die in den parallelen Granitrissen meistens gut zu platzieren waren. Wenn der Riss breiter wurde, musste immer wieder einmal ein Holzkeil herhalten, der manchmal die einzige Lösung für die Überwindung einer heiklen Stelle darstellte.

1955 hatte Walter Bonatti mit dieser Erstbegehung, für die er im Alleingang sechs Tage benötigt hatte, eine absolute Topleistung erbracht. Wir waren jetzt die 10. Seilschaft, die Bonatti auf diesem kühnen Weg folgte. Unsere Hoffnung, genügend Haken vorzufinden, wurde arg enttäuscht. Ich musste in jeder Seillänge etliche Haken schlagen, die dann Puti beim Nachkommen alle wieder herausschlagen musste, weil wir an diesem 750 Meter hohen Pfeiler durchgängig Gelände zu meistern hatten, das wir unbedingt mit Haken absichern mussten.

Auf der Höhe der Flammes de Pierre richteten wir uns für das erste Biwak ein. Ein guter Platz, der allerdings erst mit dem Pickel vom Schnee befreit werden musste. Die lange, kalte Nacht war einigermaßen erträglich, weil wir uns wenigstens ganz ausstrecken konnten. Am Morgen war es so kalt, dass ich Puti bat, die erste Länge vorauszuklettern, was er auch prompt machte. Langsam kam ich dann wieder in einen Bewegungsfluss hinein, sodass ich ab der zweiten Länge wieder den Vorstieg übernahm. Die Holzkeile sahen schon etwas mitgenommen aus, weil Puti immer wieder gehörig draufhauen musste, um die Dinger wieder freizubekommen. Steile Risse, Überhänge, schwierige Passagen wechselten einander ab, bis wir am Nachmittag am Biwakplatz der Zweitbegeher ankamen. Das Risiko, weiter oben in der Dunkelheit in Schlingen biwakieren zu müssen, nahmen wir nicht in Kauf und richteten uns hier zum zweiten Biwak ein. Bald trübte es ein und dichter Nebel umhüllte uns. Auf einem abschüssigen Band, auf dem wir nur untereinander Platz zum Sitzen hatten, schlüpften wir in den Zdarskysack und warteten die lange Nacht ab.

Noch vor Mitternacht begann es zu schneien und bald waren wir mit einer dicken Schneeschicht zugedeckt. Am Morgen sahen wir mit Schrecken das ganze Ausmaß des Wettersturzes: 10 cm Neuschnee lag auf allen Bändern und der Wind hatte den lockeren Schnee auch in sämtliche Ritzen und Kamine geweht. Wir saßen in einem Schneehaufen, hatten nasse Hosen und die Seile waren bocksteif gefroren und mit einer dünnen Eisschicht überzogen. Bei diesen Verhältnissen weiterzuklettern, erschien uns zunächst unmöglich.

Wir hatten ja nur Proviant für zwei Tage und hatten Angst, den Anstrengungen, die uns an diesem endlos langen Pfeiler noch erwarteten, nicht gewachsen zu sein. Nun hieß es halt einteilen. Jeden Tag nahmen wir nur die Hälfte des kleinen Restes zu uns, der übrig war, weil wir ja mit noch einem weiteren Tag rechnen mussten. Als Tagesration war dann die Hälfte von der Hälfte von der Hälfte bei weitem nicht mehr ausreichend, um uns genügend Energie für die zu erwartenden Schwierigkeiten und Belastungen zuführen zu können.

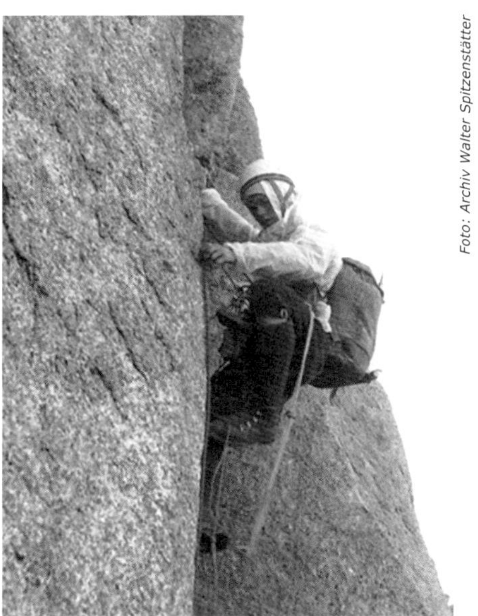

Foto: Archiv Walter Spitzenstätter

Walter am Bonattipfeiler

Beim ersten Versuch ein Stück zu klettern, bekam ich gleich eine ganze Lawine in den Nacken, sodass ich gleich wieder aufgab. Sollten wir um Hilfe rufen? Nein – das kam überhaupt nicht in Frage, darin waren wir uns einig. Solange wir uns bewegen konnten, gab es nur eins: Voller Einsatz und fester Glaube an den Erfolg!

So versuchte ich erneut das unmöglich scheinende Gelände zu überlisten. Mit viel Geduld und ständigem Handschuhe aus- und wieder anziehen, Haken schlagen und mit geballter Faust in parallelen Rissen glatte Wandstellen überwindend, gelang tatsächlich eine langsame, aber stete Fortbewegung. Zwei Stunden für eine Seillänge, das sind Verhältnisse wie wir sie auch von Winterbegehungen nicht anders kennen. Ca. drei Mal ‚Hoanigl' (Tirolerisch für: starke Schmerzen in den eiskalten Fingern) musste ich bei jeder Länge abwarten, das dauert jedes Mal ca. 5 Minuten, da kann man nichts angreifen, da muss man pausieren, da ist man schon froh, wenn der Schmerz überhaupt wieder einmal aufhört.

Nach weiteren schwierigen Seillängen kamen wir zur Schlüsselstelle, dem Dach. Es wird mit VI, A3 bewertet und wir hatten uns schon auf das Äußerste eingestellt, aber die Wirklichkeit war noch viel schlimmer als erwartet. Ein riesiger Eiszapfen hing genau im Dach: ‚Unmöglich!', war mein erster Gedanke. Da sah ich gerade hinauf über die glatte, überhängende Platte und bemerkte weit oben einen Haken. Ich erinnerte mich, davon gehört zu haben, dass hier eine direkte Variante eröffnet worden war, bei der man nicht über das Dach klettern musste. Wenigstens war in dem Riss kein Eis. Behutsam nagelte ich mich den überhängenden Riss hinauf bis zu dem Haken, den ich bei der ersten Berührung gleich in der Hand hatte. Weiter ging's anstrengend unter Verwendung meiner letzten Haken, die ich zur Verfügung hatte. Sogar die Karabiner gingen mir aus, sodass ich nur mehr einmal einhängen konnte. Der Riss hing weit über und als ich es tatsächlich geschafft hatte und den Schlingenstand nach kompletten 40 Metern erreichte, war klar – das war die Schlüsselstelle.

Später erfuhren wir, dass wir hier die zweite Begehung dieser Variante gemacht hatten, die von den Erstbegehern völlig ausgenagelt worden war. Auch wir mussten natürlich wieder möglichst viel von unserem Material herausholen, wenn wir in den oberen Seillängen noch etwas zur Verfügung haben wollten.

Noch eine sehr steile Stelle und drei Längen Fünfergelände, das wir mit dem Schnee und dem schweren Rucksack auch wieder als reinen Sechser empfanden, dann fühlten wir, dass wir die Hauptschwierigkeiten langsam unter uns gebracht hatten. Wir waren am dritten Biwakplatz der Zweitbegeher. Hier richteten wir auch unser drittes Nachtlager im Pfeiler ein. Der ganze Schnee musste weggeräumt werden, dann hatten wir einen verhältnismäßig geräumigen Platz zum Sitzen. Die Nacht wäre nicht so schlimm gewesen, wenn uns nicht so sehr der Hunger geplagt hätte.

Um 7 Uhr früh ging's wieder los. Die ersten 10 Meter mit dem Daunenzeug, dann ausziehen, damit die Bewegungsfreiheit besser wird. Etliche Seillängen gab es noch bis auf die Schulter. Puti ließ nun mehr und mehr die Haken stecken, weil wir schon bald hofften, den Gipfel zu erreichen. Von der Schulter gab es noch zwei sehr schwierige Längen, dann waren wir endlich bei der Gipfelmadonna des Petit Dru angelangt. Gerade in der letzten Länge musste ich noch einmal alle Kräfte mobilisieren, um den Ausstieg zu schaffen. Ich war buchstäblich am Ende meiner Kräfte. Mit 19 Jahren war ich für eine derartige Herausforderung mit 76 Stunden Kletterzeit einfach noch zu jung, das wurde mir hier in aller Deutlichkeit klar. Trotz Sonnenschein am Gipfel, konnte richtige Freude nicht aufkommen. Wir wussten, der Abstieg ist auch noch zu meistern. Und der ist nicht nur weit, sondern auch schwierig.“

Und so war es dann auch; der Abstieg war so lang, dass die beiden ein weiteres Mal biwakieren mussten. Da kein Platz war, um nebeneinander zu sitzen, überließ Puti selbstlos seinem Freund den Zdarskysack. Die Stunden in dieser Nacht erschienen ihnen endlos lang, und sie waren heilfroh, als sie am nächsten Morgen nach mehreren Abseilmanövern auf dem Charpoua-Gletscher ankamen. Die damals schwierigste Route im Mont-Blanc-Gebiet bei extrem ungünstigen Verhältnissen geschafft zu haben – das erfüllte beide mit berechtigtem Stolz.

Nach dem Bonattipfeiler und den anderen äußerst schwierigen Touren der letzten beiden Jahre kann Walter jetzt eigentlich nur noch eine der drei größten Wände der Alpen eine weitere Steigerung bieten. Neben den Nordwänden des Matterhorns und der Grandes Jorasses ist dies die Eiger-Nordwand.

Eiger-Nordwand, 1962

„Wegen einer Begehung der Heckmair-Führe an der Eiger Nordwand würde heute niemand mehr einen eigenen Bericht schreiben oder gar einen Vortrag halten. Wenn ich aber an die Umstände erinnere, die 1962 noch herrschten, dann kann man verstehen, dass wir uns damals wie die großen Alpinhelden vorgekommen sind. Es gab nur die eine Route durch die Wand und die geglückten Wiederholungen waren noch so selten, dass Fritz von Allmen, der Hotelier auf der Kleinen Scheidegg, die Namen aller Begeher dieser Route kannte. Es waren bis zum 1.9. 1962, dem Tag, an dem wir eingestiegen sind, 33 Seilschaften, die durchgekommen sind. Zusätzlich gab es bis dahin 23 Tote, die bei Versuchen, die Wand zu durchsteigen, umgekommen sind. Eine derartige Bilanz an einer Wand gibt es sonst nirgendwo“, schreibt Walter im Jahre 2014.

Bereits 1961 hatte Walter einen ersten Versuch unternommen. Mit Kurt Schoißwohl, Robert Troier und Otti Wiedmann hatten sie am Hinterstoißer-Quergang aber wegen Schlechtwetter umkehren müssen. Diesmal sind sie nur noch zu zweit unterwegs: Walter und Otti Wiedmann. Die beiden sagen niemandem Bescheid, dass sie vorhaben, in die Nordwand einzusteigen. „Wir wollen am Zuger See

Wasserski fahren", erzählen sie ihren Freunden und Bekannten. Auch Fritz von Allmen, der quasi jeden Nordwand-Kandidaten kennt, weihen sie nicht in ihre Pläne ein.

Gegen vier Uhr morgens steigen sie in die Wand ein. Das Wetter ist diesmal strahlend schön und müssten sie nicht bisweilen in Deckung gehen, weil Steine über die Wand fegen, wäre der Aufstieg zunächst beinahe eine Routinetour. Gegen 18 Uhr biwakieren sie zusammen mit einer anderen Seilschaft links des Rampeneisfeldes und am folgenden Tag erreichen sie um 16 Uhr den Gipfel.

Als sie wieder auf der Kleinen Scheidegg zurück sind, erfahren sie, dass großes Rätselraten herrscht, was die Namen der einen Zweierseilschaft anbelangt. Karl Walter und Otto Wintersteller – das war die eine Seilschaft, aber wer waren die anderen beiden? Wie immer bei guter Sicht hatten Dutzende von Schaulustigen den Aufstieg der vier Bergsteiger mit den stark vergrößernden Fernrohren des Hotels verfolgt und Fritz von Allmen hatte nicht mit Kommentaren zum Kletterstil der vier gespart. Was ihn aber ärgerte, war, dass er den neugierigen Touristen nicht alle vier Namen nennen konnte.

Als er schließlich am späten Abend Otti Wiedmann im Hotel entdeckt, geht er sofort auf ihn zu: „Gruezi, Herr Wiedmann, steigen Sie morgen in die Wand ein?" Otti und Walter antworten mit schallendem Gelächter und gestehen Fritz schließlich, dass sie die „namenlose" Seilschaft waren.

Auch wenn Walter meint, dass man sich eine Beschreibung der einzelnen Kletterstellen der Wand ersparen kann, weil dies schon unzählige Male geschehen sei, so schreibt er doch einen kurzen Bericht für sein Privatarchiv: „Von der Kletterei in der Wand erinnere ich mich noch gut an das prächtige Herbstwetter und an das teils sehr harte Eis, das uns stellenweise ganz schön zu schaffen machte. Besonders übel habe ich den Übergang von der Rampe ins Rampeneisfeld in Erinnerung. Da muss man durch einen Wasserfallkamin, der seinem Namen alle Ehre machte. So schnell wie möglich versuchte ich, da hinaufzukommen; trotzdem war ich am Ende total durchnässt. Auch Otti ist es beim Nachkommen nicht anders ergangen.

Auf unserem Biwakplatz am Beginn des Rampeneisfeldes versuchte Otti, sein Hemd in der Abendsonne zu trocknen – aber eher mit bescheidenem Erfolg. Als er es wieder anziehen wollte, war es steif und eisig. Auch an unsere Mahlzeit an diesem Abend denke ich manchmal mit Schmunzeln zurück. Wir hatten eine Dose Ovomaltine als Kraftnahrung mitgenommen. Zum Kochen hatten wir nichts dabei. Beim Öffnen des Rucksacks zeigte sich ein grausames Bild. Der Deckel der Dose wurde wahrscheinlich beim Klettern im Kamin aufgedrückt und der Inhalt lag frei im Innern des Rucksacks, vermischt mit der Feuchtigkeit aus dem Wasserfallkamin. Zum Glück hatten wir einen Löffel dabei, mit dem wir nun den Brei direkt aus dem Sack herausschöpfen konnten.

Als besonders eindrucksvoll ist mir der Tiefblick aus der Spinne erinnerlich. Da kommt alles zusammen: das steile Eisfeld, die eindrucksvolle Umgebung, das prächtige Wetter und die gewaltige Dimension dieser Wand, die man hier beim Blick nach unten besonders intensiv empfindet.

Als schwierigste Stelle erlebten wir den Übergang von der Spinne in die Ausstiegsrisse. An hohl aufliegenden Felsplatten versuchte ich, mit den Steigeisen voranzukommen. Als das dünne Eis durchbrach, musste ich weit spreizen, um irgendwie einen Halt zu finden, der mir das Erreichen von eisfreiem Gelände ermöglichte. Noch in Kletterstellung musste ich die Steigeisen ausziehen, seitlich anhängen und rasch die letzten Meter bis zum Stand hinaufklettern. Das war Mixed-Climbing von der heiklen Art und dies ohne Eisgeräte, wie sie heute zur Verfügung stehen."

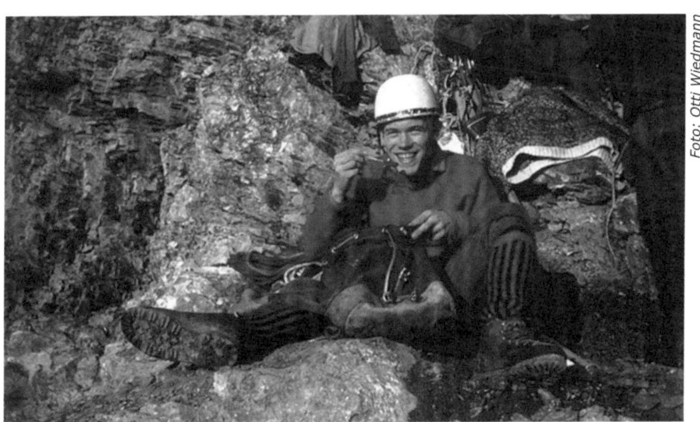

Foto: Otti Wiedmann

Walter beim Auslöffeln des Ovomaltine-Breis

Beim Gang über das Gipfeleisfeld spüren die beiden schon recht deutlich die 1800 Höhenmeter, die sie hinter sich gebracht haben. Aber es geht alles gut, auch der lange Abstieg zur Kleinen Scheidegg – wo noch immer Sommerfrischler bei bereits einbrechender Dunkelheit hinter den großen Fernrohren stehen, um nach „kühnen Nordwandmännern" Ausschau zu halten.

Marmolada di Rocca, Vinatzerführe, 1. Winterbegehung, 1967

Fünf Jahre nach der Durchsteigung der Eiger-Nordwand sitzen Walter und Otti Wiedmann zusammen und sprechen über künftige gemeinsame Touren. Otti meint: „Die ideale Tour wäre die Winterbegehung einer steilen Wand, wo man oben die Skier anschnallen und im Pulverschnee genüsslich abfahren kann." Als sie nach extrem schwierigen Wänden suchen, die noch nie im Winter durchstiegen wurden und außerdem eine Traumabfahrt bieten, fällt ihnen nur die Vinatzerführe an der Marmolada-Südwand ein. Später werden sie erfahren, dass auch Reinhold Messner diese Winterbegehung ins Auge gefasst hatte, aber Walter und Otti waren nun mal schneller!

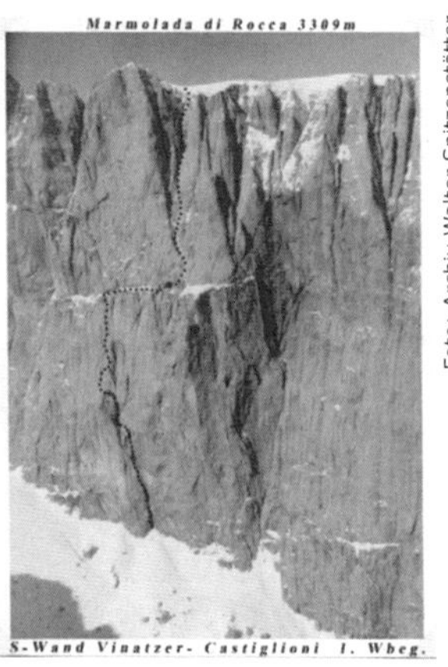

Foto: Archiv Walter Spitzenstätter

Walter ist gerade zum zweiten Mal Vater geworden und bereitet die Tour deshalb besonders sorgfältig vor – wieder gesund nach Hause zu kommen, ist natürlich ein absolutes Muss! So beschließen Walter und Otti, ein extrem langes Versorgungsseil mitzunehmen, mit dem sie sich im Bedarfsfall auch von hoch oben in der Wand abseilen können. Und falls ihnen etwas zustoßen sollte, so können sie auf zehn Kameraden von den „Gipfelstürmern" zählen, die ein Stahlseilgerät dabei haben und außerdem die Skier auf dem Gipfel deponieren werden.

Ihr „Basislager" ist der Winterraum der Falierhütte. Von hier werden die „Gipfelstürmer" den Aufstieg der beiden in der Wand beobachten, immer bereit, für Materialnachschub zu sorgen und bei einem Notfall einzuschreiten. Und schließlich haben sowohl Walter und Otti als auch ihre „Hilfsmannschaft" Funkgeräte dabei, die sich in der Folgezeit als sehr nützlich erweisen sollten, nicht nur für wichtige Mitteilungen, sondern auch zur Unterhaltung mit flotter Musik während der Biwaks.

Am 5. März steigen sie zu dritt in die Wand ein, ihr Freund Robert Troier hat sich noch zu ihnen gesellt. Robert ist erst vor kurzem am Meniskus operiert worden, hat zwar schnell nach der Operation wieder mit dem Training begonnen, ist aber noch nicht in Höchstform. Als Dreierseilschaft sind sie überdies recht langsam und so verzichtet Robert nach der ersten Seillänge auf einen weiteren Aufstieg: „Zu zweit seid ihr schneller als mit mir Invaliden. Ich versuch` aber natürlich, euch wenigstens von unten weiterzuhelfen."

Zu zweit kommen Walter und Otti in der Tat deutlich schneller voran, können aber ihren Zeitrückstand nicht aufholen und deswegen nicht auf dem angestrebten Band biwakieren. Wie schon mehrfach bei ihren Touren müssen sie mit „getrennten Schlafzimmern" vorliebnehmen, Walter auf einem schmalen Stand und Otti 30 Meter tiefer in einem breiten Felsspalt. Nach einer ungemütlichen Nacht nähern sich gegen fünf Uhr morgens Lichtkegel von Stirnlampen der Wand. Wie verabredet hängen ihre Freunde eine Thermosflasche mit Tee und Kuchen an das Versorgungsseil. Nach der eiskalten Nacht tut der heiße Tee den beiden besonders gut und sie senden einen fröhlichen Jodler zum „Basislager" hinab.

Gegen halb neun Uhr haben sie endlich ihr gesamtes Material verstaut und können weiterklettern. Ihre Bewegungen sind anfangs schwerfällig, noch sind sie nicht auf „Betriebstemperatur". Die abwechslungsreiche Kletterei aber lässt sie schnell die Kälte vergessen: ein geschweifter Riss, glatte Platten, ein kurzer Überhang und eine luftige Querung sorgen für Klettergenuss pur. Kein Kampf auf vereistem Fels, keine brüchigen Passagen, kein Steinschlag – was will das Kletterherz mehr!

Am Nachmittag erreichen sie einen Pfeilerkopf. Von hier haben sie einen recht guten Überblick über den Weiterweg. Nirgends ist ein breites Band oder gar eine Höhle zu entdecken. Also beschließen sie, auf dem Pfeilerkopf zu biwakieren, diesmal in einem „gemeinsamen Schlafzimmer". Auch kochen ist hier möglich, denn an Schnee mangelt es am Pfeiler nicht.

Die Nacht war klar, doch am Morgen ist die Wand in dichten Nebel gehüllt. Sollte das bisher gute Wetter jetzt umschlagen? Das Kochen gestaltet sich langwierig: Eineinhalb Stunden dauert es, bis der Schnee im Topf geschmolzen und zu heißem Tee geworden ist. Entsprechend spät brechen sie auf. Nach einem kurzen Quergang finden sie einen Riss, der prächtige Kletterei bietet. Nach einer weiteren Seillänge halten sie am Standplatz kurze Rast, um mit ihren Kameraden per Funk zu kommunizieren: „Es bleiben uns noch drei Seillängen bis auf das große Band. Ihr könnt also jetzt zum Gipfel aufsteigen. Wir glauben, dass wir es morgen bis zum Gipfel schaffen", teilen sie ihren Freunden mit.

Dass das nur Wunschdenken ist, müssen sie kurze Zeit später erfahren, denn bald ist es aus mit dem Genussklettern. Der Fels ist jetzt fast überall mit Eis überzogen und verlangt ihnen alles ab. Abgekämpft erreichen sie am späten Nachmittag das große Band. Nach einer kurzen Verschnaufpause versuchen sie, ihr Versorgungsseil (2 x 200 Meter) einzuziehen, aber bereits nach etwa zehn Metern sind all ihre Anstrengungen vergeblich, das Seil hat sich irgendwo verkeilt. Schweren Herzens fixieren sie es an einem Haken – in der Hoffnung, dass vielleicht eine Seilschaft im Sommer ihnen das teure Stück zurückbringen wird.

Nach einigem Suchen finden sie die allen Südwand-Begehern bekannte Biwakhöhle. Sie ist vollkommen trocken und bietet sich für eine Übernachtung geradezu in idealer Weise an. Nachdem sie etwas gegessen und viel Tee getrunken haben, versuchen sie mehrfach, ihre Kameraden per Funk zu erreichen, aber im Apparat ist nur Rauschen zu hören. Schließlich geben sie es auf und machen sich in ihren Biwaksäcken lang. Zeitweise gelingt es ihnen einzuschlafen, aber immer wieder weckt sie die Kälte.

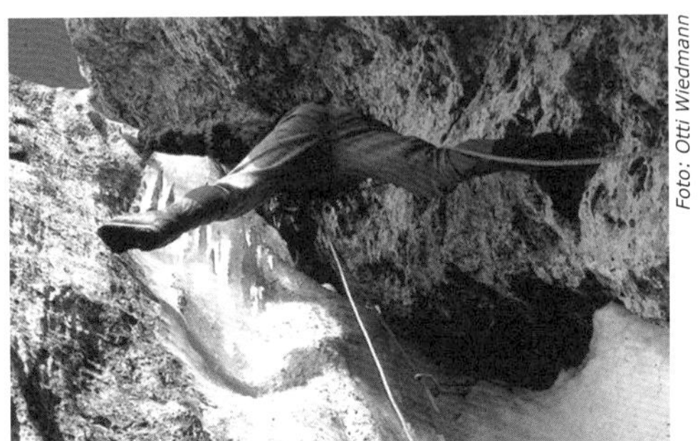

Foto: Otti Wiedmann

Walter muss weit spreizen, um dem Eis am Fels auszuweichen

Am kommenden Morgen stellen sie mit Schrecken fest, dass es wohl die ganze Nacht über geschneit haben muss und sie nun von einer vollkommen weißen Welt umgeben sind. Die Ausstiegsrisse, im Sommer Schwierigkeitsgrad IV+, sind vollkommen vereist und damit sicher um zwei Grade schwieriger. Der jeweils Führende muss den schweren Rucksack ablegen, ansonsten hätte er keine Chance, in der eisgepanzerten Wand höherzukommen. Beim Aufziehen verklemmen sich die Rucksäcke oft und entlocken ihnen so manche Verwünschung.

Ein völlig vereister Riss verlangt ihnen alles ab. Walter schlägt Stufe um Stufe und meißelt kleine Griffe ins spröde Eis. Klettern kann er an den winzigen Griffen nur ohne Handschuhe, aber bereits nach wenigen Metern werden seine Hände vollkommen gefühllos und er muss die Handschuhe schnell wieder anziehen. Die Wand steilt sich immer mehr auf und wird schließlich überhängend. Das Eis ist jetzt so dünn, dass Walter keine Eisschrauben mehr zur Sicherung setzen kann. Nach langem Suchen gelingt es ihm, einen sicheren Felshaken zu schlagen, der auch absolut notwendig ist, denn in diesem heiklen Gelände bewegt er sich ständig an der Sturzgrenze.

Als er kurz verschnauft, stellt er mit Erstaunen fest, dass langsam die Dämmerung einbricht. Für die letzten Meter bis zum Stand benötigt er bereits die Stirnlampe. Bei jetzt völliger Dunkelheit zieht es Otti vor, nicht nachzuklettern und auf seinem winzigen Standplatz in einer Eisrinne zu bleiben. Fast die ganze Nacht über schneit und windet es stark und immer wieder schießen kleine Lawinen durch die Rinne, denen Otti schutzlos ausgesetzt ist. Dennoch verliert er seine gute Laune nicht und schmettert ab und zu mit seiner Reibeisenstimme ein paar Schlagermelodien ins Rauschen des Windes. Wenn doch wenigstens sein „O sole mio“ das Schlechtwetter vertreiben könnte! Aber danach sieht es ganz und gar nicht aus und die beiden durchleben hier das härteste Biwak ihres Bergsteigerlebens. Im Nachhinein erscheint es beinahe wie ein Wunder, dass sich bei Otti nur der Nagel der großen Zehe löst und Walter sogar ohne jeden Kälteschaden davonkommt.

Am nächsten Morgen klettert Otti, weiß wie ein Eiszapfen, zu Walter empor. Die beiden haben jetzt noch mehrere Stunden schwierigster Kletterei vor sich, ehe Walter einen Felskopf erreicht, nach dem sich die Wand endlich zurücklehnt. „Wir sind fast oben!“, schreit er zu Otti hinunter, der ihm mit einem Indianergeheul antwortet.

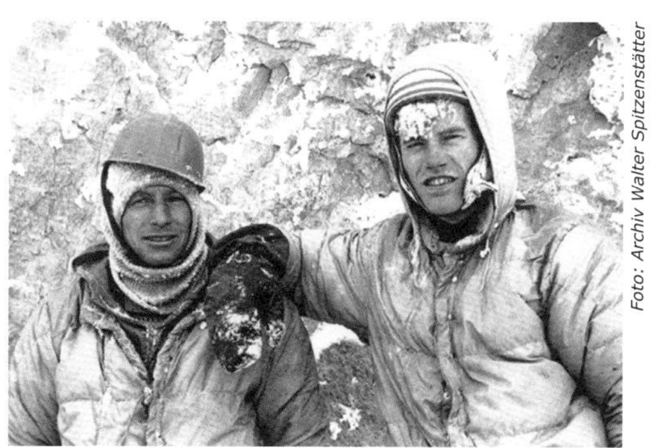

Foto: Archiv Walter Spitzenstätter

Otti (links) und Walter am Gipfel – jetzt sind alle Anstrengungen vergessen

Ihre Freunde haben sich bei diesen schlechten Verhältnissen und niedrigen Temperaturen (bis – 17°C) natürlich große Sorgen um sie gemacht und Robert Troier am Stahlseil in die Wand abgelassen. Glücklicherweise aber braucht er nicht einzugreifen; er trifft etwa 50 Meter unterhalb des Gipfelgrates auf die beiden und sie legen die letzten Meter gemeinsam zurück. Am Gipfel werden sie von den übrigen „Gipfelstürmern“ mit großem Hallo und herzlichen Umarmungen empfangen. Das „Unternehmen Vinatzer“ ist ein voller Erfolg! Und nach kurzer Erholungspause wird auch die Skiabfahrt zum Hochgenuss, allen voran natürlich der „Skiprofi“ Otti mit seinen Kurzschwüngen, die eine wahre Augenweide sind.

Gegen vier Uhr morgens treffen Walter und Otti nach einer schlaflosen Nacht wieder bei ihren Familien in Innsbruck ein. Zuerst einmal gilt es, ihre Frauen zu beruhigen, denn einige Zeitungen hatten bereits von einem „neuen Bergdrama in den Dolomiten" berichtet. Und wenige Stunden später beginnt für beide ein neuer Arbeitstag. Vor einer derartigen Energieleistung kann jeder „Normalbergsteiger" nur ungläubig den Kopf schütteln!

Pumprisse, Fleischbank, 1. österr. Begehung, 1978

Im Jahre 1972 trat Reinhold Messner in seinem Buch „Der 7. Grad" vehement für eine Öffnung der sechsstufigen alpinen Schwierigkeitsskala (Welzenbachskala) nach oben ein. Es sollte aber noch fünf Jahre dauern, bis der „siebte Grad" endlich Wirklichkeit wurde. Helmut Kiene und Reinhard Karl eröffneten am 2. Juni 1977 die „Pumprisse" am Fleischbankpfeiler im Wilden Kaiser. Sie bewerteten ihre Route mit dem Schwierigkeitsgrad VII, was zunächst zu heftigen Diskussionen unter Extremkletterern führte. „Wie kann man das, was über Jahrzehnte Gültigkeit hatte, so einfach über Bord werfen?", meinten die einen. Bei weitem die meisten aber waren erleichtert, dass nun endlich der sechste Grad als oberste Grenze der Vergangenheit angehörte. Schließlich werden Rekorde in allen Sportarten – beispielsweise in der Leichtathletik – ständig verbessert; wieso sollte dann ausschließlich im Klettern Stagnation herrschen – und dies bei ständig intensiviertem Training und verbessertem Material!

Schon bald bestätigten die ersten Wiederholer der „Pumprisse", dass diese Route schwieriger als all das sei, was bisher von den allerbesten Kletterern bewältigt worden war und tatsächlich mit dem Schwierigkeitsgrad VII zu bewerten sei. In der Folgezeit ging die Entwicklung ständig weiter und im Jahre 2008 meisterte der Amerikaner Chris Sharma die erste Route im zwölften Grad (XII-). Es wäre unvorsichtig zu behaupten, dass damit die Grenze des Menschenmöglichen erreicht sei. Man würde damit nicht anders argumentieren, als zu Zeiten derer, die den oberen sechsten Grad (VI+) als Grenze des Machbaren verteidigt hatten.

An einem Dienstag im Juni 1978 kommt Rolf Walter ins Optikergeschäft von Walter und fragt ihn, ob er am kommenden Tag mit ihm in den Wilden Kaiser fahren wolle. Die erste österreichische Begehung der Pumprisse sei doch schon längst überfällig! Ganz wohl ist Walter bei der Sache nicht, aber seine Einwände wie: „Meinst du nicht, das sollten wir den jungen Wilden überlassen?", wischt Rolf mit einer Handbewegung beiseite: „Was die können, das können wir auch!"

Bei Otti Wiedmann borgen sie sich das Material, das man für moderne Freikletterrouten benötigt: zwei 11er und zwei 10er Hexentrics und außerdem mehrere Clogs. Walter schreibt dazu: „Nur der Einstiegsquergang ist mit Haken versehen, die eigentliche Rissreihe hat keine fixen Sicherungspunkte, alles muss man selber legen und mit Schlingen absichern. Und das in der höchsten Stufe des damals Machbaren im Klettern. Das konnte ja heiter werden!"

Die Rebitschrisse, die am Fleischbankpfeiler gerade hinaufziehen, hätten Walter viel eher gefallen, aber er erliegt schließlich doch der Faszination der Pumprisse, die damals als das Nonplusultra im freien Klettern angesehen wurden. Er schreibt weiter:

„Vom Brandlereinstieg geht ein luftiger Quergang schräg rechts hinauf zu einem Schlingenstand. Bis hierher ist die Kletterei schwierig, aber mit Haken gesichert, das waren wir gewohnt. Aber nun geht`s los. Die erste Schlüsselstelle, der ‚Hundebahnhof', wartet zum Glück auf Rolf. Ich weiß nicht, ob ich da hinaufkommen würde. Am Beginn ein Schulterriss, der in einen Körperriss übergeht, erfordert alles an Kraft und Geschicklichkeit, was man sich nur vorstellen kann. Das Besondere dabei ist, dass man die unbedingt notwendige Absicherung selbst anbringen muss. In einer gnadenlos abdrängenden Stellung , eine Faust im Riss verklemmt, muss man versuchen, genau den richtigen ‚Hexi' aus dem umgehängten Sortiment herauszufummeln und an der richtigen Stelle und in der einzig richtigen Lage so anzubringen, dass man für die nächsten Meter wenigstens halbwegs gesichert ist."

Bald stellt sich heraus, dass die nur vier Hexentrics, die Rolf und Walter dabei haben, nicht ausreichend sind und Rolf versucht nun, mit einem Minimum an Sicherungspunkten auszukommen. Zentimeter für Zentimeter rauft er sich höher. Plötzlich rutscht sein linker Fuß ab und schon geht`s frei durch die Luft bis zum Quergangsende hinunter, bis das Seil den Sturz federnd abbremst. Rolf stößt ein paar Flüche aus und schon ist er wieder drin im Riss. Diesmal bringt er zwei Hexentrics an und mit dem letzten ‚Schmalz' in den Armen und Fingern gelingt es ihm, den ‚Hundebahnhof' hinter sich zu bringen.

Die nächste Seillänge führt dann Walter. Er legt zunächst einen 8er Hexentric und anschließend zwei Clogs; den Rest schafft er ohne weitere Sicherungen. Aber als Kletterer der alten Schule traut er diesen neuen Sicherungsmitteln nicht so recht und hätte viel lieber einen Bong oder einen soliden Holzkeil gesetzt.

Am Stand sieht Walter hinter dem nachfolgenden Rolf eine weitere Seilschaft und auf einmal hört er über sich ein Geräusch. Ein Mann mit einer großen Kamera schwebt auf ihn herab. Es ist der Dokumentarfilmer Gerhard Baur aus dem Allgäu, der die Durchsteigung der Pumprisse auf einem 16 mm-Film festhalten will. Seine Protagonisten sind der Nürnberger Norbert Sandner und sein Freund Werner, eben die Seilschaft, die gerade hinter Rolf aufsteigt. Auch ein Tontechniker schwebt schließlich noch an einem Seil herab – es sind halt wahre Profis am Werk.

Rolf und Walter konzentrieren sich jetzt auf die nächste Stelle im siebten Grad, die wiederum Rolf in Angriff nimmt. Ein weit überhängender Schulterriss ist zu überwinden, der nur mit 11er Hexentrics abzusichern ist. Am Stand hat Walter noch einen zusätzlichen Ringhaken geschlagen, so als ob er ahnen würde, was gleich passieren sollte. Rolf hat sich gerade mühsam sechs Meter in dem abdrängenden Riss emporgearbeitet, als er urplötzlich mit dem linken Fuß abrutscht. Er versucht zwar, sich vom Fels abzudrücken, bleibt aber mit dem rechten Fuß im Riss hängen und stürzt kopfüber auf Walter herab. Er schlägt heftig am Fels auf und greift sich sofort in den Mund – einer der Schneidezähne wackelt hin und her und blutet. Aber Rolf ist hart im Nehmen, er schnauft ein paar Mal kräftig durch und legt sofort wieder los. Wild entschlossen rauft er sich den überhängenden Riss hinauf, ohne einen weiteren ‚Hexi' zu verwenden!

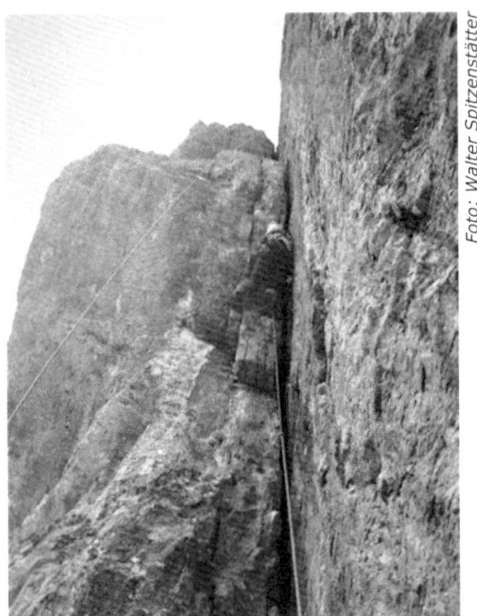

Foto: Walter Spitzenstätter

Rolf kurz vor seinem Sturz; links das Seil von Kameramann Gerhard Baur

Walter hat der Sturz wohl mehr mitgenommen als Rolf selbst, denn er schreibt später: „Für mich war es unvorstellbar, wie Rolf das gemacht hatte. Beim Nachsteigen saß noch der Schock vom blutigen Sturz in mir, der mich als Zuschauer wesentlich mehr belastet hatte, als Rolf, der - vom Adrenalinschub getrieben – über sich selbst hinauswuchs.

Ich hatte übrigens damals noch gar keine richtigen Slicks zum Klettern, sondern war mit harten Bergschuhen unterwegs, die für das Gefühl am glatten Fels nicht gerade förderlich waren. Trotzdem musste auch noch die letzte Länge bis zum Grat geklettert werden. Über ein Rissdach kletterte ich noch frei hinauf, dann kam endlich normaler Fels, an den ich von unzähligen Touren gewohnt war.

Rolf und ich waren echt zwei alte Herren, die ohne perfekte Ausrüstung in unserem unangepassten Kletterstil die neue Ära des siebten Grades als erste Österreicher eingeläutet hatten. Es war für uns beide die schwerste Kletterei, die wir jemals gemacht hatten und wir waren dementsprechend gespannt, was unsere jungen Spitzenleute sagen werden, wenn sie als nächste diesen Paraderiss der Sportkletterei wiederholen werden."

Bergrettungsaktion in der Laliderer-Nordwand, 1979

Seit dem Jahre 1957 ist Walter Mitglied der Bergrettung Innsbruck und hat seitdem an unzähligen Rettungsaktionen teilgenommen. Gut zwei Jahre, von 1972 bis 1975, war er Landesleiter der Bergrettung Tirol und trug in dieser Eigenschaft wesentlich zum Aufbau der Flugrettung in Österreich bei. Unter den zahlreichen Rettungsaktionen, an denen Walter beteiligt war, ragen zwei ganz besonders hervor, die Rettung von Gert Judmaier 1970 am Mount Kenya, die auch international große Beachtung fand und der Einsatz 1979 in der Laliderer-Nordwand. Dieser Einsatz, die größte Felsbergungsaktion in der Geschichte des ÖBRD, soll hier kurz nacherzählt werden:

Die zwei jungen Bayern Hubert Wehrs (23) und Wolfgang Grunenberg (28) steigen am Freitag, den 15. Juni 1979, in die Schmid/Krebs-Führe (VI-) der Laliderer-Nordwand ein. Sie sind denkbar schlecht ausgerüstet: dünne Langlaufhosen, dünne Pullover, leichte Anoraks und keine Handschuhe. Immerhin haben sie aber einen Biwaksack und ein zweites Paar feste Schuhe dabei.

Das Wetter verschlechtert sich zunehmend. Als sich die beiden in der Wandmitte befinden, geht der Regen in Schneefall über. Die beiden Bayern wagen es nicht weiterzusteigen, aber auch ein Rückzug erscheint ihnen zu riskant. So bleibt ihnen nichts anderes übrig, als um Hilfe zu rufen. Ihre Schreie werden glücklicherweise bald gehört und an die Gendarmerie Seefeld gemeldet, die sofort eine starke Gruppe von Bergrettern zusammenstellt. Außerdem bittet die Gendarmerie andere Bergrettungsdienste um Mithilfe, denn es wird mit einem Großeinsatz bei schwierigsten Wetterbedingungen gerechnet.

In der Nacht von Freitag auf Samstag steigt eine erste Gruppe mit 30 Mann zum Gipfel der Lalidererwand auf, der am Samstag gegen zehn Uhr erreicht wird. Die lange Aufstiegszeit erklärt sich durch die Mitnahme eines 800 Meter langen Stahlseiles und durch das Schlechtwetter mit Regen und Schneefall. Ein erster Bergretter wird 450 Meter in die Wand abgeseilt, es kann aber weder Sicht- noch Rufkontakt zu den Bayern hergestellt werden. Der Bergretter wird wieder zum Gipfel hochgezogen und darauf ein zweiter Bergretter etwas weiter westlich abgelassen, dessen Rufe aber ebenfalls ohne Antwort bleiben. Auch ein dritter

Versuch mit neuer Ablassroute ist nicht von Erfolg gekrönt. Hauptgrund sind die äußerst widrigen Wetterbedingungen mit ununterbrochenem Schneefall und ständigen kleinen Lawinen, die alle Rufe verschlucken. Man zieht den Bergretter diesmal nicht wieder zum Gipfel hoch, sondern lässt ihn bis zum Wandfuß ab. Am späten Samstagabend sind damit bereits drei Bergeversuche gescheitert.

Die total durchnässten und erschöpften Männer der ersten Einsatzgruppe steigen nun ins Tal ab, während sich ein wahres Großaufgebot von Einsatzmannschaften bereit macht, um am Sonntag einen erneuten Bergeversuch zu unternehmen. Um 4 Uhr 30 beginnen sie mit dem Aufstieg im immer tiefer werdenden Neuschnee, der die Lawinengefahr ganz beträchtlich erhöht. Nur mühsam kommen sie im Gipfelbereich im hüfthohen Schnee voran. Und zu ihrer Erschöpfung gesellt sich große Enttäuschung, als es ihnen nicht gelingt, das 800 Meter lange Stahlseil vom Wandfuß wieder hochzuziehen; es muss sich irgendwo an einem Vorsprung oder in einer Rinne verhakt haben. Allein der Gedanke an die unsägliche Mühe, jetzt ein neues 800-Meterseil vom Rossloch (1430 m) zum Gipfel (2588 m) hochschleppen zu müssen, lässt die Männer erschaudern.

Per Funk wird ein zweites Stahlseil angefordert, dessen Transport glücklicherweise eine ausgeruhte Einsatzgruppe übernimmt. In der Zwischenzeit ist all die Erfahrung von Walter Spitzenstätter gefragt, der die Lalidererwände sehr gut kennt. Da die Bayern bisher nicht geortet werden konnten, erscheint es ihm am sinnvollsten, weiter östlich zu suchen. Zunächst einmal aber müssen die Felsen in anstrengender Arbeit von mehr als einem Meter Neuschnee befreit werden, ehe eine dreifache Verankerung für das Stahlseilgerät gebaut werden kann.

Als gegen 17 Uhr 30 das neue Stahlseil eintrifft, ist alles bereit, um einen weiteren Versuch zu starten. Diesmal ist Walter dran. Wie auch seinen Vorgängern ist es ihm nicht ganz geheuer, in die gähnende Tiefe abgelassen zu werden. Später notiert er: „Es wäre unehrlich, wenn ich nicht zugäbe, dass mir damals ganz schön mulmig gewesen ist, als ich am 6 Millimeter dünnen Stahlseil hängend, anfangs stapfend, teils am Hintern rutschend, rundum Vereisung und Schneehölle, kaum Fels an den Schuhen spürend, in die fast 1000 Meter der Lalidererwand hinuntergelassen wurde. Ich halte mich östlich, weil die Vorgänger wahrscheinlich zu weit westlich waren. Nach einem heiklen Linksquergang gelingt es mir, über eine Kante zu kommen. Ich kontrolliere meine Position per Höhenmesser und rufe und schreie, so laut ich kann, aber nichts ist zu hören.

Nach einer Weile geht es weiter – plötzlich sehe ich ganz rechts (westlich) ca. 50 Meter neben mir etwas Rotes. Momentan weiß ich nicht, soll ich mich freuen, dass ich die Vermissten entdeckt habe oder muss ich mich ärgern, weil ich so weit von der richtigen Position entfernt bin. Zwischen den Lawinen verständigen wir uns. Ein Versuch, zwei Seillängen abzuseilen und dann zu mir herüber zu queren, erscheint den beiden aussichtslos. Lieber verbringen sie noch eine Nacht in der Wand, mit der Aussicht, dass am nächsten (am vierten) Tag ein allerletzter Rettungsversuch doch noch gelingen würde."

Per Funk informiert Walter seine Kameraden am Gipfel, die ihn bis zum Wandfuß ablassen. Auch wenn die Bayern selbst im vierten Anlauf nicht geborgen werden konnten, so ist doch ihre genaue Position bekannt. Während Walter sich in der Falkenhütte umzieht und fürstlich bewirtet wird, versuchen die Kameraden am Gipfel, das 800-Meter-Stahlseil hochzuziehen. Es ist aber wie vermaledeit – auch dieses Seil hat sich so verkeilt, dass es wie bereits das erste geopfert und hängen gelassen werden muss.

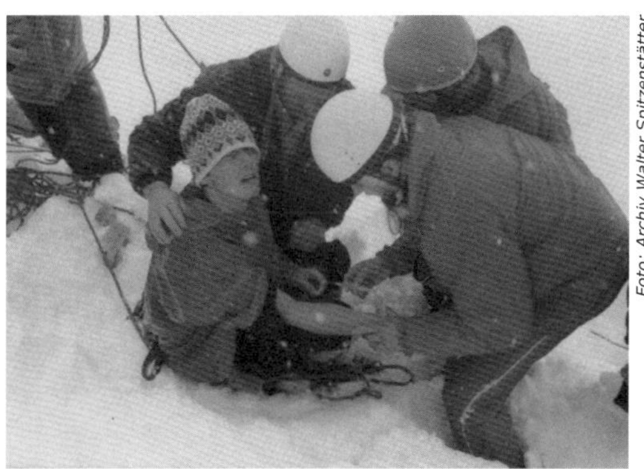

Foto: Archiv Walter Spitzenstätter

Die Bergretter bemühen sich um einen der jungen Bayern

In der Nacht von Sonntag auf Montag steigen die Mitglieder des Ausbildungsteams der österreichischen Bergführer mit dem letzten zur Verfügung stehenden 800-Meter-Stahlseil zum Gipfel auf. Bei nun zwei Meter Neuschnee herrscht akute Lawinengefahr, aber die Männer lassen sich nicht beirren und schließlich wird am Montag, gegen 12 Uhr, die nunmehr fünfte Rettungsaktion begonnen. Gleich zwei Bergretter, Klaus Hoi und Werner Sucher, werden in die Tiefe gelassen. Walter Spitzenstätter dirigiert sie per Funk vom Wandfuß bei glücklicherweise guter Sicht genau zum Biwakplatz der Bayern. Den Bergrettern ist klar, dass dieser Versuch klappen muss, denn ein weiteres 800-Meter-Stahlseil gab es nicht. Klaus Hoi und Werner Sucher hängen die beiden Bergsteiger, die nun bereits seit vier Tagen bei großer Kälte auf ihrem Platz ausharren, ins Stahlseil und nach einer luftigen und riskanten Abfahrt durch die winterliche Wand erreichen die vier gegen 15 Uhr den Wandfuß.

Erstaunlicherweise haben die beiden jungen Bayern nur leichte Erfrierungen, die später in der Falkenhütte behandelt werden. Damit nimmt die größte Felsbergungsaktion in der Geschichte des Österreichischen Bergrettungsdienstes ein glückliches Ende, was nur durch bedingungslosen Einsatz aller Rettungskräfte möglich war.

Matterhorn Nordwand, 1991

Als Walter Spitzenstätter am 5. und 6. September 1991 die Nordwand des Matterhorns durchsteigt, ist er mit seinen 50 Jahren zwar noch kein Senior, seine körperliche Verfassung verleiht dieser Tour aber durchaus den Charakter einer „Seniorentour". Er erzählt:

„Nun bin ich über 50 Jahre alt und habe eigentlich so ziemlich alles erreicht bei der Ausübung meines lebenserfüllenden Hobbys, was ich mir an anspruchsvollen Touren vorgenommen habe. Von den 100 Bergfahrten aus dem Pausebuch ‚Im extremen Fels' (1) kenne ich 96 aus persönlichem Erleben. Nur die aus meiner Jugend immer noch als ‚höchstes Ziel' eines Alpinisten geltende Trilogie der großen Westalpen Nordwände, geistert noch unvermindert begierlich in meinem Kopf herum. Es ist die Matterhorn Nordwand, die zu durchsteigen mir bislang noch nicht geglückt ist.

Eigentlich hatte ich nach meinem schweren Paragleitunfall mit den großen alpinen Touren schweren Herzens bereits abgeschlossen. Doch jetzt fühle ich mich wieder richtig ‚gut drauf' und da kommen unweigerlich wieder Pläne für tolle Alpintouren in den Träumen daher . . .

An der Rotwand (beim Karerpass in Südtirol) machte ich von der Scharte, im Herbst 1988, die Erstbefliegung mit dem Gleitschirm. Gleich nach dem Start ging's die schmale Schotterreiße hinunter Richtung Karersee. Mitten im Kar steht ein Turm, den ich dachte überfliegen zu können. Leider ging sich weder ein Überflug, noch ein Ausweichen zur Seite aus, es war alles viel zu knapp und auch viel zu schnell vor mir aufgetaucht. Ich flog mit gut 60 km/h auf den Turm zu und konnte nur mehr versuchen mit beiden Füßen gleichzeitig den Anprall an der Wand abzufangen. Es gab einen gewaltigen Kracher, die Luftfahrt wurde urplötzlich auf 0km/h abgestoppt und als Folge war der Absturz unvermeidlich. Wie durch ein Wunder gelang es mir, mich von der Wand wegzudrücken und während des anschließenden Absturzes den sich sofort zusammenklappenden Schirm wieder soweit ‚aufzupumpen', dass ich noch kurz vor dem Aufprall im Kar erneut Fahrt aufnehmen und tatsächlich den Flug fortsetzen konnte.

Es war ein herrlicher Tag, fast kein Wind, wunderschöne Wiesen zum Landen, idealer hätte es nicht sein können, als ich so, endlich frei und ohne weitere Hin-

(1) Das 1970 veröffentlichte Buch „Im extremen Fels" von Walter Pause wurde für viele Extrembergsteiger zu einer wahren „Bibel".

dernisse, nahe der berühmten Rotwand in Richtung Karerpass-Straße hinunterflog. Wäre da nicht dieser unheimliche Schmerz in beiden Füßen gewesen, der mir arges Kopfzerbrechen bereitete. ‚Nur jetzt nicht bewusstlos werden', hämmerte es ständig in meinem Kopf. Ich musste unbedingt den Flug so rasch wie möglich beenden und eine Landung versuchen, bei der ich nicht noch weitere Verletzungen befürchten musste.

Nachdem auch die Landung in der Blumenwiese nahe der Straße noch glückte, war mir klar, dass ich diese wohl unmittelbarste Todesgefahr, der ich je ausgesetzt war, durch ein gütiges Schicksal mehr oder weniger heil überstanden hatte. Das ‚mehr' ist das Leben, das mir geschenkt worden ist. Das ‚weniger' konnte ich damals noch nicht annähernd einschätzen. Beide Beine waren aber auf jeden Fall stark in Mitleidenschaft gezogen. Links war das Fersenbein gebrochen und rechts war mein Knie in allen wichtigen Bestandteilen beschädigt – wie die Untersuchung im Krankenhaus ergab. Nach mehreren Operationen folgte ein steiniger Weg im Heilungsprozess, der mir anfänglich schier endlos vorkam und meine Bewegung im Steilfels endgültig als beendet erscheinen ließ.

Wenn man aber bereit ist, alle Mittel für eine volle Wiederherstellung des Bewegungsapparates einzusetzen, dann gibt es auch in solch schwierigen Fällen Aussicht auf Erfolg. Mein spezielles Glück war das Zusammentreffen mit meinen Physiotherapeuten Reinhard Huber und Richard Holzer, die mir die fast aussichtslose Situation verschwiegen und mit mir fast zwei Jahre lang ein Therapieprogramm durchzogen, das schließlich zum vollkommenen Erfolg führte. Ich konnte nicht nur wieder gehen, bergsteigen und Ski fahren – auch klettern wollte ich wieder probieren. Bis ins Frühjahr 1991 bemühte sich Richard Holzer intensiv um die volle Reaktivierung meines rechten Knies.

Richard erzählte mir, dass er viel bergsteigen und am liebsten Eisklettern geht. Dieser Hinweis ließ mir einfach keine Ruhe – ich wollte unbedingt etwas für ihn machen, das ihm Freude bereitet. Schließlich kam irgendwann die Rede auf die Matterhorn Nordwand. Zunächst nur scherzhaft: ‚Das wäre was – als Bestätigung deiner ausgezeichneten Leistung als Physiotherapeut sollten wir zusammen die Matterhorn Nordwand durchsteigen . . .' Je mehr wir darüber theoretisierten, desto klarer wurde mir: Das wäre das absolute Maximum, das ich als Rekonvaleszent und als ‚alter Knochen' mit meinem Freund und Therapeuten Richard machen könnte. Für ihn wäre nicht nur die Bergfahrt ein Erlebnis, sondern auch der Erfolg mit seinem Patienten, den er wieder vollständig auf die Beine gestellt hatte.

Nach einigen kleineren Trainingstouren in Tirol fuhren wir schließlich Anfang September 1991 in die Schweiz und begaben uns auf die Hörnlihütte. Die Wetteraussichten waren glänzend und so verließen wir nach ausgiebigem Frühstück um 3 Uhr früh die Hütte. Gleich bei der Abzweigung vom Hörnligrat nach rechts in

Richtung Nordwand legten wir die Steigeisen an, die wir dann praktisch bis zum Gipfel nicht mehr ablegten.

An der Randkluft zum Einstiegseisfeld war es noch dunkel. Schön gleichmäßig ging es in moderater Steilheit das Eisfeld hinauf. Bei der ersten Dämmerung sahen wir drohende schwarze Wolken und bald darauf ergoss sich ein Graupelschauer über uns. ‚Umkehren können wir immer noch . . .' war unsere Devise, als wir trotzdem immer weiter nach oben stiegen. Die Hartnäckigkeit lohnte sich – bald klarte es auf und wir hatten den ganzen Tag das herrlichste Herbstwetter, das man sich nur wünschen kann. Am Eisfeld hielten wir uns stark rechts, um möglichst bald das Schrägcouloir zu erreichen. Das Eis war stark zurückgegangen, überall waren schon Felsausaperungen vorhanden. Im Schrägcouloir fanden wir immer wieder gute Standplätze, teils sogar mit Haken. Allerdings, ein richtiger Rastplatz, auf dem man sich mal niedersetzen könnte, war in der ganzen Wand nicht zu finden. Es war alles mit Eis überzogen, sodass man die Steigeisen nie ausziehen konnte. Lange Strecken gab es Blankeis – um diese Zeit geht kaum jemand mehr in die Nordwand.

Phantastische Tiefblicke ergaben sich immer wieder und die Kulisse in der Nordwand wurde immer eindrucksvoller. Wir waren so beeindruckt von unserer Umgebung, dass wir die mächtigen Viertausender rundum viel zu wenig würdigten. Den Übergang zur Gipfelwand hatte ich zwar gesehen - man muss nach rechts queren - doch das Gelände war so unsympathisch, dass ich der Versuchung, den Haken folgend nach oben zu klettern, nicht widerstehen konnte. Zwei ziemlich schwierige Seillängen kletterten wir hier hoch, dann war es aus. Unser Seil hatte sich verklemmt, sodass wir es nicht mehr einziehen konnten. Also doch wieder hinunter bis zur Rechtsquerung, die man unbedingt nehmen muss. Fast zwei Stunden hatte uns dieses Manöver gekostet. Richard war ganz schön genervt, doch wir wollten unbedingt noch ganz hinauf kommen an diesem Tag. Es war allerdings schon 16 Uhr und wir hatten noch 600 Höhenmeter über uns.

Eine ausgesprochen steile Blankeisstelle meisterte Richard mit nur einer Schraube. Nur diese eine Eisschraube verwendeten wir in der ganzen Wand. Das Gelände in der Gipfelwand war zunächst noch so heikel, dass wir sichern mussten, zumal sich doch auch Müdigkeit und damit verbunden auch geringere Konzentration bemerkbar machten.

Um ca. 20 Uhr erreichten wir den Zmuttgrat knapp unterhalb des Gipfels. Erstmals fanden wir hier einen Platz, auf dem wir sitzen konnten. Die Situation im herrlichen Abendlicht, ohne einen Windhauch ausgestreckt rasten und auch liegen zu können, verleitete uns, hier zu bleiben und die Nacht auf dieser einzigartigen Kanzel zu verbringen. ‚Morgen ist auch noch ein schöner Tag, an dem wir gemütlich absteigen können', sagten wir uns. Tatsächlich hat sich dieser Entschluss voll rentiert. Die Nacht war phantastisch, die Sicht klar, die Dent d`Hérens stand uns genau gegenüber. Sie war im Mondlicht ständig zu sehen und es bleibt uns unvergesslich, dass wir auf den Gipfel dieses großen Viertausenders hinunter schauen konnten, wo man doch normalerweise immer ehrfurchtsvoll auf diesen Gipfel hinauf schauen muss. Wir hatten einen Platz in ca. 4400 Metern Höhe, von dem wir wirklich alles unter uns zu haben schienen. Rücken an Rücken hielten wir uns warm so gut es ging, und gegen 7 Uhr früh machten wir uns auf den Weg, um die letzten Meter zum Gipfel zurückzulegen.

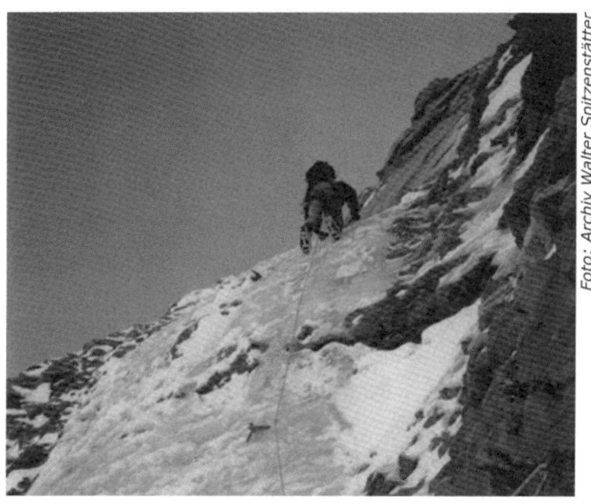

Foto: Archiv Walter Spitzenstätter

„Eine Schraube - und Fall erledigt", schreibt Walter zu dieser Stelle

Wir konnten es kaum glauben: Um halb acht Uhr waren bereits die ersten Leute am Gipfel, die über den Hörnligrat heraufgestiegen waren. Da war es vorbei mit der Bergeinsamkeit, doch das konnte unsere Freude über die gemeinsame Tour keineswegs trüben. An den dicken Seilen entlang – die Aufsteigenden auf der linken Seite, wir auf der rechten Seite – stiegen wir im wärmenden Sonnenlicht des jungen Tages über den Hörnligrat ab. Es wäre gelogen, wenn ich behaupten würde, nichts an meinem Gang hätte mehr auf eine Verletzung hingewiesen. Ein leichtes Hinken mit dem rechten Bein konnte ich auch mit größter Anstrengung nicht mehr unterdrücken, wohl etwas zu umfangreich war der Test für mein Knie ausgelegt . . .

Bei einem genussvollen Glasl Wein konnten wir dann beide unsere Erfolge gebührend feiern. Richard als Therapeut, dem es gelungen war, einen arg ramponierten Kletterer wieder bewegungsfähig zu machen und ich als Alpinist, der eigentlich nicht mehr an das Erreichen eines derartigen Zieles geglaubt hatte. Mit der Matterhorn Nordwand wurde ein Traum Realität, der das Bergsteigerherz stets höher schlagen lässt, wann immer die Erinnerung an die großen Alpenwände auftaucht."

Über viele Jahre lässt es Walter nun ruhiger angehen, was das Extrembergsteigen anbelangt. Oft ist er aber jetzt mit seiner Frau in den Bergen unterwegs, die ihn großzügig über Jahrzehnte immer wieder auf große Tour hatte gehen lassen, während sie sich zu Hause um ihre beiden Söhne kümmerte. Außerdem widmet er sich mit Beginn der neunziger Jahre der Firma „Videopool", die er mit seinem Sohn Gernot gegründet hatte. Eigentlich hat er so mehr als genug zu tun, aber als der siebzigste Geburtstag immer näher rückt, packt ihn der alte Klettervirus doch noch einmal.

Unter dem Titel

Die Comici an der Großen Zinne zum 70. Geburtstag

schreibt er: „Anstelle einer großartigen Geburtstagsfeier wollte ich, quasi als Abschluss meiner Tätigkeit an großen Wänden, mir selbst ein nachhaltiges Geburtstagsgeschenk machen. Ursprünglich war mein Plan, mit Robert Troier, meinem gleichaltrigen Partner, mit dem ich auf viele meiner ganz großen Erlebnisse in den Felsen zurückblicke, diese ‚Jubiläumstour' zu unternehmen. Leider war Robert dann im Moment der Umsetzung nicht greifbar und so war ich froh, dass Bruno Berloffa, ein Kamerad aus dem Kreise der ‚Gipfelstürmer', sofort mit Begeisterung dabei war, um mit mir das ‚Geburtstagsgeschenk zu zelebrieren'. Es sollte ein traumhaftes Erlebnis werden, das in seinem emotionalen Wert nicht hoch genug eingeschätzt werden kann.

Am 26. August waren wir um sieben Uhr früh beim Einstieg, da war bereits eine Seilschaft in der Wand und drei weitere kamen noch nach. Mit uns beiden waren 10 Leute in der ‚Comici'; an einem so strahlenden Augusttag ist dies sicher keine Seltenheit. Auch die Tatsache, dass Kletterer aus aller Herren Länder zu dieser Wand kommen, wurde mir an diesem Tag so richtig bewusst. An den Standplätzen konnte ich immer wieder meine Kenntnisse in Italienisch, Französisch und Englisch etwas aufbessern. Man tauscht Kommentare über die gerade zurückgelegte Seillänge aus und erfährt dabei, woher die Kletterer kommen. Da stand ein französisch sprechender Bergführer neben mir, der seinen englisch sprechenden Partner voraussicherte. Als Bruno nachgekommen war, stieg er gleich hinter einem Schweizer her. Die unter uns kletternde Seilschaft kam aus Belluno und so ergab sich die nächste Unterhaltung beim Sichern in Italienisch.

Besonders eindrucksvoll gestaltete sich immer wieder der Blick in die direkte Nordwand, in der auch drei Seilschaften kletterten. Mit Genuss erinnerte ich mich an unsere Begehungen der Brandler-Hasse-Führe und der Sachsen-Direttissima, wo wir noch unter den frühen Wiederholern waren. Hier vom bequemen Standplatz nach der zweiten schwierigen Seillänge – am sogenannten ‚Hund' – hat man einen geradezu dramatischen Einblick in die einzigartige überhängende Wölbung der direkten Nordwand.

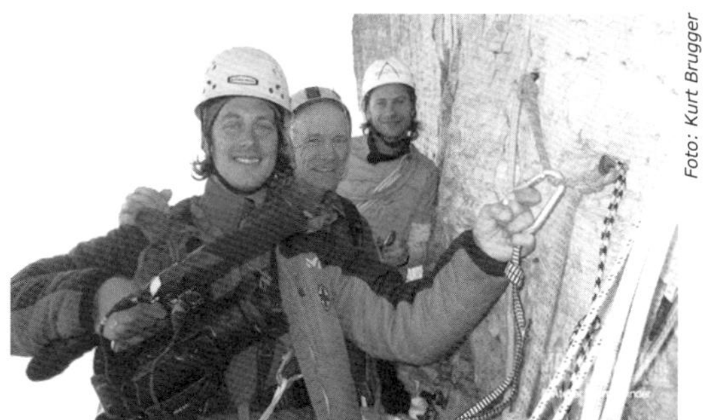
Foto: Kurt Brugger

In der „Comici": Kameramann Servus TV, Walter Spitzenstätter und Bruno Berloffa*

Die Erinnerung an meine erste Durchsteigung der Comici-Führe 1958 zeigte mir deutlich, was sich während dieser Zeit geändert hat. Damals war ich die ganze Tour vorausgeklettert und hatte nicht den Eindruck, einen besonders schwierigen Anstieg bewältigt zu haben. Jetzt sind Haken nur mehr an den für die Sicherheit notwendigen Stellen vorhanden, es wird alles frei und ohne Steigschlingen geklettert, die früher gang und gäbe waren. Durch diese Wiederholung nach so langer Zeit konnte ich eindrucksvoll verspüren, um wieviel schwieriger heute geklettert wird. Wir dagegen haben damals nicht gezögert, uns an den Haken zu halten und diese auch zur Fortbewegung zu nutzen.

Es war echt eine traumhafte Stimmung. Keine Wolke am Himmel, kein Wind und eine angenehme Temperatur an diesem Sommertag mit ausreichend langer Tageszeit. Wir hatten nur einen Rucksack dabei, den wir beim überschlagenden Führen immer wieder wechselten. Wenn die notwendigsten Utensilien von zwei Leuten in einem Rucksack vereint sind, dann ergibt das doch ein ansehnliches Gewicht. Das verspürte ich jedes Mal beim Nachsteigen. So ergab es sich, dass mir das Vorausklettern leichter erschien, als hinterher mit dem Rucksack nachsteigen zu müssen.

Nach den sieben schwierigen Seillängen machten wir Rast auf dem großen Band. Wir ließen zwei Seilschaften vorbei und machten uns anschließend ganz gemütlich an die Ausstiegsrisse. Dieser obere Wandteil weist auch noch einige kräfteraubende Seillängen auf. Jedenfalls spürte ich die Länge der Tour in meinen Knochen. Auch der große Quergang im oberen Bereich ist mir diesmal schwieriger vorgekommen als 1958. Hier war es aber nicht die Klettertechnik, die anders geworden ist, sondern einfach die Müdigkeit, die ich nicht mehr verleugnen konnte.

Am Nachmittag erreichten wir das Ringband, wo wir uns in der Sonne eine ausgiebige Rast mit feiner Jause gönnten. Ein Traum wurde zur Realität. Obwohl

*) *Der von Servus TV produzierte Film „100 Jahre Gipfelstürmer" lief mehrfach im österreichischen Fernsehen*

ich schon längere Zeit keine so große Tour mehr gemacht hatte, war es gelungen, eine der eindrucksvollsten Wände der Dolomiten noch einmal mit einem Kameraden in überschlagender Führung, wie in alten Zeiten, problemlos zu durchklettern. Mein inniger Dank richtet sich an Bruno, der bei diesem Erlebnis ein idealer Partner für mich war.

Von nun an wird es für mich nur mehr echte Plaisirrouten am Fels geben, die Abrundung meiner Ambitionen im Steilfels ist mit dieser einzigartigen Tour in perfekter Weise gelungen.

Und ich bin mir sicher: Mit keiner anderen Feierlichkeit hätte ich meinen 70er intensiver erleben können."

„Die Krone der Heimat", 1960 - 2015

Nach der Durchsteigung der Nordwand der Großen Zinne versucht Walter, sich bis zu seinem 75. Geburtstag einen weiteren Traum zu erfüllen, die Besteigung aller Grenzgipfel Tirols. Nach seiner eigenen Zählung sind dies 489 Gipfel, eine „offizielle" Zahl aller Grenzgipfel existiert nicht, weil es schwierig zu definieren ist, was eigentlich als Gipfel zu gelten hat. Also legt er für sich folgende Definition fest: „Ein Gipfel muss auf allen Seiten mindestens zehn Meter abfallen, also als höchster Punkt erkennbar sein, er muss vermessen sein und einen Namen haben."

Viele von ihnen hat er bereits als junger Mann bestiegen, aber im Jahr 2010 fehlen ihm noch 28. Er sieht die 489 Gipfel wie eine Krone mit unzähligen Perlen, die das Land Tirol umgibt. Diese Krone sich quasi aufsetzen zu können, das will er unbedingt noch schaffen. Auch im vorgerückten Alter noch Ziele zu haben, macht für ihn das Leben erst wertvoll. Natürlich sollen diese Ziele auch erreichbar sein, ohne aber von vornherein die Garantie zu bieten, auch umgesetzt werden zu können.

Wie schon bei der „Comici" findet er auch jetzt wieder in Bruno Berloffa den idealen Gefährten, der es ohne weiteres akzeptiert, dass nicht alle dieser Grenzberge Traumgipfel sind. Oft ist brüchiger Fels zu beschreiten und manchmal erscheinen die Zustiege endlos lang. Aber selbstverständlich sind auch Berge mit harmonischen Formen dabei, mit anregender, auch schwieriger Felskletterei, mit scharfen Firngraten und steilen Eiswänden.

Walter und Bruno besteigen die letzten noch fehlenden „Perlen" im Reichenspitzkamm von der Zillerplattenspitze bis zur Richterspitze auf einem durchgehend schwierigen Granitgrat mit luftigen Kletterstellen. Die Wirtsleute in der Plauener Hütte, die von Walters Projekt erfahren haben, bereiten ihnen einen überaus herzlichen Empfang und so ist das Glück der beiden vollkommen: Die Krone erstrahlt nun mit allen 489 Perlen.

Für Freunde von Zahlen: Zur Ersteigung der 489 Gipfel waren mehr als 300 000 Höhenmeter und ein Zeitaufwand von mehr als 50 Jahren erforderlich.

Und wie wird es weitergehen? Alle, die Walter gut kennen, sind sich sicher: Langeweile wird es für ihn nie geben. Noch immer ist er im Familienbetrieb "Videopool" aktiv, nimmt nach wie vor an Einsätzen der Bergrettung teil, geht aber auch ein bis zwei Mal pro Woche mit seiner Frau in die Berge. Und wie es aussieht, wäre er nicht abgeneigt, an einer erneuten Fernsehdokumentation mitzuwirken.

2012 hatte er das Drehbuch zu einer erfolgreichen Dokumentation über die Innsbrucker „Gipfelstürmer" erstellt und auch bei den Dreharbeiten mitgearbeitet. Ein mögliches neues Thema wäre vielleicht die Geschichte der Bergrettung Tirol. Hier hat er ja bereits einschlägige Erfahrung. Schließlich arbeitet er seit Jahren an einer Chronik der Bergrettung Tirol. Immer wenn er ein paar Stunden Zeit hat, stellt er Materialien zusammen, überarbeitet Berichte und befragt Zeitzeugen.*

Walter Spitzenstätter

geboren am 21. 2. 1940 in Innsbruck

Auszug aus seinem Tourenbuch:

1959 Kleiner Wandkopf (bei Zirl/Tirol), direkte Martinswand, VI+, 1. Begehung
1960 Petit Dru, Bonattipfeiler, VI, 10. Begehung
1962 Eiger, Nordwand, Heckmair-Route, V, Eis bis 60°, 34. Begehung
1964 Riepenwand, direkte NW-Wand, Rebitsch/Loserth, VI, 1. Winterbegehung
1967 Marmolada di Rocca, Vinatzer-Route, VI+, 1. Winterbegehung
1978 Fleischbank, Pumprisse, VII, 1. österreichische Begehung
1984 Mont Blanc, Frêneypfeiler, VI+
1985 Grandes Jorasses, Walkerpfeiler, VI, Eis 55°
1991 Matterhorn, Nordwand, V, Eis bis 70°, als Rekonvaleszent nach einer schweren Verletzung
2010 Gr. Zinne, Nordwand, Comici, VI, mit 70 Jahren

*) *Im Dezember 2019 erschien sein Buch „Ehrensache Leben retten" im Tyrolia-Verlag*

KAPITEL 8

Manfred Sturm

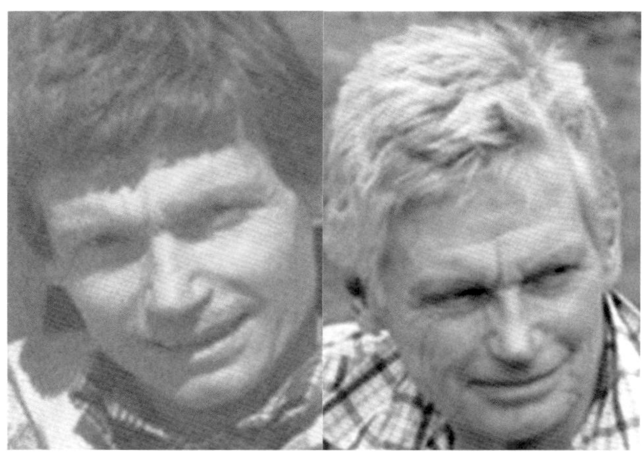

Manfred Sturm mit 25 und mit 75 Jahren

Fotos: Archiv Manfred Sturm

„Die Nordwände von Eiger und Matterhorn standen mehrfach auf meinem Programm, aber letzten Endes hat es nie geklappt. Mal sagte der Partner im letzten Moment ab, mal waren die Verhältnisse nicht gut, mal war das Wetter schlecht. Vielleicht fehlte mir auch die letzte Entschlossenheit, in diese steinschlaggefährdeten Wände einzusteigen“, sagt Manfred Sturm heute in der Rückschau auf seine bergsteigerische Laufbahn. „Aber als Manko empfinde ich das absolut nicht, ich habe ja genug andere große ‚Brocken‘ gemacht.“ Das hat der Mani – wie ihn seine Freunde nennen – nun wahrlich. Nicht umsonst galt Manfred Sturm in den sechziger und siebziger Jahren als einer der besten Bergsteiger Deutschlands.

Manfred verbringt seine ersten Lebensjahre in München. Im Jahre 1944 wird er mit seiner Mutter in ein kleines Dorf im Chiemgau evakuiert, um den Bombenangriffen der Alliierten auf München zu entgehen. Im Winter 44/45 steht er zum ersten Mal auf Skiern, auch wenn es dabei nur einen zehn Meter hohen Hügel hinuntergeht. Die ersten Kletterversuche macht er als 14-Jähriger im Münchner Klettergarten bei Buchenhain. Er ist sofort hellauf begeistert und schließt sich der Sektion Oberland des Alpenvereins an. Jetzt dreht sich für ihn alles nur noch ums Bergsteigen. Die Schule „schmeißt“ er noch vor dem Abitur; er will so schnell wie möglich Geld verdienen. Nach einigen Monaten hat er genug gespart, um sich seinen Traum zu erfüllen – ein Motorrad!

Nun geht es jedes Wochenende in die Berge und nicht nur ins Karwendel oder die Dolomiten, sondern bald auch in die Westalpen. Aber schnell merkt er, dass sein Motorrad und die Berge nicht alles Glück der Welt bedeuten und er widmet sich doch wieder seiner beruflichen Zukunft. Nach einem Praktikum in einer Elektrofirma schreibt er sich im Polytechnikum in München ein und 1959 darf er sich stolz Wirtschaftsingenieur nennen.

Noch während der Ausbildung zieht es ihn an den Wochenenden aber nach wie vor in die Berge. Die Ziele werden immer anspruchsvoller: die 7. Begehung der direkten Nordwand der Großen Zinne; die 8. Begehung der Südwestwand der Rotwand (Hasse/Brandler) in den Dolomiten, die Sentinelle Rouge am Montblanc, die 16. Begehung der direkten Westwand der Aiguille Noire mit anschließender Begehung des Peuterey-Grates (in dieser Kombination noch nie gemacht) und viele andere schwerste Touren.

1961 erfüllen sich Manfred und sechs seiner Freunde einen lang gehegten Traum – eine Reise in die Anden. Ihr Ziel ist die Cordillera Huayhuash mit ihren formschönen Fünf- und Sechstausendern. Einen ganz besonderen Anreiz stellt der Siula Chico (6265 m) dar, der einzige noch nicht bestiegene Sechstausender der Cordillera Huayhuash. Beim Anmarsch zum Hauptlager zieht sich Manfred jedoch eine schwere Darmvergiftung zu. Er hat extrem hohes Fieber und schwitzt drei Schlafsäcke durch. Seine Freunde machen sich große Sorgen um ihn und es gelingt ihnen schließlich, über Umwege Kontakt zu einer peruanischen Militäreinheit aufzunehmen, die sofort einen Hubschrauber entsendet. Der äußerst wagemutige Pilot schafft es, einen mehr als 5000 Meter hohen Pass zu überqueren und bringt Manfred in ein amerikanisches Krankenhaus in Cerro de Pasco. Den Ärzten gelingt es, Manfred am Leben zu erhalten – „es war knapp", geben sie ihm aber zu verstehen. Nach 14 Tagen wird er entlassen und kehrt abgemagert ins Hauptlager zurück. Seine Kameraden empfangen ihn in ihrem jugendlichen Übermut mit dem Satz: „Morgen geht`s zum Siula!" Nur gut, dass das Krankenhaus in 4000 Meter Höhe liegt, so dass wenigstens die Höhenanpassung von Manfred recht gut ist.

Und tatsächlich, am nächsten Morgen steigt der hohlwangige Manfred mit seinen Kameraden auf dem stark überwechteten Nordgrat zunächst zum Siula Grande auf, von dem der leichteste Weg zum Siula Chico führt. Langsam zieht Nebel aus den Flanken empor und es wird immer schwieriger, die Gratkante zu erkennen; Schnee und Nebelschwaden verschmelzen zu einem milchigen Grau. Die vorausgehende Seilschaft mit Manfred Jordan, Günter Wolf, Helmut Albrecht und Edi Buncsack ist bereits seit geraumer Zeit im dichten Nebel verschwunden, als die nachfolgende Seilschaft mit Manfred und Horst Wels den Gipfel des Siula Grande erreicht. Dort treffen sie Edi, der den anderen drei nicht folgen wollte, weil ihm der manchmal nach beiden Seiten überwechtete Grat zu gefährlich erscheint.

Für kurze Zeit reißt der Nebel auf und gibt den Blick auf den zum Siula Chico führenden Grataufschwung frei. Die Spur ihrer Freunde folgt dem Grat ... und endet abrupt an einem riesigen Wechtenausbruch. Siedend heiß durchfährt sie der Gedanke: „Die drei sind hier mit der Wechte in die Tiefe gestürzt!" Alles in ihnen sträubt sich gegen diesen furchtbaren Gedanken und sie suchen verzweifelt mit den Augen nach Spuren, die um den Wechtenausbruch herumführen, aber sie suchen vergebens. Und so wird langsam zur schrecklichen Gewissheit, dass ihre Freunde ohne jede Überlebenschance über die extrem steile 1000 Meter hohe Nordwestwand abgestürzt sind.

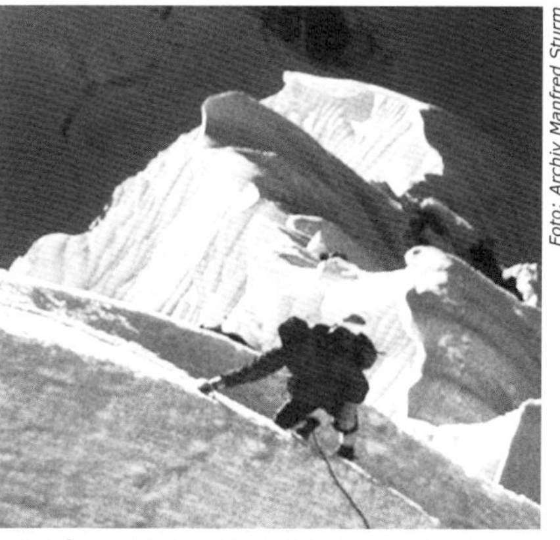

Foto: Archiv Manfred Sturm

Manfred Sturm am Nordgrat des Siula Grande

Nach einer kalten Biwaknacht am Gipfel des Siula Grande steigen Manfred, Horst und Edi am kommenden Morgen über den Nordgrat mit seinen Riesenwechten vorsichtig bis zu einer Scharte ab, von der sie den Wandfuß der Nordwestwand einsehen können. Drei kleine schwarze Punkte im Schnee unterhalb der Wand beseitigen endgültig alle Zweifel ...

Zum ersten Mal in seinem jungen Leben wird Manfred derart abrupt mit dem Tod konfrontiert. Manche Bergsteiger kehren nach solch einem einschneidenden Erlebnis den Bergen den Rücken, aber bei Manfred behält am Ende der Bergvirus die Oberhand, trotz aller Trauer, trotz aller Zweifel.

Grandes Jorasses, Walkerpfeiler, 1967

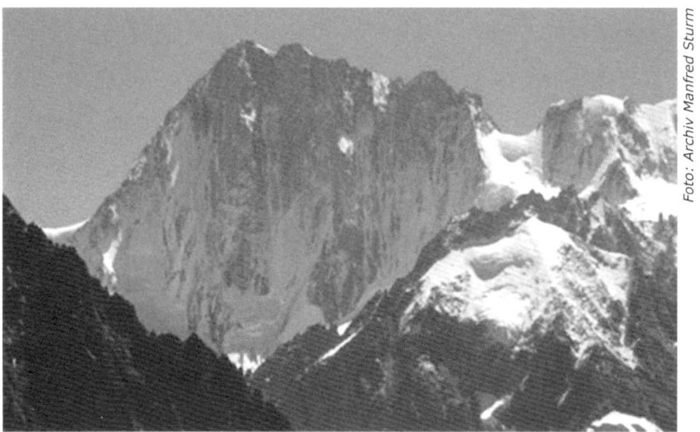

Foto: Archiv Manfred Sturm

Der Walkerpfeiler (in der Falllinie des Gipfels der Grandes Jorasses)

Auf einem Faschingsball der Sektion Oberland des DAV lernt Manfred Christa kennen, die 1963 seine Frau werden sollte. Mit ihrem strahlenden Lächeln nimmt sie alle für sich ein und im Unterschied zu mehreren anderen Frauen seiner Bergspezls begleitet sie ihn auf vielen seiner großen Touren. Beim Walkerpfeiler allerdings bleibt sie zu Hause; das wäre dann doch eine Nummer zu groß für sie.

Von den drei großen Nordwänden der Alpen zieht der Walkerpfeiler Manfred am meisten an. Die Linienführung beeindruckt ihn ungemein, außerdem liegt ihm das Klettern im festen Granit des Mont-Blanc-Massives.

Ende Juli schlendert er mit Gottfried Lapp durch das abendliche Chamonix. Im Tal ist bereits die Dämmerung eingezogen, der Mont Blanc aber ist noch immer in goldenes Licht getaucht. Auf der Terrasse eines Cafés entdecken sie plötzlich Fritz Zintl und Günther Sturm, zwei Freunde aus München. „Wie war`s, habt ihr ihn gemacht, den Pfeiler?", ist die erste Frage von Manfred. „Bärig war`s!", kommt wie im Chor die

Antwort der beiden. Eine gute Stunde fachsimpeln die vier, dann kehren Manfred und Gottfried zu ihrem Zeltplatz zurück. Sie haben Mühe einzuschlafen, denn die Begeisterung, mit der Fritz und Günther von ihrer Durchsteigung erzählt haben, hat sie angesteckt, und sie gehen jetzt in Gedanken die einzelnen Seillängen durch.

Am kommenden Tag steigen sie gegen drei Uhr nachmittags in den Pfeiler ein. Kurz vor 19 Uhr erreichen sie den Biwakplatz am Rébuffat-Riss, essen und trinken etwas und schlüpfen schließlich in ihre Biwaksäcke. Das Wetter sieht nicht gerade einladend aus, Wolken bedecken fast den gesamten Himmel und langsam kommt Wind auf. Während der ganzen Nacht tobt ein Gewitter um den Berg und Einschlag folgt auf Einschlag. Ab und zu donnern ein paar Fels- und Eisbrocken an ihnen vorbei, die Blitze weit oben gelöst haben.

Als der Morgen graut, hat der Gewitterregen noch immer nicht nachgelassen. Wo sie auch hinblicken, überall nur nasser Fels und aus Rinnen und Rissen stieben Sturzbäche herab. Da gibt es nur eine Lösung: Umkehr! Als sie wohlbehalten den Wandfuß erreichen, sind sie doch sehr erleichtert, denn ab und zu waren Eisbrocken, oft gefährlich nah, an ihnen vorbeigezischt.

Die kommenden Tage bringen wieder besseres Wetter und am 30. Juli steigen sie erneut zum Pfeiler auf. Sie hoffen, aufgrund der längeren Schönwetterperiode gute Bedingungen in der Aufstiegsroute vorzufinden. Ihr Optimismus wird allerdings etwas gedämpft, als ihnen drei französische Bergsteiger erzählen, dass sie nach wenigen Seillängen umkehren mussten, weil viele Felspassagen vereist seien. Was tun? Nach kurzer Beratung beschließen sie, wenigstens bis zum Rébuffatriss zu klettern. Von dort könnten sie immer noch leicht umkehren, falls die Verhältnisse zu ungünstig sind.

Während sie am Fuß des Pfeilers ihre Ausrüstung aus den Rucksäcken kramen, stehen plötzlich wie ein Spuk zwei andere Bergsteiger neben ihnen. Robert und Toni heißen sie, sind Bergführer und kommen aus Österreich. Bald ist Manfred mit den Vorbereitungen fertig und los geht`s. Die Route führt zunächst über leichte Platten und große lockere Blöcke. Am Ende dieser Passage hockt Gary Hemming, der „Kletter-Beatnik" aus den USA, den sie einen Tag zuvor kennengelernt hatten. Er ordnet gerade sein Material und scheint unentschlossen, ob er weiterklettern soll.

Es geht jetzt nach links über steile Firnfelder, die von brüchigen braunen Felsen durchsetzt sind. Am Ende der Querung nimmt Manfred in einer mehr als ungemütlichen Stellung, gesichert an einem Haken, die Steigeisen wieder ab. Die folgende Seillänge führt Gottfried, und Manfred ist ihm mehr als dankbar, denn vor einer Woche hatte er sich hier äußerst ungeschickt angestellt.

Gottfried ist jetzt dicht hinter Gary Hemming. „Mensch, ist der langsam!", denkt sich Gottfried und platzt fast vor Ungeduld, weil Gary beinahe jeden Griff und Tritt umständlich prüft. Plötzlich schreit Gary auf – er ist abgerutscht und baumelt jetzt in einer Schlinge, die er sich glücklicherweise gelegt hat. Er schnauft kräftig durch und scheint ein weiteres Mal zu überlegen, ob er wirklich weitergehen soll. Er lässt Gottfried vorbei, der diese schwierige Stelle elegant meistert. Hier sind wahrscheinlich am Vortag die drei Franzosen umgekehrt, denn ab jetzt ist der Fels oft mit einer unangenehmen Eisglasur überzogen. Aber das scheint Gottfried kaum etwas auszumachen und bald ist er am Ende der Seillänge.

Gegen acht Uhr erreichen sie den Biwakplatz am Rébuffat-Riss und holen die „große Schlosserei" aus dem Rucksack, denn der Riss soll ja eine sehr ernste Angelegenheit sein. Inzwischen sind Gary und die beiden Österreicher nachgekommen. Alle schauen Manfred zu, wie er den Riss bewältigt. Mehrere Haken helfen ihm über knifflige Stellen hinweg, aber manche Passagen sind auch frei zu klettern, was ihm deutlich mehr Spaß macht. Am bequemen Standplatz angekommen, ruft er befreit „Nachkommen!" zu Gottfried hinunter. Der folgt nach und klettert anschließend leicht abwärts nach rechts um eine Kante. Hier muss er die Steigeisen anlegen, denn die vor ihm liegenden an sich leichten Platten sind durch die Vereisung sehr unangenehm.

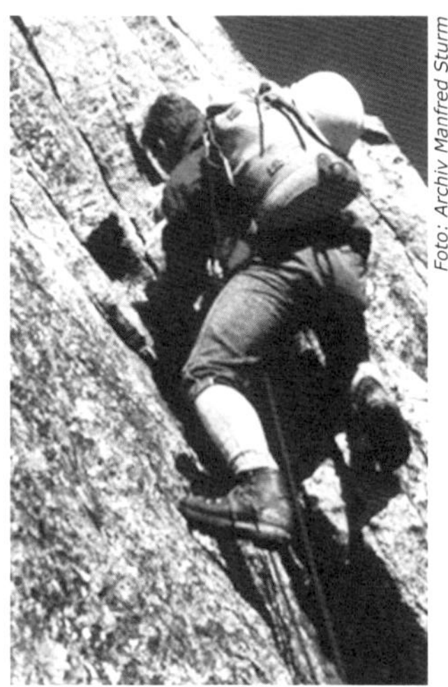

Foto: Archiv Manfred Sturm

Manfred Sturm im Rébuffat-Riss der Grandes Jorasses

Bald muss nun die 75-Meter-Verschneidung kommen, auf die Manfred und Gottfried schon sehr gespannt sind. Robert und Toni folgen ihnen dicht auf den Fersen, Gary aber ist am Rébuffatriss endgültig umgekehrt. Noch eine kurze Querung, dann ist der Fuß der Verschneidung erreicht. Gottfried übernimmt die erste Seillänge und stößt bereits nach wenigen Metern begeisterte Urlaute aus. Über die Gesichter von Robert und Toni zieht ein breites Grinsen, die Kletterei scheint Genuss pur zu sein. Als dann Mani dran ist, kann er Gottfrieds Enthusiasmus nur teilen; die Kletterei ist zwar alles andere als leicht, aber kurz bevor es richtig schwer wird, steckt immer ein sicherer Haken.

Nach einem kleinen „Verhauer“ seilt Manfred ein paar Meter ab und schwindelt sich schließlich über eine vereiste Platte zum Beginn des berühmten Pendelquergangs. Hier haben andere Bergsteiger ein Fixseil zurückgelassen, an dem er bequem auf eine Leiste zehn Meter tiefer hinabschwebt. Während Gottfried nachkommt, geht Manfred so manches durch den Kopf: Er ist glücklich – endlich am Walkerpfeiler! So viele Jahre hat er von dieser Tour geträumt und jetzt läuft alles wunderbar, trotz der großen Schwierigkeiten. Auch das Wetter scheint zu halten, und er betet, dass es so bleiben möge.

Nach ein paar leichteren Seillängen folgen die „Schwarzen Platten“, die zu den schwersten Passagen des Pfeilers gehören. Manfred und Gottfried sind aber eher angenehm überrascht, denn es stecken alle Haken, die nötig sind und der Fels ist trocken und fest. Was für eine großartige Kletterei!

Robert und Toni schlagen eine gemeinsame Rast vor, aber es findet sich nirgends eine Sitzgelegenheit, auch nicht am „Eselsrücken“, einer weiteren schwierigen, aber auch sehr schönen Kletterpassage. Die Österreicher schreien herauf: „Ja wollt`s denn ihr überhaupt ka Jausn macha, ihr Hundsbuam!“ Und so setzen sich Manfred und Gottfried pflichtbewusst nieder und holen etwas Essbares aus ihren Rucksäcken. Aber bereits nach zehn Minuten treibt es sie weiter, zu sehr begeistert sie die Kletterei, zu groß ihre Neugier, was noch alles kommen wird. Plötzlich hören sie Stimmen über sich. In den „Roten Kaminen“ entdecken sie nach einigem Suchen zwei Bergsteiger, die sich an einem Eisüberhang abmühen. Das müssen die zwei Bulgaren sein, denen sie zwei Tage zuvor begegnet waren.

Das Gelände ist jetzt äußerst unangenehm und weit und breit kein Haken in Sicht. Nach etwa 25 Metern findet Manfred endlich einen guten Standplatz, und noch weiß er nicht, dass er hier die nächsten zwei Stunden wird ausharren müssen. Gottfried kommt nach und geht gleich weiter. Nach zehn Metern schlägt er einen Haken, erreicht wenige Meter darüber einen weiteren Haken, benutzt ihn als Griff – und schreit plötzlich auf: „Halt mich!“ Manfred zieht so schnell er kann das Seil ein, ein kurzer Ruck, völlige Stille, dann Gottfried: „Scheißhaken! Nichts passiert!“ Gottfried will sofort weitergehen, aber jetzt bieten sich die Österreicher an: „Lass uns mal probieren!“ Toni übernimmt nun die Führung, aber es scheint eine Ewigkeit zu vergehen, bis er endlich Stand machen kann. Als Manfred nach zwei Stunden als Letzter nachfolgt, wird ihm sofort klar, warum er so lange warten musste. Die Seillänge ist zum Großteil vereist, nass und vor allem brüchig und gehört in diesem Zustand sicher zu den schwersten am gesamten Pfeiler.

Die Zeit vergeht und Gottfried mahnt: „Wir sollten schon jetzt nach einem Biwakplatz Ausschau halten!“ Aber solange sie auch suchen, sie finden nichts Besseres als eine sehr kleine, sehr geneigte und mit Schnee bedeckte Plattform. Während die anderen sie vom Schnee befreien und einebnen, will Manfred noch den Weiterweg erkunden.

Der vereiste Fels ist heikel zu begehen; nur gut, dass im rechten Augenblick immer Haken stecken. Er hängt einige Schlingen ein und kehrt dann zu seinen Kameraden zurück. Die haben inzwischen den Kocher in Gang gesetzt und bereiten eine Suppe zu. Danach gibt es Tee in rauen Mengen. Langsam schleicht die Dämmerung in die Täler und der Himmel bezieht sich mit dunklen Wolken.

Allmählich verstummen die Gespräche und sie versuchen zu schlafen. Das gelingt aber meist nur für kurze Zeit. Die Kälte und die Angst, dass das Wetter umschlagen könnte, lassen sie immer wieder aufschrecken. Stunden später färbt sich der Himmel über den Petites Jorasses zartrosa und gleich sieht die Welt freundlicher aus. Die Wolkendecke löst sich nach und nach auf und das hebt bei allen vier die Stimmung.

Nach dem Frühstück übernimmt Manfred wieder die Führung. Seine Schlingen sind jetzt unter einer dicken Eisschicht verborgen. Immerhin erleichtern sie ihm die ersten Meter, dann steht er vor Neuland, und zwar vor einem ziemlich rätselhaften. Über ihm ein Überhang ohne jeden Haken und außerdem völlig vereist und brüchig. Nach mehreren Versuchen gelingt es ihm, einen Haken zu schlagen: Trittschlinge einhängen, drei Meter in äußerst heikler Kletterei höhersteigen – und alles an vereistem Fels! Als er endlich Stand machen kann, atmet er erleichtert auf. Als Robert nachkommt, kommentiert er anerkennend: „Des hast guat gmacht!“

Sie sind nun wieder auf dem eigentlichen Pfeilerrücken. Das Gelände wird leichter, viele Passagen sind schneedurchsetzt. Gottfried meint, sie hätten vielleicht noch drei oder vier Seillängen vor sich, Manfred dagegen behauptet: „Unmöglich! Es bleiben mindestens noch acht!“ Umso erstaunter ist er, als er nach drei Seillängen nur noch wenige Meter unter der Gipfelwechte steht. Auf diesem letzten Stück ist er besonders vorsichtig, jetzt darf nichts mehr passieren! Über die Bresche, die die Bulgaren in die Wechte geschlagen haben, steigt Manfred gegen zehn Uhr aus dem Pfeiler aus. Voller Freude wirft er seine gesamte Ausrüstung in den Schnee und schreit zu Gottfried hinunter: „Wir sind oben!“ Eine unendliche Dankbarkeit erfüllt ihn; so lange hat er auf diesen Tag gewartet, fast ein Jahrzehnt! Diese Tour bedeutet ihm mehr als eine Auslandsfahrt zu irgendeinem Eisriesen im Himalaya.

Beim Abstieg holt sie im Tal doch noch das Schlechtwetter mit starkem Regen ein, das sie in der Wand so befürchtet hatten. Aber es kann das tiefe Glücksgefühl in ihnen nicht beeinträchtigen. Ein Traum ist endlich wahr geworden!

Im Himalaya

Die Bergfreunde von Manfred warnen ihn: „Du wirst sehen, wenn mal das erste Kind da ist, wird sie nicht mehr klettern gehen und dich womöglich auch noch ausbremsen!“ Aber dem ist nicht so und selbst nach der Geburt ihrer Tochter Petra wird Christa als geschickte Kletterin eine zuverlässige Begleiterin von Manfred sein. Auf Petra passen dann die Großeltern auf, so auch 1975, als Manfred und Christa in den Himalaya aufbrechen. Ihr Ziel ist der noch nicht bestiegene Toshe Peak (6310 m) in unmittelbarer Nachbarschaft des Nanga Parbat. Für Christa sollte es der erste Sechstausender ihres Lebens werden. In seinem Buch „Schön war`s“ schreibt Manfred:

„Im Südosten stand eine dunkle Wolkenbank, aus der sich gelegentlich dunkle Ballen lösten und über unseren Grat huschten. Das unbekannte Gelände über uns trieb uns weiter, doch nur langsam zog sich unsere Spur in die Höhe. An windgeschützten Stellen des Grates wateten wir bis zum Bauch im Schnee, und jeder Meter musste buchstäblich erkämpft werden. Wir wechselten uns häufig mit dem Spuren ab, und wir waren vielleicht noch 200 Meter unter dem Gipfel, als unseren Berg endgültig eine dicke Wolkenkappe einhüllte. Alles war in Grau getaucht.

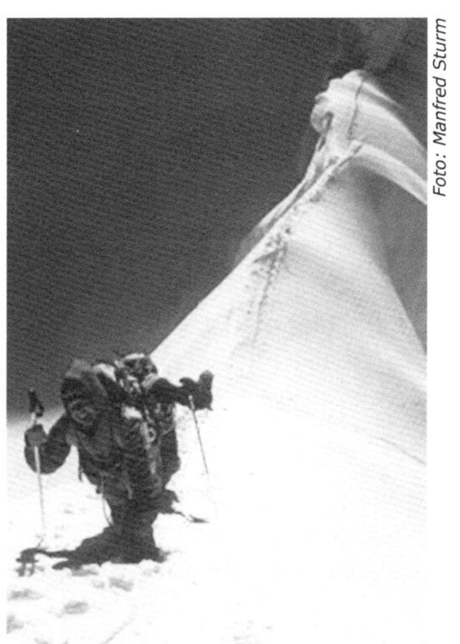

Foto: Manfred Sturm

Christa Sturm am Gipfelgrat des Toshe Peak

Ich war gerade am Spuren, in einem ziemlich steilen Aufschwung, da schien plötzlich um mich alles in Bewegung zu sein. Klar war mir nur, dass es mit mir bergab ging. Mit allen Mitteln versuchte ich zu bremsen, bis endlich die Steigeisen und der Pickel Halt fanden und das Schneebrett, das ich ausgelöst hatte, langsam an mir vorbeirutschte. Allmählich fand mein Herz wieder zu einer normalen Frequenz zurück, ich holte tief Luft und ging den Grat wieder an.

Einige Seillängen später wiederholte sich das noch einmal, und wir waren heilfroh, als sich der Grat endlich zurücklegte und der Gipfel nicht mehr fern sein konnte. Eine flache Mulde, eine kleine Rast und dann der Gipfel über einer breiten, sicheren Wechte. Der Sturm trieb die Wolken über uns hinweg, nur ganz selten zeigte sich ein kleines blaues Loch in der dicken Decke. Die Berge um uns blieben verborgen – schade.

Im Schutz der Wechte blieben wir vielleicht eine halbe Stunde am Gipfel, jeder für sich allein mit seiner Freude und seiner Müdigkeit. Die Nachmittagsstunde drückte uns die Augen zu, aber die Kälte mahnte uns abzusteigen. Im dichten Nebel suchten wir unsere Spur, die meistens schon verweht war. Mit mehr Glück als Gespür fanden wir kurz vor der Dämmerung die Spalte, in der unser etwas eingeknicktes Zelt stand. Müde, ohne Lust, noch etwas zu kochen, quetschten wir uns ein letztes Mal in das Zelt, mit der Gewissheit, morgen wieder im Hauptlager bei den vollen Kochtöpfen zu sein."

Fünf Jahre später besteigt Manfred auch endlich seinen ersten Achttausender, den Shisha Pangma. Er erzählt: „Der Shisha Pangma ist mit 8013 m der einzige Achttausender, der in Tibet steht und damit auf chinesischem Hoheitsgebiet. In einer Expedition mit gewaltigem Aufwand haben 1964 Chinesen diesen Himalayariesen erstmals bestiegen (...)

In Peking lernten wir die langatmige Verhandlungsfreudigkeit des chinesischen Beamtenapparates kennen, bei der Anfahrt die Großartigkeit der tibetischen Landschaft und Kultur, im Hauptlager auf etwa 5000 m die geringe Bergtauglichkeit unserer chinesischen Begleitmannschaft. Weitgehend auf eigenen Schultern bauten wir die einzelnen Hochlager auf. Ein erster Gipfelversuch mit Sigi Hupfauer, Erich Reismüller und mir Anfang Mai erstickte im Schneesturm. Die zweite Gruppe mit Günther Sturm, Fritz Zintl, Michl Dacher und Wolfgang Schaffert hatte mehr Glück. Sie erreichten nach einer sehr langen und gefährlichen Querung in Gipfelnähe etwa eine Woche später den höchsten Punkt. Wieder eine Woche später standen auch Sigi Hupfauer und ich auf dem Gipfel.

Nach einigen vergeblichen Versuchen, 1962 am Nanga Parbat und 1973 am Manaslu, hatte ich endlich einen Achttausender bestiegen. Ich bin dankbar und glücklich, diese unvergesslichen Tage mit einer so harmonischen Mannschaft erlebt zu haben."

Bonattipfeiler

Zwei Jahre später erfüllt er sich einen weiteren Traum, den Bonatti-Pfeiler an den Drus. Mani ist inzwischen 46 Jahre alt, fühlt sich aber noch immer wie ein 25-jähriger. In „Schön war`s" nimmt uns Mani mit nach Chamonix und berichtet: „Christa murrte zwar vernehmlich, aber wir fuhren im Sommer trotzdem wieder nach Chamonix, zum fünften oder sechsten Mal. Montblanc, dieses fantastische Hochgebirge, hat für mich auch heute noch eine unglaubliche Anziehungskraft. Vergleichbar erscheinen mir nur noch das Karakorum rund um die Trangotürme und Patagonien mit dem Fitz Roy, der für mich einer der schönsten Berge der Welt ist.

Meine Generation ist nicht nur in eine glückliche Zeit geboren, weil sich Deutschland in einer sehr erfreulichen Aufwärtsentwicklung befand, sondern weil wir die Berge in einer Zeit erlebt haben, in der es noch Gletscher, Eiswände und ein noch kaum vom weichenden Permafrost gezeichnetes Hochgebirge gab. Ein typisches Beispiel hierfür ist, unter vielen, die Petit Dru im Montblanc-Gebiet. Die Westwandroute der Erstbegeher haben mehrere Bergstürze eigentlich unbegehbar gemacht. Den 1955 von Walter Bonatti in einem legendären Alleingang bezwungenen Südwestpfeiler gibt es nicht mehr. Er fiel einer gewaltigen Naturkatastrophe zum Opfer. Obwohl ich den Pfeiler schon vor vielen Jahren klettern konnte, war ich darüber unsagbar traurig. Etwas, was mir lieb und wertvoll geworden ist, war nicht mehr.

Christa und ich mieteten uns zusammen mit Michael Schneider im Sommer 1982 eine putzige Wohnung in Les Praz. Das Wetter war so gut, dass man auch größere Touren planen konnte. So richteten wir uns eines Abends – mit meiner Meinung nach zu vielen Mitbewerbern – an den Flammes de Pierre für ein Biwak ein. Wir hatten am Abend bis ins kleinste Detail alles vorbereitet und waren die Ersten beim Abseilen bis zum Beginn des Bonattipfeilers – Gott sei Dank ohne Steinschlag – und auch die Ersten am Einstieg. Michael kannte den Pfeiler aus seiner Studentenzeit in Genf, so dass es mit der Orientierung keine großen Schwierigkeiten gab - eher mit der eigentlichen Kletterei, die uns hin und wieder gewaltig herausforderte.

Immer wieder musste ich an Walter Bonatti denken, der 1955 ganz alleine in sechs Tagen durch diese Risse geklettert war. Ich konnte relativ unbeschwert die nächsten Meter in Angriff nehmen, weil ich wusste, dass ich immer wieder einen sicheren Standplatz erreichen würde. Für Bonatti hatte damals jeder Meter Neuland und Ungewissheit bedeutet.

Ich war am Stand der letzten Seillänge, Michael kam locker und elegant nach, so als ob wir nur zwei oder drei Seillängen geklettert wären. Dabei fragte ich mich, was eigentlich den Wert einer Kletterei ausmacht. Es sind nicht nur die schönen Seillängen, ein strahlender Tag oder ein berühmter Berg, vielmehr sind es die Menschen, die uns begleiten. Michael Schneider war einer, der jede Tour zu einem besonderen Erlebnis machte.

Es störte uns nicht, dass wir am Gipfel noch einmal biwakieren mussten. Unser Glück perfekt machte aber Christa am nächsten Tag, als sie uns beim Abstieg bei der Charpoua-Hütte ein Bier entgegenbrachte."

Frêney-Zentralpfeiler

Wiederum mit Michael Schneider und außerdem Gerhard Rebitzer geht Mani ein Jahr später den berühmt-berüchtigten Frêney-Zentralpfeiler an. Über die Katastrophe von 1961, bei der von sieben Bergsteigern vier beim Versuch der Erstbegehung umkamen, weiß Mani natürlich in allen Einzelheiten Bescheid, aber Angst hat er deswegen nicht, nur großen Respekt. Da Michael den Pfeiler von einer früheren Begehung her kennt, werden sie zudem mit der Wegfindung keine Probleme haben.

Von der Monzinohütte erreichen sie unerwartet schnell das Eccles-Biwak und beschließen deswegen, sofort in den Pfeiler einzusteigen. Nach fünf oder sechs Seillängen wird es langsam dunkel und sie richten sich zum Biwak ein. In der Nacht umhüllt dichter Nebel den Berg, der sich in der Morgensonne aber glücklicherweise wieder auflöst.

Die Kletterei an dem festen, rotbraunen Granit macht allen drei große Freude. An der „Chandelle“ (=Kerze) wird der Klettergenuss aber jäh unterbrochen. Mani hat diese Schlüsselseillänge wohl etwas unterschätzt und seinen Rucksack mit dem sperrigen Eispickel nicht abgelegt. Und so wird die Kletterei in dem engen, überhängenden Kamin zu einer wahren Plackerei. Noch nie hat er sich beim Klettern derart schinden müssen und ist heilfroh, als er nach mehreren bangen Minuten den Kamin endlich hinter sich hat.

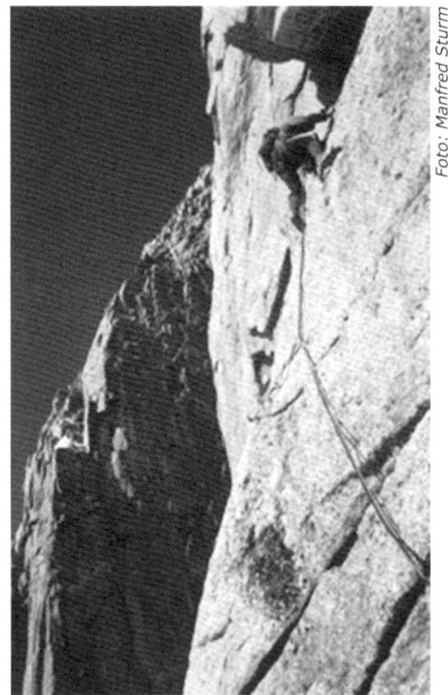

Foto: Manfred Sturm

Michael Schneider an der Grande Chandelle des Frêney-Zentralpfeilers

Kurz darauf stehen sie auf dem höchsten Punkt der „Chandelle“ und stapfen im tiefen Firn höher. Sturm kommt auf und die Sicht wird immer schlechter. Gegen 18 Uhr erreichen sie abgekämpft, aber überglücklich, den Gipfel des Montblanc. Eine der schwierigsten, aber auch großartigsten Klettereien der Alpen liegt hinter ihnen.

Die schönste gemeinsame Tour von Mani und Christa

Wenn man Mani und Christa nach ihrer schönsten gemeinsamen Tour befragt, dann kommt bei beiden ohne jedes Zögern die Antwort: „Der Charlotte Dome, 1986!“ Die beiden Turteltauben sind inzwischen 50 (Mani) und 45 (Christa) Jahre alt. Tochter Petra wird einmal mehr in der Obhut der Großeltern gelassen. Später werden sich das

Mani und Christa bisweilen vorwerfen: „Was wäre aus ihr geworden, wenn uns etwas zugestoßen wäre?“ Heute sind beide glücklich, dass Petra ihnen das nie nachgetragen und außerdem ihr Leben trotz gelegentlich fehlender elterlicher Fürsorge sehr erfolgreich gestaltet hat.

Der Charlotte Dome in Südkalifornien ist etwas für Bergsteiger, die die Einsamkeit suchen. Während der fünf Tage am Berg begegnen sie keiner Menschenseele. Nur ein einziges Lebewesen nähert sich zutraulich ihrem Zelt, ein junger Hirsch, der am liebsten wohl auch das Zeltinnere nach etwas Fressbarem durchsucht hätte und mit ein paar energischen Kraftausdrücken verscheucht werden muss.

Das Ziel von Mani und Christa ist die Südwand des Charlotte Dome, die erst 1970 von drei Amerikanern durchstiegen wurde. Die drei hatten keinen einzigen Haken in der Route geschlagen, die Schwierigkeiten bis zum V. Grad aufweist. Mit einigem Herzklopfen steigen Mani und Christa in die Route ein, zu der sie keinerlei Beschreibung hatten auftreiben können. Die Wand ist von vielen Rissen durchzogen und mehrfach stellen sie sich die Frage: „Welchen nehmen wir jetzt?“ Aber immer findet sich eine Lösung und so lässt ihre Angespanntheit langsam nach. Die letzten hundert Meter sind traumhaft schön und sie genießen die Kletterei in vollen Zügen.

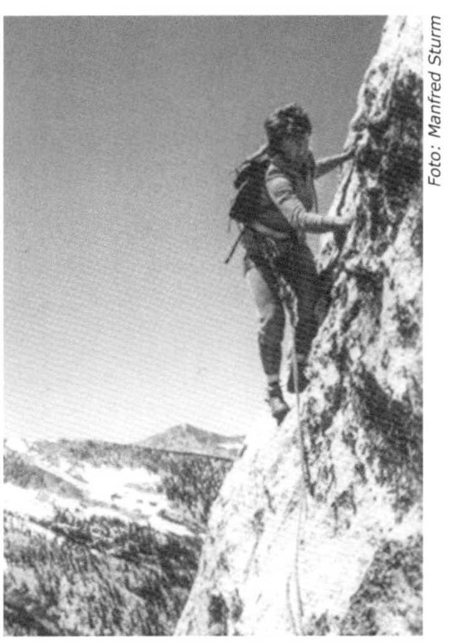

Foto: Manfred Sturm

Christa Sturm in der Südwand des Charlotte Dome

Beim Abstieg überqueren die beiden einen Bach an unterschiedlichen Stellen und so verlieren sie sich bald aus den Augen. Als Mani am späten Nachmittag zum Zelt zurückkehrt, ist von Christa weit und breit nichts zu sehen. Sofort durchzuckt ihn der Gedanke: „Sie ist von einem Bären angegriffen worden!“ Amerikanische Freunde hatten sie eindringlich vor Bären gewarnt, von denen es in dieser einsamen Gegend mehr als genug zu geben scheint! Mit rasendem Puls hastet Mani den Weg zurück, schreit sich die Seele aus dem Hals: „Christa! Christa!“ Bei bereits einbrechender Dunkelheit gibt er die Suche auf und kehrt mit hängendem Kopf zum Zelt zurück – wo ihn Christa mit einem strahlenden Lächeln empfängt.

Diese Momente der Angst aber verdrängen beide schnell, es bleibt die Erinnerung an Tage mit intensivem Naturerlebnis, herrlicher Kletterei und tiefer Harmonie.

Elf Jahre später, Mani ist inzwischen 61, zieht es ihn wieder auf den nordamerikanischen Kontinent. Zwei Jahre zuvor war er im Winter einer Einladung des Kanadischen Bergführerverbandes gefolgt und hatte unvergessliche Skitage in den Bugaboos erlebt. Dabei war ihm natürlich nicht entgangen, in welch großartiger Felslandschaft sich die herrlichen Pulverschneehänge befanden. Ein Vergleich mit den kompakten Granitfelsen des Bergell drängte sich förmlich auf.

Mit zwei Freunden nimmt Mani den 800 Meter hohen Nordwestpfeiler des Bugaboo Spire in Angriff. Die Kletterei ist wunderschön und erinnert stark an die Nordostkante des Piz Badile; die Schwierigkeiten liegen allerdings etwa einen Grad höher. Am Gipfel empfängt sie eine unendliche Stille, kein Mensch weit und breit, Zeit zum Schauen und Genießen. „So einsam waren unsere heimatlichen Berge vielleicht vor hundert Jahren“, geht es Mani durch den Kopf.

Vinatzer/Messner-Route, Marmolada, 2007

Mani hat jetzt in den Bergen alles erreicht – die kleinen Einschränkungen zu den Nordwänden von Eiger und Matterhorn wurden bereits eingangs erwähnt. Aber welcher ältere Bergsteiger träumt nicht davon, noch einmal auf ganz große Tour zu gehen, ein letztes Mal, ehe die Kräfte und die Geschicklichkeit nachlassen! Bei Mani ist es die Vinatzer-Messner-Route in der Südwand der Marmolada in den Dolomiten. Er erzählt:

„Hochsommer 1970
Werner Lang und ich hatten uns auf der am Ombrettapass gelegenen Biwakschachtel einigermaßen häuslich eingerichtet und betrachteten wenig begeistert unsere mit Salami belegten Brotscheiben, die sowohl für das Abendessen als auch das Frühstück reichen mussten. Wir waren allein, als sich plötzlich spät abends Schritte näherten. Die Tür wurde aufgestoßen und herein stolperten Pit Schubert und Klaus Werner, die seit langem zu meinen Spezis gehörten. Großes Hallo: ‚Wo kommt ihr her? Wo wollt ihr hin?‘

Wir hatten an diesem Tag an der Marmolada Südwand die Vinatzerführe geklettert, die Batista Vinatzer mit Ettore Castiglioni 1936 erstbegangen hatte und wollten am kommenden Tag zur Südwestwand von Gino Soldà und Umberto Conforto, auch 1936 erstbegangen. Vom großen Band der Vinatzer hatten wir auch die grauen Platten im oberen Teil der Südwand eingesehen, die ein Jahr zuvor Reinhold Messner allein durchstiegen hatte. Man wusste noch nicht sehr viel von dieser Kletterei, nur dass sie sehr kühn sein sollte.

Auf unserer Fahrt zur Marmolada hatten wir vor ein paar Tagen Reinhold Messner in Innsbruck im Krankenhaus besucht, wo seine Erfrierungen, die er sich am Nanga Parbat zugezogen hatte, behandelt wurden. Unvergesslich bleiben mir seine Begrüßungsworte: ‚Und Du bist mit diesem Menschen befreundet!', womit Dr. Karl Herrligkoffer, der Expeditionsleiter, gemeint war, der seiner Meinung nach für das gesamte Fiasko am Nanga Parbat verantwortlich war. Wenig Bedeutung hatte bei diesem Besuch seine Erstbegehung an der Marmolada, im Vordergrund stand verständlicherweise seine Odyssee am Nanga Parbat.

In den folgenden Jahren drängten andere Pläne die ‚Messner-Route' in den Hintergrund, bis mir – Jahrzehnte später - meine Freunde, denen mein Interesse für diese Route nicht entgangen war, einen Gutschein für eine Begehung mit einem ortskundigen Bergführer zum 70. Geburtstag schenkten. Meine Wahl fiel auf Christoph Hainz, einen der bekanntesten Erschließer kühner Erstbegehungen in den Dolomiten. Ich hatte Christoph bei einem Treffen der Internationalen Bergführerverbände in Kanada kennengelernt.

Hochsommer 2007

Der Wetterbericht meldete ein umfassendes Hoch und Christoph hatte für mich Zeit. An einem klaren Julinachmittag holte ich ihn in seinem hübschen Haus in der Nähe von Bruneck ab. Wir sortierten unsere Ausrüstung und machten uns auf den Weg zur Falierhütte.

Christoph war dort natürlich ein gern gesehener Gast und nach einem kleinen Abendessen und dem obligatorischen Glas Rotwein, legten wir uns schließlich aufs Ohr.

Entspannt wie der vergangene Tag endete, begann der neue. Ich konnte dem Tag völlig gelassen entgegensehen, wie auch Christoph, der die ‚Messner-Route' gut kannte und wusste, dass ihn keine unüberwindbaren Hindernisse erwarteten.

Es herrschte absolute Stille, als wir die Hütte verließen und uns ohne jegliche Hast dem Einstieg näherten. Christoph wählte nicht den Originaleinstieg der Vinatzerführe, einen eher etwas unangenehmen roten Kamin, den ich schon von unserer Begehung 1970 kannte, sondern links davon eine schönere Variante. B. Vinatzer und E. Castiglioni, die diesen Wanddurchstieg 1936 fanden, zählten in jener Zeit zu den besten Dolomitenkletterern. Lange Jahre galt die ‚Vinatzer' als eine der schwersten Klettereien im südlichen Teil der Alpen.

Mich begeisterte die Schönheit der Kletterei, die bis auf den Ausstieg zum großen Band an hervorragend festem Fels verläuft. Unangenehm schwer war bei der Begehung mit Christoph nur ein schräg links aufwärts ziehender Risskamin, den wir vor 37 Jahren weitgehend mit Hilfe von Trittschlingen überwunden hatten. Diesmal steckten meiner Erinnerung nach weniger Haken und Trittschlingen waren seit längerer Zeit nicht mehr so in Mode – also verzichteten wir natürlich darauf.

Am großen Band angelangt, stieg die Spannung in mir; ab jetzt erwartete mich ja Neuland. Die ‚Messner-Route' beginnt sofort mit einem kleinen Überhang, danach legt sich die Wand zurück und führt zunächst in leichteres, aber auch sehr unübersichtliches Gelände. Ohne Christoph hätte ich hier einige Probleme mit der Orientierung gehabt. Es folgen wunderschöne, fast senkrechte Platten mit ausgeprägten Wasserrillen. Spätestens an der mit Löchern durchzogenen Wand der 24. Seillänge habe ich mich dann gefragt, wie Reinhold Messner es damals (1969) wagte, in das Meer aus glatten Platten hineinzuklettern – er war ja allein und hatte keine Bohrhaken dabei, die er strikt ablehnte. In seinem Buch ‚Der siebte Grad' schreibt er dazu:

‚Die Löcher an der Wand waren so weit voneinander entfernt, dass sie mir zu schwierig erschien. Weiter links aber glaubte ich, einen versteckten Riss zu erkennen, der auf einen Weiterweg hoffen ließ. Ich querte an orgelpfeifenartigen Felssäulen nach links und sah eine schmale Ritze hinten in einer kleinen Verschneidung. Über der Ritze war der Fels senkrecht und ungegliedert. Der Haken, den ich in der Ritze unterbringen konnte, hielt. In überaus kraftraubender Kletterei stieg ich, an ihm und zwei weiteren gesichert, über die Platte hinauf, brachte einen zweiten Haken unter und hatte gewonnen. Diese Stelle gehörte mit zu den schwierigsten, die ich je geklettert war.'

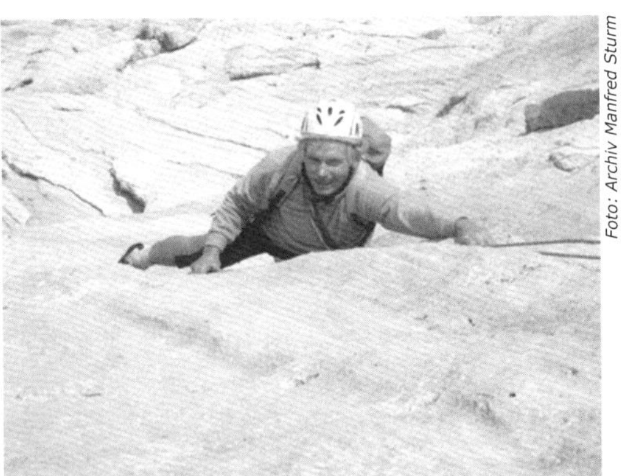

Foto: Archiv Manfred Sturm

Manfred Sturm in den steilen Platten der Messner-Führe

Diese Stelle wird in manchen Führern mit VII bewertet. Auch wenn der Rest der Kletterei nie außergewöhnlich schwierig ist, so ist sie doch aus der Sicht des Erstbegehers sehr kühn und zeigt eindrucksvoll, welches Gespür für seinen heimatlichen Fels, welches Können und welchen Mut Messner damals besessen hat. Sein Gespür zeigt sich auch in einigen Quergängen, die keineswegs klar vorgezeichnet oder logisch sind – man muss sie im wahrsten Sinne erst einmal entdecken.

Dankbar bin ich Christoph Hainz, dass er mich wie einen normalen Freund oder Kollegen behandelt hat und nicht daran dachte, am straffen Seil einen ‚blinden' Gelegenheitskletterer zum Gipfel zerren zu müssen.

Wir erreichten den Gipfel noch bei Sonnenschein, die letzte Gondel ins Tal leider nicht mehr. So erwartete uns ein stundenlanger ‚Hatscher' bis ins Tal. Nach der langen Kletterei über 800 Höhenmeter hätte ich mir diesen letzten Teil der Tour gern erspart!"

Andere Ziele

Aufs Altenteil zieht sich Mani nach dieser großen Tour aber keinesfalls zurück. Als leidenschaftlicher Felskletterer sucht er nach neuen Zielen außerhalb Europas. Bereits im Jahre 2002 hatte er dem Hoggar-Gebirge in Algerien einen ersten Besuch abgestattet. Was ihn dabei ungemein faszinierte, war der Kontrast zwischen Wüste und schroffen Felsgipfeln. Damals waren sie nur gewandert, hatten aber immer wieder begehrliche Blicke zu den bizarren Felsgestalten geworfen.

Im Jahre 2009 schließlich gelingt es Mani, zwei Freunde für eine Kletterreise in den Hoggar zu begeistern. Die Nächte am Fuß der Felsen sind bitterkalt, die Tage aber heiß, und es fließt so mancher Schweißtropfen in den Kletterrouten, von denen manche immerhin 10 bis 12 Seillängen umfassen. Die Schwierigkeiten liegen nach der französischen Skala bei 5c, was in der UIAA-Skala einer VI entspricht, die der inzwischen 72-jährige Mani aber immer noch souverän meistert.

Und auch als über Achtzigjähriger ist das Klettern weiterhin Manfreds Leidenschaft geblieben, wenn auch heute meistens in der Halle. Mit anderen ehemaligen Alpingrößen wie Gerd Uhner, Wulf Scheffler oder Hans Engl findet man ihn – meist zweimal pro Woche – in der Münchner Kletterhalle in Thalkirchen. Christa begleitet ihn oft und die beiden klettern dann Routen bis zum sechsten Schwierigkeitsgrad. „Ich will klettern, solange es geht. Ich freue mich einfach an der Bewegung und an der Landschaft", erzählt Manfred, „auch wenn es nur ein ‚Dreier' oder ‚Vierer' im Wilden Kaiser ist."

Bisher war fast nur von Manfreds Bergtouren die Rede, man würde ihm aber großes Unrecht tun, würde man ihn darauf reduzieren. Manfred hat in vielen Bereichen Außergewöhnliches geleistet. Dazu einige Beispiele:

Wenn Alpinisten heute sicherer in den Bergen unterwegs sind als noch vor einigen Jahrzehnten, so ist dies auch ein Verdienst von Manfred Sturm. Als sein Freund Helmut Salger 1968 in der Eisflanke der Hochferner-Nordwand (Zillertaler Alpen) tödlich abstürzt, macht Manfred Selbstversuche, um herauszufinden, welche Sicherungsmethoden im Steileis am effizientesten sind. Er setzt sich mit einer ganzen Reihe anderer Alpinisten zusammen und es kommt schließlich zur Gründung des Sicherheitskreises des DAV unter Leitung von Pit Schubert (1), der als Maschinenbau-Ingenieur auch geradezu prädestiniert für diese Aufgabe ist. Wenigstens in der Anfangszeit unterstützt ihn Manfred, wenn es darum geht, in klassischen Kletterrouten unsichere Haken – „Rostgurken“ genannt – durch sichere Bohrhaken zu ersetzen, was aber durchaus nicht immer unumstritten war. Es gab „Puristen“ in der Bergsteigerszene, die diese Initiative als „Konsumbergsteigen“ oder „Ende des Abenteuers am Berg“ geißelten. Heute aber sind wohl die allermeisten Bergsteiger froh darüber, in den klassischen Kletterrouten verlässliche Haken vorzufinden.

Da Manfred immer offen gegenüber neuen Ideen war und sich bereit zeigte, Verantwortung zu übernehmen, erscheint es beinahe selbstverständlich, dass er sich bei zahlreichen Initiativen engagierte, Ehrenämter übernahm oder Diskussionsgruppen leitete. So war er 25 Jahre lang Schriftführer des Deutschen Bergführerverbandes (2), Beauftragter des DAV für das Expeditionswesen, wobei er – damals noch unüblich – Kleinexpeditionen besonders förderte, DAV-Ausbildungsreferent und Vorsitzender des Instituts für Auslandsforschung (Herrligkofferstiftung).

Wenn man ihn heute fragt, ob er so etwas wie Stolz darüber empfindet, dass er so viele Dinge angestoßen hat, dann ist seine Antwort: „Worauf ich doch ein bisschen stolz bin, ist die Kletteranlage in Thalkirchen, die zusammen mit dem Trägerverein der Münchner Sektionen und der Firma orgasport in meiner Vorstandszeit entstanden ist. Wir haben damit nicht nur optimale Trainingsmöglichkeiten für die Münchner Kletterer und Bergsteiger geschaffen, sondern auch viele junge Menschen überhaupt zu einer sportlichen Betätigung gebracht, soziale Kontaktmöglichkeiten geschaffen, Behinderten zu kleinen Erfolgserlebnissen und mehr Selbstvertrauen verholfen, manche vielleicht sogar von der Straße geholt und den Alpenvereinssektionen zu neuen Mitgliedern verholfen.“

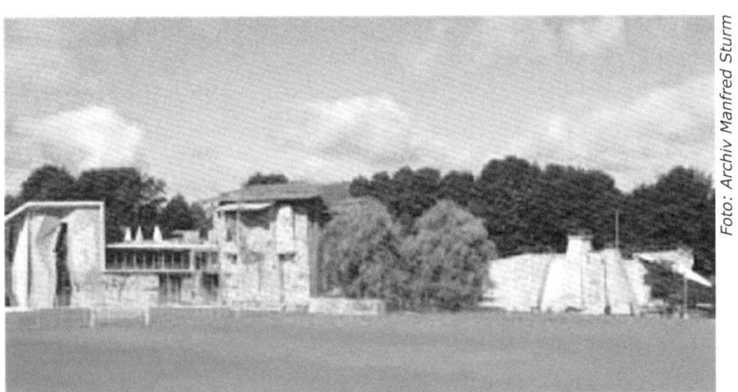

Foto: Archiv Manfred Sturm

Das Kletterzentrum des DAV in München-Thalkirchen

Dem könnte man hinzufügen, dass es in dieser Kletteranlage einen Turm gibt, der bezeichnenderweise den Namen „Mani-Tower“ trägt. Eine Plakette erinnert daran, dass er es war, der dieses Projekt mit seiner geballten Energie und Überzeugungskraft vorangetrieben hat. Nicht umsonst nennen ihn seine Mitstreiter „Die Seele von Thalkirchen".

Manfred Sturm

geboren am 7. Juli 1936 in München

Auszug aus seinem Tourenbuch:

1959 1. Überschreitung Aiguille Noire, Dir. Westwand, VI+, – Peutereygrat - Montblanc
1959 Gr. Zinne, direkte Nordwand (Hasse/Brandler), VI, A 3, 7. Begehung
1966 1. Besteigung des Siula Chico (6265 m) im Zusammenhang mit der 1. Überschreitung des Siula Grande (6356 m), Cordillera Huayhuash
1975 1. Besteigung des Toshe Peak (6310 m), Nanga-Parbat-Region
1981 Half Dome, NW-Wand, 5.9 (UIAA: VI), Kalifornien
1981 Mt. Whitney, Ostwand, 5.4 (UIAA: IV+), Kalifornien
1983 Mt. Blanc, Freneypfeiler, VI
1986 Charlotte Dome, Südwand, 5.8 (UIAA: VI-), Kalifornien
1990 Naranjo de Bulnes, Westwand, VI, Picos de Europa
2007 Marmolada, Südwand, VI+

(1) Die Verdienste von Pit Schubert in jahrzehntelanger Arbeit um mehr Sicherheit am Berg werden in seinem Porträt auf S 121 ausführlich gewürdigt.

(2) 1971 hatte er, zusätzlich zu seinem Beruf als Wirtschaftsingenieur, auch die Bergführer-Prüfung abgelegt.

KAPITEL 9

Otti Wiedmann

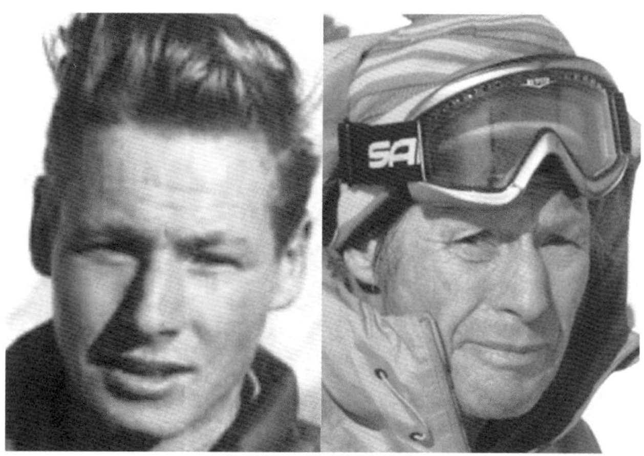

Otti Wiedmann mit 22 und mit 80 Jahren

Fotos: Archiv Otti Wiedmann

Was Otti Wiedmann ganz besonders auszeichnet und von allen anderen Spitzenkletterern abhebt, ist, dass er über eine ungemein lange Zeitspanne extrem klettert – inzwischen weit über 60 Jahre. Wenn die meisten Bergsteiger es mit 40 oder 50 Jahren ruhiger angehen lassen und sich oft mit Bergwanderungen im Kreise der Familie begnügen, legt Otti in diesem Alter erst richtig los. Als er 1982 Andi Orgler kennenlernt, setzen die beiden bald Akzente, sowohl im Fels wie auch im Eis. Die 1. Begehung von „Chaos» (VIII) an der Kastenwand, die 2. freie Begehung der Messner-Route (VIII-) am Mittelpfeiler des Heiligkreuzkofels und die 1. Begehung des Eisfalls „Hängende Gärten" sind nur einige ihrer großen Touren. Dennoch ist Otti in der breiten Öffentlichkeit kaum bekannt, wohl auch, weil er nie die Aufmerksamkeit der Medien gesucht hat. Wenn andere von Vortrag zu Vortrag eilen, geht er lieber in die Berge, oft auch allein.

Zum Bergsteigen kommt Otti erst mit 18 Jahren. Vorher zeigt er großes Talent im Schwimmen, im Fußball, als Leichtathlet und als Turner. Später gehört er dem österreichischen Nationalteam im alpinen Skilauf an und gewinnt dabei zwei FIS-A-Rennen (Vorläufer der heutigen Weltcup-Rennen). Die Qualifikation für die Olympischen Winterspiele 1960 in Squaw Valley verfehlt er nur knapp. 1961/62 – also mit erst 26 Jahren – trainiert er jeweils eine Saison lang die englische und die polnische Ski-Nationalmannschaft und 1964 gewinnt er bei den Profiweltmeisterschaften in den USA die Bronzemedaille in der Kombination (Slalom/Riesenslalom).

Dass er als vielseitiger Sportler auch Begabung fürs Klettern zeigt, erscheint beinahe selbstverständlich. Seine erste große Klettertour ist 1954 die Dibona-Kante an der Großen Zinne mit immerhin 650 Höhenmetern im IV. Grad. Danach geht es über Jahrzehnte hinweg extrem weiter: „... es gelingen ihm viele Erstbegehungen, Alleingänge, Winterbegehungen, Eisklettereien, Skiabfahrten. Vor allem aber klettert er die großen Klassiker aus den verschiedensten Epochen der Kletterentwicklung (...) und bleibt damit auf der Höhe der jeweiligen Zeit" (Reinhold Messner).

Seine außergewöhnlichen körperlichen Voraussetzungen und seine Höhentauglichkeit hätten Otti eigentlich auch für die Besteigung von Achttausendern prädestiniert, aber aus unterschiedlichen Gründen klappt es nie mit einer Teilnahme an einer Expedition zu den höchsten Bergen des Himalaya. Und als er 1978 ein Sportgeschäft in Innsbruck übernimmt, sind wochen- oder gar monatelang dauernde Expeditionen ohnehin nicht mehr mit der erfolgreichen Führung eines Geschäftes vereinbar. Die Berge der Welt hat Otti dennoch recht oft aufgesucht, in den meisten Fällen jedoch vor dem Jahr 1978. Er unternimmt Bergtouren in Nord- und Südamerika (u. a. Besteigung des Mount McKinley, 6194 m, und des Aconcagua, 6962 m), im Himalaya (Besteigung mehrerer Fünf- und Sechstausender) und in Afrika (Kilimandscharo, 5895 m und Mawenzi, 5148 m, innerhalb von 12 Stunden).

Aufgrund seiner eingeschränkten Freizeit nach dem Jahr 1978 sieht sich Otti notgedrungen im Wesentlichen als „Alpenakteur".

Ottis erste große Sechsertour

Im August 1956 fährt Otti mit seinen Freunden Paul Pustet, Gottfried Potisk und Hans Scheicher in die Dolomiten. Ihr großes Ziel ist die Comici-Führe in der Nordwand der Großen Zinne. Otti berichtet in seinem Tourenbuch:

„Am Sonntagabend setzt leichter Regen ein – das verheißt eigentlich nichts Gutes für den kommenden Tag. So trauen wir unseren Augen nicht, als uns am Montag auf unserem Zeltplatz neben der Lavaredo-Hütte ein wolkenloser Himmel entgegenlacht. Nach einem kräftigen Frühstück sind wir bald oben am Patternsattel. Im blassen Morgenlicht schaut die Nordwand ungemein beeindruckend aus. Wir lassen uns aber nicht abschrecken. Der Einstieg ist rasch erreicht und nach einer kurzen Viererlänge ist Paul schon im ersten Sechserquergang unterwegs. Es dauert nicht lange und es ertönt das Wort ‚nachkommen'. Gleich hinter mir geht Gottfried ans Werk, der sich mit Hans zusammengebunden hat. Wir sind alle nur wenige Touren dieses Kalibers geklettert und bringen alle vier zusammen nicht mehr als 77 Jahre auf die Waagschale.

Unerhört eindrucksvoll ist die Kletterei. Die Wand drängt den Körper weit nach außen und zwingt uns zu vollem Einsatz. Kurze Quergänge, Risse, Verschneidungen und Wandstellen lösen sich in bunter Folge ab. Besonders eindrucksvoll ist ein ca. acht Meter hoher, leicht überhängender gelber Riss, der total frei zu erklettern ist. Als reine Turnerei an Haken, wie manchmal behauptet, empfinden wir diese Route nun wirklich nicht.

Vier der laut Beschreibung sieben Sechserlängen bis hinauf zum Italienerbiwak haben wir schon hinter uns, als wir uns auf einem winzigen Absatz eine kleine Labepause mit Fruchtsaft gönnen. Die nächste kurze Seillänge bringt mich in arge Bedrängnis, da ich das Seil durch falsches Einhängen nicht mehr nachziehen kann. Nur durch einen freiwilligen Pendler kann ich letztendlich das Seil lösen.

Paul übernimmt nun wieder die Führung und folgt einem sehr engen Riss, der nach einer kleinen Unterbrechung weiter oben rechts seine Fortsetzung hat. Da Paul an der Unterbrechungsstelle nur wenig Möglichkeiten sieht weiterzukommen, ruft er mir recht trocken zu: ‚Du Otti, da werd ich jetzt ein paar Mal fliegen, sichere gut!' Er steigt einen Meter höher und ehe ich seine Worte ernst genommen habe, pendelt er knapp rechts von mir in etwa gleicher Höhe im Seil. Die Stelle da oben sei sauschwer, teilt er mir mit, aber er wolle es noch mal probieren. Kaum ist er am letzten Haken vorbeigeklettert, kommt er wieder durch die Luft zurück und meint: ‚Probier`s du!'

Am letzten Haken schau ich mir die Freikletterstelle genau an und sehe im Riss oberhalb einen Haken mit einer etwa einen Meter langen Reepschnur, die sich aber direkt unter dem Haken im Riss verheddert hat. Die Reepschnur ist auch mindestens zweimal um den Haken gewickelt – das sieht ganz nach einer Bosheit unserer Vorgänger aus. Mit gefährlicher Schräglage kann ich extrem weit rechts außen einen kleinen Griff erlangen und mit diesem die Reepschnur und den Haken. Ich höre Pauls erleichterten Seufzer. Auch Gottfried spendet laut und reichlich Beifall.

Nach einer weiteren etwas leichteren, aber äußerst luftigen Seillänge kommen wir am Italienerbiwak an. Es ist erst 11 Uhr vorbei, die Hauptschwierigkeiten der Wand liegen hinter uns, und wir gönnen uns eine lange Rastpause. Die Erstbegeher Comici, Dimai und Gefährten lassen wir hochleben und sind uns sicher, noch niemals eine so beeindruckende Felskulisse erlebt zu haben. Die einzige Blöße dieser Wand sind die herrlichen Standplätze, die man in einer solch abweisenden Mauer gar nicht vermuten würde.

Nach etwa einer Stunde Rast klettern wir über mehrere Fünferlängen weiter, bis uns ein schwarzer, nasser Kamin über ein großartiges Abschlussdach leitet, über dem der 27-Meter-Quergang beginnt. Ein paar Nebelschwaden hüllen nun die Wand ein, aber wir können Gottfried und Hans hören, die jetzt auch die Hauptschwierigkeiten hinter sich gebracht haben. Die Kulisse ist irreal, großartig. Der Quergang ist ein Genuss in grauem, festem Fels, der nicht über den 4. Schwierigkeitsgrad hinausgeht.

Nach zwei weiteren Seillängen in geneigterem Gelände sind wir oben am Gipfelringband. Über einige 4er-Stellen klettern wir zum Gipfel, wo uns dichter Nebel einhüllt und die Fernsicht vermiest. Trotzdem schütteln wir uns kräftig die Hände und stellen fest, dass ein wenig Stolz in uns aufkommt. Wieder zurück in der Lavaredo-Hütte lassen wir den erlebnisreichen Tag mit einem Glas Glühwein ausklingen. Und ich bin mir sicher – ich werde wiederkommen!“

Und Otti kommt wieder, immer wieder. Die Dolomiten werden zu seiner bevorzugten Kletterregion. Ganz besonders hat es ihm die gewaltige Nordwestwand der Civetta angetan. Als erste Route durchsteigt er die klassische Solleder/Lettenbauer-Führe, mit der Emil Solleder im Jahre 1925 den 6. Grad in den Dolomiten eingeläutet hatte. Die in den 60er Jahren schwierigste Route der Wand, ja in den gesamten Dolomiten, fehlt ihm allerdings noch: die Philipp/Flamm.

Unter der Überschrift

„Civetta-NW-Wand, Philipp/Flamm, 6. Begehung mit Robert Troier, August 1963“

berichtet er:

„Die Vorgeschichte zu dieser Tour beginnt mit dem belgischen Superkletterer Claudio Barbier. Mit ihm konnte ich bereits 1959 die vermutlich 3. Begehung der Maestri-Verschneidung am Piccolo Dain im Sarcetal und 1960 die erste Wiederholung der Ciavezes-Südverschneidung, 13 Jahre nach der Erstbegehung, machen. Barbier, der hauptsächlich in den Dolomiten kletterte (er hielt sich dort jeweils 5 bis 6 Monate auf), erregte 1961 international großes Aufsehen, als er die fünf Nordwände der Drei

Zinnen (Westliche Zinne, Cassinroute; Große Zinne, Comiciführe; Kleinste Zinne, Preussriss; Punta di Frida, Dülferweg und Kleine Zinne, Innerkoflerroute) an einem Tag kletterte. Die Nettodurchstiegszeit für alle 5 Nordwände bezifferte er auf 8 Stunden und 15 Minuten.

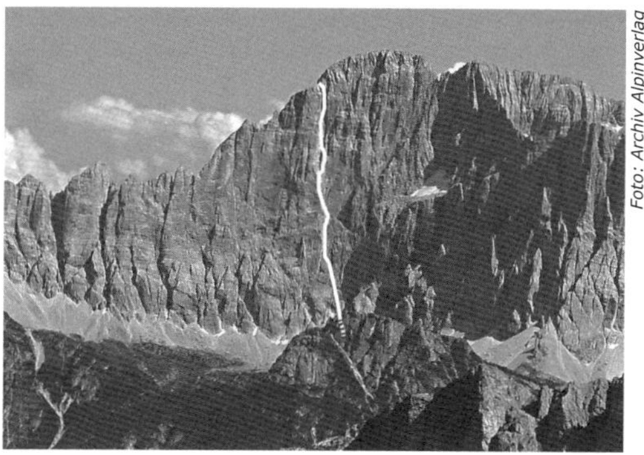

Foto: Archiv Alpinverlag

Die Philipp/Flamm-Führe in der Civetta-Nordwestwand

Als er die fast 5 Jahre verwaiste ‚Philipp/Flamm' in der Civetta mit Ernst Steger 1962 erstmals wiederholte, sprach er anschließend von der mit Abstand schwierigsten Kletterei in seiner Laufbahn. Lieber, so behauptete er in der Zeitschrift ‚Alpinismus', mache er nochmals eine Alleinbegehung der Cassin-Führe an der Westlichen Zinne als die Philipp/Flamm in Seilschaft.

Uns Innsbruckern überließ er ein während der Tour angefertigtes perfektes Topo, mit dem Robert Troier und ich die 2. Wiederholung starten wollten. Laut Barbier-Topo steckten, auf die 950 Meter Wandhöhe verteilt, exakt 26 Haken inklusive der Standhaken. Außer zwei technischen Seillängen, die eine am Ende der unteren Wandhälfte, die andere ganz oben am Ausstieg, sprach er nur von anspruchsvollster Freikletterei. Mein Partner, Robert Troier, inzwischen 22 Jahre alt, entpuppte sich neben Walter Spitzenstätter zu meinem Lieblingskletterpartner bei großen Unternehmungen: kraftstrotzend, ruhig, überlegt, immer für gute Standplätze sorgend und seinem Alter weit voraus.

Wir hatten es nicht eilig in der Früh auf der Coldaihütte, da wir ohnehin mit einem Biwak rechneten. So starteten wir mit der Kletterei erst gegen 8.30 Uhr. Claudios Topo vermittelte uns perfekt die gut 200 Höhenmeter bis zum Beginn der markanten gelben Verschneidung, die gleich mit einem kleinen Dach beginnt. In anspruchsvoller Freikletterei mit sehr wenigen Haken erreichten wir nach drei Seillängen das obere Ende des zum Teil aufreizend gelben Verschneidungs- und Risssystems. Ein langer, glattgeschliffener Linksquergang führte uns zum Beginn der ersten Technolänge. Vermutlich querten wir etwas zu hoch, wobei ich große Mühe hatte, einen Sturz zu vermeiden. Später stand für mich fest, dass dies für mich die absolute Schlüsselstelle war. Den folgenden überhängenden Technoriss, in dem auf etwas mehr als zehn Metern vier Haken steckten, vervollständigte Robert in meisterlicher Art mit den noch notwendigen Stiften.

Wir gelangten darauf zur großen Kaminreihe, die den oberen Wandteil durchzieht; es war 17.30 Uhr. Ein guter Biwakplatz bot sich an und obwohl der Tag noch lang war, entschlossen wir uns, hier die Nacht zu verbringen. Eine Dose Kirschenkompott, die Daunenjacken und der Biwaksack versüßten uns die Nacht. Es war nicht richtig kalt und so war es nicht verwunderlich, dass es schon längst Tag war, als wir weiterkletterten. Der Fels war teilweise recht nass, aber die Hauptschwierigkeiten lagen ja bereits hinter uns, und wir kamen richtig zügig voran. An den Standplätzen fielen uns immer wieder Zigarettenstummel der französischen Marke Gitanes auf. Sollten vielleicht Franzosen vor uns die 2. Wiederholung gemacht haben? Beim Ausstiegsüberhang packten wir zum erst zweiten Mal die Trittleitern aus (hier steckten alle nötigen Haken) und nach einer letzten genussvollen Seillänge standen wir am Gipfelplateau der Civetta.

Kurze Zeit später, auf der Gipfelhütte, empfing uns der sehr freundliche Hüttenwart, der uns gleich das Gipfelbuch überreichte, in dem wir lesen konnten, dass zwei deutsche Seilschaften (u. a. Pit Schubert und Klaus Werner) und die Franzosen Robert Paragot und Lucien Bérardini vor uns die Route durchstiegen hatten. Interessant war der Eintrag der Franzosen, die die Route als ‚très, très, très difficile' empfanden. Übrigens, die drei Seilschaften vor uns hatten die Wand fein säuberlich von den selbst geschlagenen Haken bereinigt. Als Reinhold Messner 1969 die 1. Alleinbegehung glückte, zählte er die zehnfache Hakenmenge. Mit der Abnahme der Qualität der Begeher stieg – wie auch bei anderen berühmten Routen – die Hakenzahl enorm an.

Als wir am frühen Nachmittag in die Coldaihütte zurückkehrten, warteten schon wieder einige Anwärter (u. a. der Engländer Martin Boysen) und richteten viele Fragen an uns. Der Claudio hatte mit seinem Bericht in der Alpinzeitschrift ‚Alpinismus' eine wahre Lawine losgetreten."

Auch die Besten machen Fehler

Auch in den 70er und Anfang der achtziger Jahre reiht Otti eine Extremtour an die andere: sehr oft in den Dolomiten, aber auch in den heimischen Klettergebieten. Eine seiner Lieblingswände ist die Südwand der Scharnitzspitze. Die Spitzenstätter/Baldauf-Führe hat er sich hier im Sommer 1984 zum Ziel gesetzt. Sein Begleiter ist der erst neunzehnjährige Wastl Ruckensteiner, mit dem er in der Folgezeit noch etliche klassische Alpenwände durchklettern sollte.

Die beiden durchsteigen die Route in wechselnder Führung problemlos bis zum Ende der Schwierigkeiten. Es bleiben jetzt nur noch etwa 50 Meter im III. und IV. Grad bis zum Ausstieg. Gut 10 Meter oberhalb von Wastls Standplatz ist Otti gerade dabei, eine etwas hohl tönende Platte zu bewältigen. Mit beiden Händen greift er auf die

Oberkante der Platte, obwohl er die uralte Kletterregel zur Genüge kennt, sich niemals mit beiden Händen am selben Griff festzuhalten. Mit einem Ruck löst sich die Platte von ihrer Unterlage und Otti stürzt rittlings aus der Wand, vorbei an Wastl, hinein in die senkrechte Wand. Nach gut 20 Metern schlägt er mit dem Kopf voraus auf einer steilen Rampe auf. Den Ruck des Seiles spürt er kaum, doch sofort durchzieht ein irrsinniger Schmerz seine rechte Schulter. Im Krankenhaus wird man später feststellen, dass er sich die Schulter total ausgekegelt hat, zudem hat er sich beide Handgelenke und das rechte Schulterblatt gebrochen. Und sein Kletterhelm hat ihm wahrscheinlich das Leben gerettet, auch wenn er jetzt vollkommen zerborsten ist...

Kletterer, die in verschiedenen Routen der Südwand unterwegs sind, kommen ihm schnell zu Hilfe und informieren auch die Bergrettung. Der Rettungshubschrauber ist relativ rasch zur Stelle, aber die Rettung klappt nicht, da der starke Wind droht, die Maschine gegen die Wand zu drücken. Ein Bergführer aus einer benachbarten Route ergreift nun die Initiative und seilt Otti zum Wandfuß ab. Dort nimmt ihn der Hubschrauber auf und transportiert ihn nach Innsbruck ins Krankenhaus. Noch am selben Tag wird die Schulter operiert und der Oberkörper in einen Gipspanzer gesteckt.

Durch beharrliches Rehatraining ist Otti nach drei Monaten so fit, dass er sich wieder ans Klettern wagen kann. Mit seiner Frau Hanni steigt er in die Route «Cesare Levis» am Piccolo Dain ein, die an einem Dachüberhang die Schwierigkeit VI+/VII- aufweist, der aber laut Führerwerk auch zu umgehen ist. Trotz längeren Suchens findet er die Umgehung aber nicht – also versucht er es direkt über das Dach. Ein Friend unterhalb des Daches gibt ihm die nötige Sicherheit und - siehe da – es gelingt auf Anhieb! Von nun an weiß er, dass er seine Schulter wieder voll belasten kann.

Kürzlich schrieb Otti dem Autor: „Auf meinen Sturz an der Scharnitzspitze war ich natürlich alles andere als stolz, aber auf meine lediglich 3 Stürze (alle im Fels) in meiner ganzen Bergsteigerlaufbahn mit insgesamt über 1500 Touren im VI. Schwierigkeitsgrad und darüber im Fels, und im 6. Schwierigkeitsgrad im Eis und darüber, bin ich schon in Demut ein bisschen stolz."

2. Begehung des Mittelpfeilers am Heiligkreuzkofel

In Kletterkreisen war die mehrere Kilometer breite, wuchtige Westwandmauer des Heiligkreuzkofels in den Jahren vor und nach dem 2. Weltkrieg nie ein Thema. „Zu brüchig!", hieß es meistens. Auch als die Franzosen Georges Livanos und Robert Gabriel 1953 eine mit VI+ bewertete Route in den linken Wandpfeiler legten, hinterließ dies keinen großen Eindruck unter den Extremkletterern der damaligen Zeit. Es vergingen neun Jahre, ehe Sepp Mayerl und Michl Rohracher auf Neulandsuche zur Westwand kamen. Die Wiederholung der Livanos-Route reizte sie nicht, die war ihnen im unteren Teil ganz einfach zu brüchig. Sie fanden in der später „Mayerl-Verschneidung" genannten Route eine überzeugende Linie, die in den Augen von Puristen nur einen Schönheitsfehler hatte: Sepp Mayerl hatte zwei Bohrhaken gesetzt! Aber in der damaligen „Direttissima-Ära" störte das letzten Endes kaum jemanden.

1967 wiederholen Reinhold Messner und sein Bruder Günther die Livanos-Route. Der jeweilige Seilzweite hat dabei immer wieder Muße, hinüber zum Mittelpfeiler zu schauen, der noch nicht durchstiegen ist. Ein Jahr später setzen die beiden ihre Idee in die Tat um. Um acht Uhr steigen sie in den Mittelpfeiler ein. Drei Stunden später stehen sie an der Schlüsselstelle, die heute als „Messner-Platte" bekannt ist: vier Meter nur, aber die haben es in sich! Eine glatte Platte, in der keine Ritze und nur wenige, winzige Griffe zu finden sind. Reinhold schildert die Überwindung dieser vier Meter so: „Wieder trocknete ich die Fingerspitzen. Magnesia verwendeten wir damals nicht.

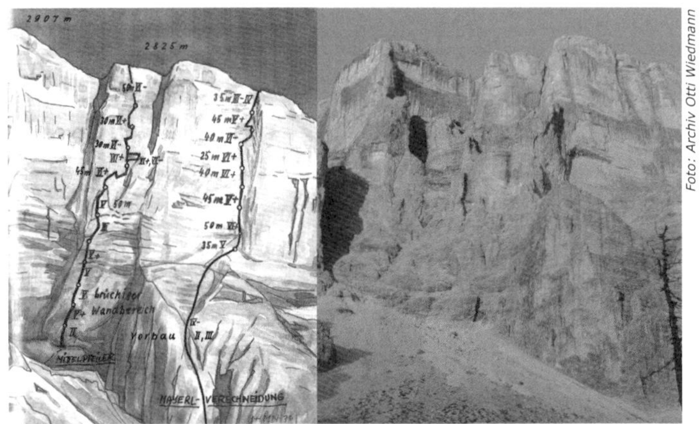

Foto: Archiv Otti Wiedmann

Der Heiligkreuzkofel; auf der Routenskizze links der Mittelpfeiler mit der «Messnerplatte» zu Beginn des oberen Wanddrittels, rechts die Mayerl-Verschneidung

– Es musste gehen! Nur diese vier Meter! Dieser Befehl steckte tief in mir. Ich wagte alles, riskierte. Oben war ein kleiner Griff. Als ich ihn hatte, konnte ich nicht mehr zurück. Ich setzte den rechten Fuß ganz hoch, aufstehen – ein Balanceakt –, mit der linken Hand die abschüssige Leiste erreichen und durchziehen ... - Ein Eindruck, der ein Leben lang blieb."

Erst zehn Jahre später gelingt Heinz Mariacher mit zwei Gefährten eine Wiederholung der Route, aber sie umgehen die Messner-Platte, die ihnen nach einigen Versuchen unmöglich erscheint. Reinhold Messner ist inzwischen weltbekannt und hat entsprechend viele Neider. Die sehen jetzt den Moment gekommen, seine Überwindung der Platte anzuzweifeln – wenn auch meist nur hinter vorgehaltener Hand. Man hört dann Kommentare wie: „Wenn Spitzenkletterer wie Mariacher mit speziellen Kletterschuhen und modernster Ausrüstung diese vier Meter nicht schaffen, wie konnte das dann Messner mit seinen klobigen Bergschuhen und dem antiquierten Klettermaterial der sechziger Jahre!?"

1988 – also 20 Jahre nach den Messner-Brüdern – steigen Andi Orgler und Otti Wiedmann in die Route ein. In der Alpinzeitschrift „bergundsteigen" schreibt Otti unter der Überschrift „Die Zweitbegehung":

„Die Messnerplatte am Mittelpfeiler wartete noch immer auf eine Wiederholung. Mit Andi Orgler fuhr ich, Otti Wiedmann, 1988 wieder einmal ins Gader- und Abteital, um den Spuren der Messners (...) zu folgen. Andi konnte sich gleich beim ersten Anblick mit der Messnerplatte ein wenig anfreunden – für mich schaute diese Stelle vor allem im Vorstieg bei einiger Vernunft nicht machbar aus; wie bereits erwähnt, war die kleine Griffleiste in 4 Meter Höhe der einzige Lichtblick. So kletterten wir einmal die Umgehungsvariante, die wir wunderschön fanden und schauten uns die Platte nochmals genau von oben an. Nach Vollendung der Tour waren wir fest entschlossen wiederzukommen.

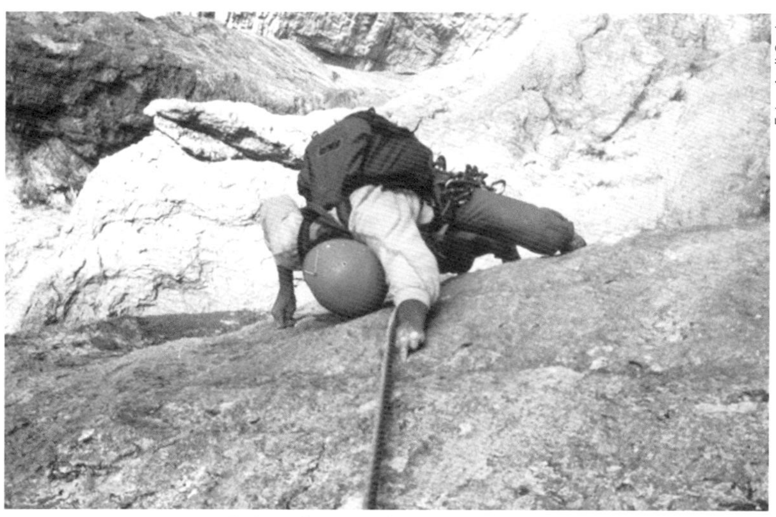

Foto: Andi Orgler

Otti Wiedmann in der „Messnerplatte"

Das war dann auch schon am nächsten Wochenende. Die bereits bekannten Kletterstellen hatten wir bald hinter uns und am schuhgroßen Absatz vor der Messnerplatte baute ich einen verbesserten Standplatz mit zwei Messerhaken und einem Klemmkeil. Andi tapte in Kopfhöhe einen Cliff in ein kaum wahrnehmbares Erosionslöchlein, bestenfalls eine moralische Sicherung, denn vermutlich bereits ein größeres Bild hätte diesen ‚Fixpunkt' in die Tiefe befördert. Doch Andi zögerte nicht lange und war schon drin in der Platte. Es dauerte Sekunden, dann war er oben.

Bei meinem Nachstieg machte er eine Fotoserie, auf der gut zu sehen ist, wie ich die ominöse kleine Leiste anvisierte. 20 Jahre nach Reinhold Messner war es endlich wieder soweit – wir bewerteten die Stelle mit dem Schwierigkeitsgrad VII+. Von den nach uns kommenden spärlichen Wiederholern wurde VIII- und sogar VIII (Rabanser) ausgegeben. Die Alpingeschichte musste somit umgeschrieben werden: Der Erste, der beim Alpinklettern in den Alpen gegen Ende der sechziger Jahre am achten Grad kratzte, war nicht ein „Mister-XY", nicht der Mariacher oder Schiestl, sondern Reinhold Messner; bereits 1968 und mit einer heute vorsintflutlich anmutenden Ausrüstung."

„Chaos" – Ottis schwierigste Erstbegehung

Andreas Orgler, in den achtziger Jahren weltweit einer der leistungsfähigsten Fels- und Eiskletterer, entdeckt 1983 in den Stubaier Alpen eine Felswand, die ihn sieben Jahre lang nicht loslassen wird: die Kastenwand an der Äußeren Ilmspitze (2690 m). Mit ihren gelben horizontalen Schichten und der rechteckigen Form ist sie der Blickfang im Pinnistal. Ganz besonders fällt die Wand Andi auch deshalb auf, weil sie nur wenige vertikale Strukturen in Form von Rissen, Verschneidungen oder Kaminen aufweist. Damit ist ihm sofort klar, dass diese Wand eine harte Nuss sein wird, und dies umso mehr, als er Bohrhaken strikt ablehnt („Der Bohrhaken ist eine Möglichkeit, Verzicht eine andere").

Mit verschiedenen Seilgefährten erkämpft er sich Jahr für Jahr Seillänge um Seillänge. Sieben Jahre später ist er bis zur vierten Seillänge vorgedrungen, die vollständige Durchsteigung aber sieht er als großes Fragezeichen.

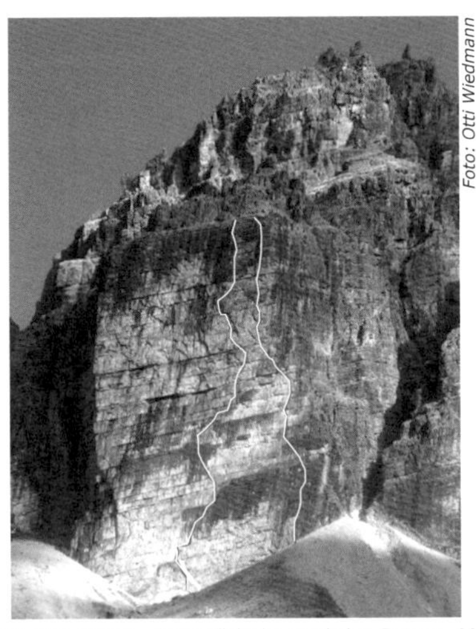

Foto: Otti Wiedmann

Die Kastenwand mit der Route „Chaos" links und der Route „Mayr/Auer" rechts

Anfang 1990 steht er wieder am Fuß der Wand. Diesmal ist Otti Wiedmann sein Seilgefährte. Andi schätzt Otti auch deswegen, weil er ein Kletterer ist, der Routen nicht einfach abhakt und in seine persönliche Erfolgsliste einreiht. Nein, Otti genießt den Tag in vollen Zügen und freut sich über jedes einzelne Erlebnis. Außerdem weiß Otti, wie wichtig die Wand für Andi ist und so respektiert er dessen Wunsch, die gesamte Route vorzusteigen.

Über senkrechtes und überhängendes Gelände, meist im VI., mit einigen Stellen im VII. und VIII. Grad, arbeiten sie sich Seillänge um Seillänge höher. Mit jedem Meter, den sie höherkommen, legt sich ein immer breiteres Grinsen auf Ottis Gesicht – die einzelnen Passagen bereiten ihm größtes Klettervergnügen. Nach sieben Seillängen erreicht Andi eine markante, stark überhängende Verschneidung, die von einem großen Dach abgeschlossen wird. Auf einmal lässt ihn ein heftiger Donnerschlag zusammenzucken – im Eifer des Gefechts hat er gar nicht bemerkt, dass das Wetter umgeschlagen hat. Jetzt bleibt als einzige Lösung nur der Rückzug.

Am 11. August sind die beiden wieder in der Wand; noch zwei Seillängen trennen sie vom Ausstieg. Andi schreibt später: „Unwillkürlich greife ich noch einmal in den Magnesiabeutel, bevor ich in die glatte Wandstelle hineinklettere. Ein Kontrollblick nach unten zeigt eine freie Sturzbahn; unter dem Stand bricht die Wand in Überhängen ab. 200 Meter Luft folgen. Knifflig und etwas nass ist die Wand und steil. Fünf Meter oberhalb des Standplatzes zwei Minihaken, dann ist bis auf weiteres keine Möglichkeit zur Anbringung von Sicherungen mehr erkennbar.

Vollkommen senkrecht, doch überraschend gut kletterbar folgt nun ein ‚run out' über mehr als zwölf Meter, zwischen zwei kleinen Dächern hindurch bis zur nächsten Querleiste. Endlich wieder eine Sicherung. Ich schlage zwei Haken, verbinde sie miteinander, und weiter geht`s in eine überhängende, gelbe Wandstelle. Fast erschrecke ich, als immer wieder ‚Bierhenkel' auftauchen. Alles löst sich in Wohlgefallen auf.

Ein Überhang mit anschließender Verschneidung im VII. Grad trägt noch das seine zur Freude bei, bevor es über das Abschlussdach der Seillänge geht. Und wie sollte es auch anders sein, als dass an der Dachkante ein schöner Griff wartet. So viele Zweifel hegte ich wegen dieser Seillänge, und nun liegt sie hinter mir, herrliche Kletterei in einer gnadenlos ausgesetzten Wand, auch Otti kommt ins Schwärmen.

In der letzten Länge kann ich mich vor Freude kaum mehr konzentrieren. Nur mehr senkrecht erscheint sie uns direkt flach. Dreißig Meter Genuss in festem, schwarzen Fels bringen uns auf das Ausstiegsband."

In einem Gespräch mit dem Autor meinte Otti kürzlich: „Die Route ‚Chaos' liegt mir sehr am Herzen. Es war das absolute Highlight in meinem Bergsteigerleben, noch vor der 1. Wiederholung des Mittelpfeilers am Heiligkreuzkofel."

Eine Steilwandabfahrt nach der anderen

Als hervorragender Skifahrer ist es beinahe selbstverständlich, dass Otti sich dem Steilwandfahren zuwendet. Insgesamt befährt er zwischen 1980 und 2001 ca. 50 Steilflanken mit mehr als 50 Grad Neigung. Fünf davon sind Erstbefahrungen wie 1981 die bis zu 55 Grad steile direkte Nordwand der Cima di Rosso (3366 m) im Bergell. Die Verhältnisse sind so günstig, dass er die gesamten 400 Höhenmeter durchfährt, ohne ein einziges Mal anzuhalten. Überglücklich reißt er nach dem Bergschrund die Arme in die Höhe - so wie ein Skispringer nach einem geglückten Sprung. Über den mit einigen Zentimetern Firnschnee bedeckten Fornogletscher braust er mit hoher Geschwindigkeit bis zum Waldrand vor dem Malojapass.

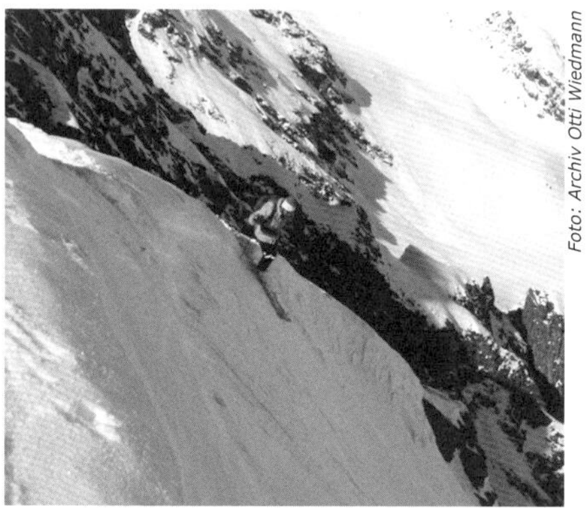

Foto: Archiv Otti Wiedmann

Otti Wiedmann bei der Erstbefahrung der direkten Nordostwandrinne am Hinteren Daunkopf, 3225 m, in den Stubaier Alpen, Frühjahr 2000

1983 steht die Erstbefahrung der direkten Nordwand des Hohen Seeblaskogels (3235 m) in den Stubaier Alpen auf seinem Programm. Auch hier fährt er wieder in einem Zug durch die bis zu 54 Grad steile Flanke. Der Hüttenwirt des Westfalenhauses beobachtet ihn dabei mit dem Fernglas. Er staunt nicht schlecht, als Otti eine Felsbarriere mit einem 20-Meter-Sprung überwindet!

Im Jahre 2001 – also mit inzwischen 66 Jahren – befährt er gleich zwei sehr steile Flanken, den Hängegletscher am Hochferner in den Zillertaler Alpen und schließlich die Ortler-Nordwand, die ihn schon seit vielen Jahren reizt. Diese Wand war 1931 zum ersten Mal von Hans Ertl und Franz Schmid durchstiegen worden. Mit dem Pathos, den man in vielen Tourenberichten der damaligen Zeit findet, schreibt Ertl: „ ... und wer dem Toben und Heulen der Stein- und Eislawinen gelauscht, die von Zeit zu Zeit die Wand herabdonnern (...), der wendet entsetzt den Blick weg von dem schaurigsten aller Erdenwinkel.“

Nun, Otti wendet 70 Jahre später die Augen nicht ab, sondern studiert die Route in allen Einzelheiten, prägt sich eventuell problematische Passagen gut ein. Am kommenden Morgen geht er bereits in aller Frühe in Sulden los. Auf dem Weg zum Einstieg überholt er zwei bayerische Bergsteiger, die ebenfalls die Nordwand zum Ziel haben. Bei seinem flotten Aufstieg durch die Nordwand verläuft alles planmäßig. Ein Problem bei der Abfahrt wird allerdings die 60 bis 70 Meter hohe Schlüsselstelle darstellen – hier ist das Eis sehr steil (60 °), dazu stark zerfressen und uneben. Da wird ihm wohl

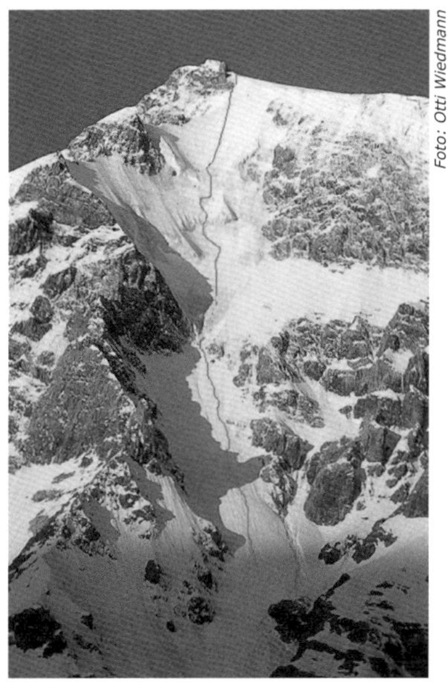

Foto: Otti Wiedmann

Die Abfahrtsroute von Otti Wiedmann in der Ortler-Nordwand

nichts anderes übrigbleiben, als die Ski abzuschnallen. „Aber wer weiß", sagt sich Otti, „vielleicht ändern sich ja die Verhältnisse bis dahin noch."

Um 10 Uhr erreicht er den Gipfel und macht sich nach kurzer Rast für die Abfahrt fertig. Dann geht es los! Er zieht zunächst möglich lange Schwünge, um mit den Stahlkanten seiner Ski möglichst wenig Schnee aufzuwirbeln, der die Bayern behindern oder gar gefährden könnte. Über die weitere Abfahrt schreibt Otti:

„Mit 5-mal stehenbleiben und bei zum Teil prächtigen Firnverhältnissen erreichte ich die Schlüsselstelle, wo sich gerade der Seilerste der Bayern mit Zwischensicherungen einen Weg durch das immer noch gleich zerfressene, unebene Eis bahnte. An einer kleinen Einmuldung konnte ich gut die Ski mit den Steigeisen vertauschen und so kletterte ich mit den Eisgeräten die Passage hinunter und platzierte mich in der Nähe des Standplatzes des zweiten Bayern, ehe der erste oberhalb der Schlüsselstelle anlangte. Hier war die Steilheit immer noch 48/50 ° und keine Firnauflage vorhanden. Der Bayer sah sich meine Ski am Rucksack an und rief seinem Freund hinauf: ‚Du Sepp, der hot de Trappelebindung*, do bin i jetzt neigierig, wia dea do jetzt einikimmt!'

Zuerst packte ich aus dem Rucksack zwei Eisschrauben und eine lange Bandschlinge mit Karabiner, dann drehte ich die 2 Schrauben ins Eis, fixierte die Ski mit Prusikschnüren, machte mit der langen Bandschlinge eine Hüftsicherung, die an den Eisschrauben befestigt wurde und konnte so gleich ein Steigeisen ausziehen und im Nu, im improvisierten Sitzgurt hängend, den ersten Ski anziehen. Der zweite Ski kam auf dieselbe Art an den Schuh. Zuvor schon hatte ich zwei Kerben mit den Pickeln ins Eis geschlagen, um mit den Skiern an den Füßen besser stehen zu können. Die Eisschrauben waren gleich herausgedreht und ab ging die Post mit mir die letzten 500 Meter Nordwand hinunter, die sich dann auf 44/45 Grad verflachte und in angenehmem Firn endete, bis ganz unten alte Lawinenknollen die Fahrt erschwerten. Beim Wegfahren vom Standplatz hörte ich noch den zweiten Bayern murmeln: ‚Na bärig, sog i!'"

Von oben nach unten – ein Bergerlebnis der anderen Art

Otti Wiedmann berichtet: „Es war im Jahr 2004, ich ging also schnurstracks auf die 70 zu! Andi Orgler war mir als Kletterpartner in den letzten Jahren durch seine intensiven Beteiligungen am Weltcup der Drachenflieger abhanden gekommen. Als eine der letzten gemeinsamen Touren aber hatten wir 1995 noch die ‚Pumprisse' (VII) in wechselnder Führung durchstiegen. Im besagten Jahr 2004 aber rief mich Andi im Herbst an und meinte, es wäre wieder einmal an der Zeit, gemeinsam eine schöne Klettertour zu machen. Andi war in den letzten Jahren durch die Drachenfliegerei kaum zum Klettern gekommen.

Wir fuhren also eines Morgens los, natürlich in die Dolomiten. Am Sellajoch entschieden wir uns für die Schubertführe (VI) an der Ciavazes Südwand. Andi kletterte, als ob er nie sein intensives Klettertraining aufgegeben hätte. Mir gings auch sehr gut und so war es nicht verwunderlich, dass wir nach weniger als zwei Stunden (normalerweise eher vier Stunden; Anm. des Verf.) am Gamsband waren, wo 99 Prozent aller Südwandbegeher ihre Tour beenden und über das große Band hinausqueren.

Wir wollten eigentlich zum Gipfel weiterklettern, aber der obere Wandteil war saumäßig nass und Andi brachte eine neue Idee ins Spiel: ‚Wie wär`s, wenn wir die ‚Micheluzzi' mit dem 90-Meter-Quergang von oben hinunter als Seilschaft abklettern, wie es vor langer Zeit mal bei meinen Freunden Reinhard Schiestl, Heinz Mariacher, Luggi Rieser und einigen anderen üblich war?' Ich sollte das mit fast 70 zum ersten Mal machen!

** Trappele: bairisch für Mausefalle; ironische Bezeichnung für die Dynafit-Bindung*

Gesagt, getan, und nach kurzer Zeit fanden wir viel Spaß an der Sache, und es ging bald in der gleichen Gangart hinunter, so wie vorher in der ‚Schubert' im Aufstieg.

Einige Kletterstellen fand ich im Abstieg um einiges leichter als im Aufstieg. Man sieht ja von oben die Griffe vor allem im steilen Gelände besser. Der 90-Meter-Quergang kam uns in umgekehrter Richtung enorm viel leichter vor. Am Ende der Querung trafen wir auf Freunde, die zur selben Zeit, als wir in die ‚Schubert' einstiegen, in die ‚Micheluzzi' (VI-) starteten. Beim Zusammentreffen hatten sie noch nicht die Hälfte ihrer Route bewältigt. Wir kletterten mit viel Spaß an der Sache die vier restlichen Seillängen nach unten, wo mir bewusst wurde, dass ich da schon etwas versäumt hatte, indem ich in meiner Sturm- und Drangzeit beim Abstieg immer Normalwege oder Abseilpisten benutzte.

Andi wollte sich noch für die Drachenflug-Weltmeisterschaften qualifizieren und dann wieder das Klettern forcieren und mit mir auch Touren dieser Art machen. Leider verunglückte er eineinhalb Jahre später beim Drachenflug-Weltcup in Australien tödlich. Zehn Jahre lang war er fast jedes Wochenende mein Seilpartner und auch später noch regelmäßig, bis das Drachenfliegen seine Leidenschaft wurde. Andi verdanke ich die meisten schönen, großen Bergerlebnisse meiner zweiten Laufbahnhälfte. Er war es immer wieder, der mich motivierte und mir Sachen zutraute, an die ich nicht zu denken wagte.

Routen seilfrei abklettern ist ja eine alte Variante des Alpinismus, schon 1911 von Paul Preuss in der Ostwand der Guglia di Brenta praktiziert, und die heute großartig kletternde Alpinelite macht das immer wieder. Aber als Seilschaft von oben nach unten klettern, das sieht man schon sehr selten. Meine guten Freunde zollten mir Respekt, aber viele andere machten Bemerkungen wie: ‚Hat der alte Depp so was noch nötig!'"

Nun ja, Otti ist auch mit 70 Jahren noch in so guter körperlicher Verfassung, dass er den Ehrgeiz hat, sich im Klettern weiterzuentwickeln. Im Jahre 2005 schafft er es erst-

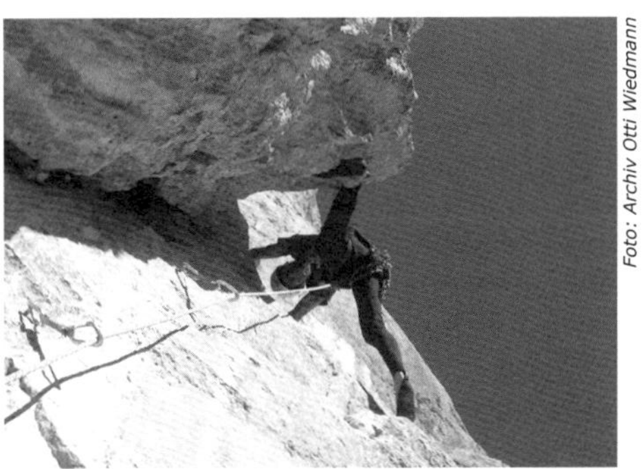

Foto: Archiv Otti Wiedmann

Otti als 70-Jähriger im Vorstieg in der Südwand des Schüsselkar-Westgratturms (VI+)

mals, eine Seillänge im VIII. Schwierigkeitsgrad on sight zu klettern. Und an alpinen Touren reiht er in diesem Jahr gleich mehrere schwierige Routen aneinander, so den Pfeiler (VII-/VIII-) an der Tofana di Rozes und „Missiles“ (VII) am Monte Casale, beide als Rotpunktbegehung, sowie die Mayerl-Verschneidung (VI) am Heiligkreuzkofel.

Mayerl-Verschneidung am Heiligkreuzkofel

Wenn man wie Otti bereits seit mehr als sechs Jahrzehnten klettert, dann geht das nur mit unterschiedlichen Seilpartnern, denn nicht alle haben die gleiche Bergleidenschaft wie er, viele haben andere Verpflichtungen, etliche geben das extreme Klettern bereits recht früh auf und wieder andere, wie Gottfried Potisk oder Andi Orgler, leben nicht mehr.

Unter den zahlreichen Seilgefährten von Otti waren oft auch Frauen, so seine Frau Hanni oder seine Tochter Evi. Zwischen 2004 und 2016 ist die junge Innsbruckerin Julia Busse oft seine Begleiterin, so auch in der Mayerl-Verschneidung am Heiligkreuzkofel. Für dieses Buch hat sie einen kurzen Bericht zu dieser Tour geschrieben:

„Im Jahr 2005 hatte ich mit Otti schon einige tolle Touren gemacht, vor allem in den Dolomiten. Wir sind (verbotener Weise) mit dem Auto am Abend bis zum Heiligkreuz-Hospiz hinaufgefahren, wo wir bei unserem Freund Valentin Kohler übernachteten. Am nächsten Morgen, dem 19. Juni, stießen Andi Geisler und Bezi Freinademetz zu uns, mit denen wir zu viert die Tour unternehmen wollten. Nach dem Frühstück machten wir uns bei strahlend blauem Himmel auf den Weg.

Die schwierige Kletterei der Route beginnt erst in halber Wandhöhe. Erst mussten wir den schottrigen Wandvorbau überwinden (III – III+), ehe wir mit der schwierigen Kletterei beginnen konnten. Der Weg durch den Vorbau war nicht so leicht zu finden, aber wie so oft, konnten wir uns auf Ottis Erfahrung verlassen und mussten nicht lange suchen. Parallel seilten wir uns nun an, Otti und ich und Andi mit Bezi, die Otti beim Klettern filmen wollten. Überschlagend kletterten wir die Seillängen hinauf, immer den berühmten Riss entlang, in dem immer noch einige Holzkeile steckten, die Sepp Mayerl bei seiner Erstbegehung vor 43 Jahren in den Fels geschlagen hatte, und derer ich mich ungeniert als zusätzliche Absicherung bediente. Es machte unglaublich viel Spaß, diese Seillängen zu klettern, der Fels war griffig, die Kletterei steil und anspruchsvoll, aber machbar und das Wetter und die Aussicht trugen das ihre dazu bei. Die Schlüsselseillänge stieg Otti in seiner gewohnten Manier und Routine vor, die ich in diesem Jahr schon bei unzähligen Touren hatte beobachten dürfen. Ich stieg nach und übernahm für die nächste Seillänge die Ausrüstung. Die letzte Seillänge führte Otti hinauf auf das majestätische Gipfelplateau.

An diesem Tag gehörte der Heiligkreuzkofel uns Vieren. Die Tour stimmte mich euphorisch und bis heute zählt die Mayerlverschneidung zu den schönsten Touren, die ich je geklettert bin.

Eines blieb mir in besonders guter Erinnerung: Wir hatten nur eine Wasserflasche dabei, und die war am Gipfel leer. Der Abstieg - bei erwähntem Kaiserwetter- wurde zu einer durstigen Angelegenheit. Wir freuten uns bei jedem Schritt auf ein kühles Bier, das dann im Hospiz auch bereits auf uns wartete. Geradezu kitschig mutete das Panorama der Westwand im Abendrot an, in dem die Route noch immer gut zu sehen war. Kaum vorstellbar, dass wir nur wenige Stunden zuvor noch an diesen Felsen geklettert waren.“

78 + 73 + 49 = 200

Otti hat mit Walter Spitzenstätter viele große Wände durchstiegen, darunter als besondere Highlights die Eiger-Nordwand und die Vinatzerführe an der Marmolada di Rocca als erste Winterbegehung. Im 70. Lebensjahr hat Walter dann aber seine Kletterkarriere im extremen Fels mit der Durchsteigung der Comici-Führe in der Nordwand der Großen Zinne beendet (s. Porträt von Walter Spitzenstätter in diesem Band). Nur ab und zu zieht es ihn jetzt noch in schwierigere Klettertouren, so wie Mitte Oktober 2013 mit Otti und Georg Plattner. Ihr Ziel ist die Adangführe (V) in der Südwand des Sas da Ciampac, unweit des Grödner Jochs in den Dolomiten.

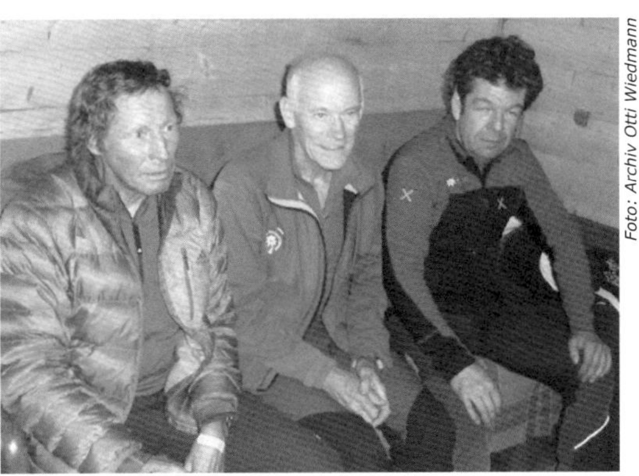

Foto: Archiv Otti Wiedmann

Otti Wiedmann, Walter Spitzenstätter und Georg Plattner

Im unteren Teil, der einige grasdurchwachsene Seillängen aufweist, klettert Walter voran. Den oberen Teil übernimmt Otti, der die Route gut kennt – mit 70 Jahren hat er sie sogar free solo durchstiegen! - und deswegen nie nach dem Weiterweg suchen muss. Die drei sind erst um die Mittagszeit eingestiegen und lassen sich auch beim Klettern Zeit, so wie es sich für ältere Herren geziemt. Da die Wand 450 Meter hoch ist, vergehen die Stunden wie im Flug. Otti, Walter und Georg genießen die herrliche Kletterei im festen Fels und dies umso mehr, als vollkommene Windstille herrscht. Am Gipfel halten sie sich nur kurz auf, denn der Tag geht allmählich zur Neige. Der nordseitige Abstieg mit durchgehender Schneeauflage kostet dann das letzte Tageslicht und als sie am Grödner Joch anlangen, ist es bereits total finster.

Als sie im Auto die Heimreise antreten, stellen sie amüsiert fest, dass sie zusammen 200 Jahre alt sind: Otti ist 78, Walter 73 und der «Jungspund» Georg 49.

Zweimal in der Nordwand des Hochferners – aber mit 55 Jahren Zeitabstand

Die Nordwand des Hochferners (3463 m) in den Zillertaler Alpen bietet trotz der Gletscherschmelze, die auch sie nicht verschont hat, noch immer einen eindrucksvollen Anblick. Séracs, Eisbalkone und Klüfte türmen sich in wilder Folge übereinander. Dazu kommt der große Höhenunterschied von fast 1000 Metern – also keine Wand für Anfänger!

Für Otti ist es dennoch im Jahre 1959 die erste Eiswand seines noch jungen Bergsteigerlebens. Mit dem erst 19-jährigen Walter Spitzenstätter bildet er die Juniorseilschaft. Robert Schauer, der bereits ein erfahrener Eisgeher ist und Heli Ohnmacht übernehmen die Führung. Zu Beginn erwartet sie gut begehbares Blankeis und sie kommen schnell voran. Das veranlasst „Spitz" (wie Walter Spitzenstätter von seinen Freunden genannt wird) vom „schnellen spanischen Kurier" zu sprechen und vergnügt vor sich hin zu trällern – trotz Steilaufschwüngen, Nebelschwaden und schlechter Sicht. Kurze, fast senkrechte Séracpassagen lassen „Spitz" dann aber schnell verstummen.

Eigentlich wollen die Vier über die „Vanisvariante" im linken Wandteil aufsteigen, aber im Nebel finden sie sie einfach nicht. Nach knapp fünf Stunden erreichen sie flacheres Gelände und bald darauf den Gipfel des Hochferners. Bereits am frühen Nachmittag sind sie wieder bei ihrem Auto auf dem Parkplatz Wiener Hütte (heute Hochfeilerhütte). Otti ist überglücklich, die abwechslungsreiche Route gefällt ihm so gut, dass er sie in den kommenden Jahrzehnten noch mehrfach durchsteigen wird, zuletzt im Jahre 2014.

Wurden Eiswände vor 50 Jahren meist im Juli, ja auch noch im August begangen, so ist es heute ratsam, sie im Frühjahr zu durchsteigen, ansonsten sind viele so ausgeapert, dass brüchiger Fels und Schutt zu Tage treten, was bei den Eisgehern nicht gerade für große Begeisterung sorgt.

Auch Otti hat sich 2014 für das Frühjahr entschieden, um möglichst gute Verhältnisse vorzufinden. Er ist inzwischen 79 Jahre alt, aber noch so hervorragend in Form, dass er sich zutraut, die Wand allein zu begehen. Er fährt zunächst mit seinem Wagen auf der Pfitscher-Joch-Straße, dann auf der Forststraße bis zu einer Kehre auf ca. 2050 Metern Höhe. Von hier führt ein Steig zum Günther-Messner-Biwak (2510 m). Am Beginn des Steiges stehen 19 Gedenktafeln für Bergsteiger, die fast alle in der Hochferner-Nordwand tödlich verunglückt sind. Nachdenklich geht Otti weiter und findet später noch einmal 9 Gedenktafeln. Unwillkürlich muss er daran denken, dass viele dieser Bergsteiger – wie er 1959 – wohl unerfahren in derart steilem Eis und damit den Schwierigkeiten sicher nicht unbedingt gewachsen waren.

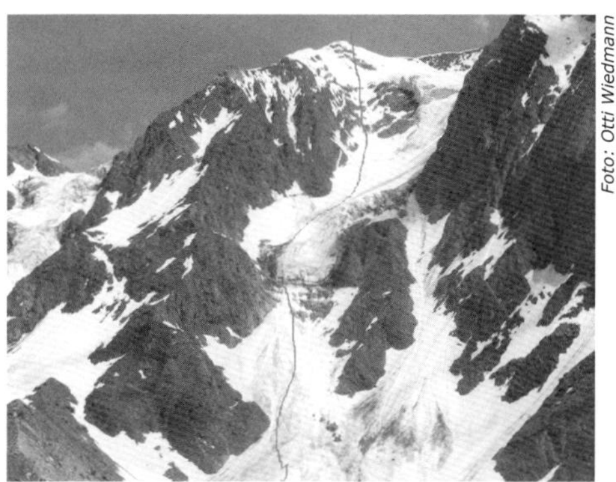

Foto: Otti Wiedmann

Die Aufstiegsroute von Otti Wiedmann in der Hochferner-Nordwand

Nach einer guten Stunde erreicht Otti das Günther-Messner-Biwak und bereits zehn Minuten später den Einstieg. Durch die vielen Schneefälle im März und im April liegt er in diesem Jahr recht weit unten. Ein ca. 10 Meter breiter Lawinenstrich bringt Otti rasch höher zur ersten großen Séraczone, die er links umgeht. Über Fels und etwas Schotter geht es dann wieder zurück in eine nunmehr schöne Flanke mit hartem Firn. Die kleinen Séraczonen umgeht er mal links, mal rechts.

Auf einmal steckt er im berüchtigten Hochferner-Hochfeiler-Nebel und der Weiterweg erscheint ihm nicht ganz klar. Beim Höhersteigen wird er sich allmählich bewusst, dass er sich in der Vanis-Variante befindet, was eigentlich gar nicht seine Absicht war. Zurück will er nun aber nicht mehr und er steigt weiter in der felsdurchsetzten Steilflanke. Das Gelände wird jetzt immer heikler; der Fels ist mit einer dünnen Eisglasur überzogen und verlangt größte Konzentration und Vorsicht. Nach den Felsen folgt dann wieder steiles Blankeis. Im Nebel irrt er etwas umher, ehe er den Gipfel findet.

In der Rückschau meint Otti: „Mit meinen 79 Jahren habe ich nichts verlernt, weder in den reinen Eispassagen, noch im mit Eis überzogenen Fels. Ein gelungener Tag!"

Fünf voll ausgefüllte Tage mit 5000 Höhenmetern

An einem Montagabend im Oktober 2017 hat sich Otti mit seiner Bergkameradin Patty in Landquart bei Chur in der Schweiz verabredet. Am Morgen des ersten Tourentages geht es mit der Älpli-Seilbahn zur Gipfelstation auf 1800 Meter Höhe. Von dort unternehmen sie eine ausgedehnte Wandertour auf die beiden Grauspitzen, von denen die Vordere Grauspitze mit 2599 Metern der höchste Gipfel Lichtensteins ist. Damit gehört Otti zur Liste derer, die auf allen höchsten Gipfeln der sieben Alpenländer standen.

Am späten Nachmittag kurven sie über Julier- und Berninapass in den kleinen Ort Sondrio, wo sie die Nacht verbringen. Am zweiten Tag steigen sie bereits früh am Morgen vom Weiler Chiareggio (1600 m) zur Biwakschachtel Andrea Oggioni auf 3151 Metern Höhe.

Am dritten Tag geht es in ständigem Auf und Ab in festem Granit über den „Grat des hängendes Seiles" dem Gipfel des Monte Disgrazia (3678 m) entgegen. Der Grat ist fast durchgehend vereist und sie klettern deswegen ständig mit den Steigeisen an den Füßen. Den Namen verdankt der Grat einer gut 45 ° steilen Firnschneide, die wie ein hängendes Seil zu den Gipfelfelsen führt. Vom Gipfel folgt für Otti und seine Begleiterin ein endlos langer Abstieg über immer noch vereisten Fels 2300 Höhenmeter hinunter nach Chiareggio.

Am vierten Tag fahren sie mit der ersten Seilbahn zum Berghaus Diavolezza (2972 m). Heute haben sie ein wiederum anspruchsvolles Ziel, den 1100 Meter hohen Spinaspfeiler am Piz Palü (3905 m). Neben bis zu 50 Grad steilen Firnpassagen bietet der Pfeiler auch Kletterei an nicht immer ganz sicherem Fels. Das bekommen Otti

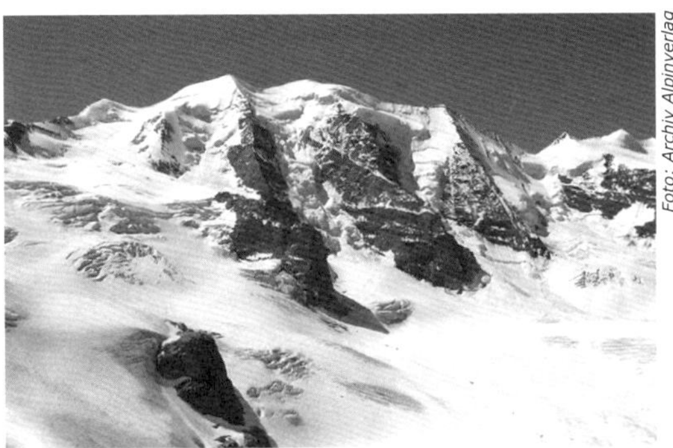

Foto: Archiv Alpinverlag

Der Piz Palü, 3905 m, mit dem Spinaspfeiler (rechts)

und Patty bald zu spüren, denn eine über ihnen gehende Seilschaft löst ständig Steine und Eisstücke, die auf die beiden herunterprasseln. Nachdem sie mehrfach getroffen werden, entschließen sie sich in nicht ganz halber Pfeilerhöhe zur Umkehr. Als kleine Entschädigung besteigen sie anschließend den Munt Pers (3206 m).

Am fünften Tag fährt Otti mit seinem Wagen in aller Frühe allein nach Innsbruck zurück, wo er gegen 11.30 Uhr eintrifft. Er packt seine Reisetasche aus, schaut die Post durch und setzt sich schließlich vor den Fernseher. Als die Sonne immer kräftiger durchs Fenster hereinscheint und er sich noch immer in recht guter Form fühlt, steigt Otti gegen 14 Uhr kurz entschlossen ins Auto, fährt nach Sistrans und wandert von dort in drei Stunden auf einen seiner Lieblingsgipfel, die Viggarspitze (2304 m). Immerhin legt er dabei 1330 Höhenmeter zurück.

Welcher andere 82-Jährige wäre wohl in der Lage, ein ähnlich dicht gedrängtes Programm ohne Ruhetag durchzuziehen! Dass Otti noch immer keinerlei schmerzhafte Verschleißerscheinungen in Knien oder Hüften hat, empfindet er als ganz besonderes Geschenk des Schicksals, auch wenn es ihn im Jahr 2006 doch recht hart trifft. Er erleidet einen heftigen Schlaganfall. Nerven im rechten Bein und das linke Auge werden dabei geschädigt, aber mit viel Geduld bekommt er alles wieder weitgehend in den Griff. Nur sein Gleichgewichtssinn ist dauerhaft leicht gestört.

All das hindert ihn aber nicht daran, „nach wie vor im Gebirge umherzusausen", wie sein Freund Walter Spitzenstätter es ausdrückt. „Otti klettert nach wie vor in gewohnt sicherer Manier und zeigt Ausdauerleistungen, von denen ich nur träumen kann. So stand er im Alter von 83 Jahren (2018) auf 337 Gipfeln, darunter 20 Dreitausender, und legte dabei fast 200 000 Höhenmeter zurück. 2019 waren es zwar aufgrund von Verletzungen nicht ganz so viele Gipfel, aber darunter waren auch lange Touren mit mehr als 2000 Höhenmetern!"

Seine durch nichts zu erschütternde Liebe zu den Bergen kommentiert Otti mit folgenden Worten: „Nur wenn ich mehrmals wöchentlich irgendwo auf einem Gipfel oder auf einem Grat die Welt von oben betrachten kann, ist mein innerer Seelenhaushalt ausgeglichen und befriedigt. Ich frage mich natürlich auch öfter, wie das sein wird, wenn ich einmal nicht mehr in dieser komfortablen Lage bin und irgendwelche körperlichen Gebrechen mich daran hindern. Gott sei Dank ist es noch nicht so weit und ich tröste mich, indem ich mir vorstelle, dass ich dann noch mehr Zeit für mein Hobby Alpinliteratur habe."

Otti Wiedmann

geboren am 17.04.1935 in Innsbruck

Auszug aus seinem Tourenbuch:

Folgende Vorbemerkung ist unerlässlich: Otti Wiedmann hat in seinem Leben bisher weit über 1500 alpine Klettertouren im V. und VI. (und darüber!) gemacht. Damit fällt es schwer, seine zehn größten Touren auszuwählen. Hier ein Versuch:

1963 Civetta, Nordwestwand, „Philipp/Flamm" , VI, 6. Begehung
1967 Marmolada, Südwand, ‚Vinatzer', VI, 1. Winterbegehung
1972 Aiguille de Bionnassay, direkte Nordwand, bis 63° im Eis, 2. Alleinbegehung
1981 Cima di Rosso, direkte Nordwand, 55°, 1. Skibefahrung
1986 Rochetta Alto (Dolomiten), KCF-Führe, VIII-, 1. Rotpunktbegehung
1988 Eisfall „Hängende Gärten", WI 6, Stubaier Alpen, 1. Begehung
1988 Heiligkreuzkofel, Mittelpfeiler mit „Messnerplatte", VIII-, 2. Begehung
1990 Äußere Ilmspitze, Kastenwand, „Chaos", VIII-, 1. Begehung
1992 Eisfall „Himmelsleiter", WI 7, Stubaier Alpen, 1. Begehung
2001 Ortler, Nordwand, 60°, 3. Skibefahrung

Verwendete Literatur

Arnold, Bernd: Zwischen Schneckenhaus und Dom, Panico-Alpinverlag, 1999

Barraud, Philippe: Un pas de plus. Marcel Remy, Editions Cabédita 2014

Brunnert, Peter: Bernd Arnold. Ein Grenzgang, Panico Verlag, Köngen 2017

Habeler, Peter: Der einsame Sieg. Mount Everest 78, Goldmann-Taschenbuch, München 1978

Habeler, Peter: Auf den Bergen der Welt zuhause, Goldmann-Taschenbuch, München 1982

Habeler, Peter und Steinbach, Karin: Das Ziel ist der Gipfel, Tyrolia-Verlag, Innsbruck-Wien 2008

Harrer, Heinrich : Die Weiße Spinne. Das große Buch vom Eiger, Ullstein Taschenbuch, 7. Auflage 2008

Hiebeler, Toni : Abenteuer Eiger, Albert Müller Verlag, 1973

Hiebeler, Toni: Eigerwand. Von der Erstbesteigung bis heute, Goldmann Sachbuch, 1978

Hiebeler, Toni: Matterhorn. Von der Erstbesteigung bis heute, Mosaik Verlag, 1976

Höfler, Horst: Dream Teams. Die erfolgreichsten Seilschaften des Alpinismus, Bruckmann Verlag, München 2008

Messner, Reinhold: Mein Weg. Bilanz eines Bergsteigers ohnegleichen, Goldmann-Taschenbuch, München 1982

Messner, Reinhold: Die Freiheit aufzubrechen, wohin ich will. Ein Bergsteigerleben, Piper Verlag, Juni 2001

Messner, Reinhold: Die großen Wände, BLV Verlagsgesellschaft, München 1977

Messner, Reinhold: Vertical. 150 Jahre Kletterkunst, BLV Verlagsgesellschaft, München 2008

Oelz, Oswald: Mit Eispickel und Stethoskop, AS Verlag, Zürich 1999

Oelz, Oswald: Orte, die ich lebte, bevor ich starb, AS Verlag, Zürich 2011

Pause, Walter: Im extremen Fels. 100 Kletterführen in den Alpen, BLV Verlagsgesellschaft, München 1970

Remy, Claude und Remy, Yves: Dreams of Switzerland. Eine Auswahl der schönsten Kletterrouten im Herzen der Alpen, Schweizer Alpen-Club SAC, 2016

Schubert, Pit: Sicherheit und Risiko in Fels und Eis, Band I, II und III, Bergverlag Rother, München

Schubert, Pit: Im Himalaya ist vieles anders, Bergverlag Rother, München 2013

Spitzenstätter, Walter: Ehrensache Leben retten: Die Geschichte der Bergrettung Tirol, Tyrolia-Verlag, Innsbruck-Wien 2019

Sturm, Manfred: Schön war's, 2016

Vanis, Erich: Im steilen Eis. 50 Eiswände in den Alpen, BLV Verlagsgesellschaft, München 1965

Wiedmann, Otti: Abenteuer Alpinklettern Tirol, Tyrolia-Verlag, Innsbruck-Wien 2009

Hinweise zu Schwierigkeitsbewertungen

Bereits am Ende des 19. Jahrhunderts gab es erste Versuche, die Schwierigkeiten von Kletterrouten in den Alpen zu klassifizieren. Zumindest in Deutschland und Österreich fand die 1913 von Hans Dülfer entwickelte fünfstufige „Dülferskala" allgemeine Anerkennung.

1923 erweiterte Willo Welzenbach diese Skala um eine zusätzliche Stufe, den VI. Schwierigkeitsgrad. Diese Skala sollte mit einigen Ergänzungen – wie die Einführung einer unteren bzw. oberen Grenze – bis Ende der 1970er Jahre internationale Gültigkeit haben. Allerdings hatten Spitzenkletterer wie Hias Rebitsch oder Hans Vinatzer in den 1930er Jahren wohl bereits an kurzen Kletterstellen den VII. und Reinhold Messner 1968 am Heiligkreuzkofel den unteren VIII. Schwierigkeitsgrad erreicht. Da es Schwierigkeitsgrade über den VI. Grad hinaus damals „offiziell" nicht gab, mussten diese Führen als „VI+" eingestuft werden.

1979 beschloss die UIAA (Union Internationale des Associations d`Alpinisme = Internationaler Dachverband der nationalen Bergsteigerverbände), die Schwierigkeitsskala nach oben zu öffnen. Fortschritte im Training wie in der Ausrüstung erlaubten in der Folgezeit ein ständiges Hinausschieben des „Menschenmöglichen". Im Jahre 2008 kletterte der Amerikaner Chris Sharma den ersten XII. Grad (XII-). Inzwischen wurde von dem Tschechen Adam Ondra (2017) und dem Deutschen Alexander Megos (2020) der Schwierigkeitsgrad 9c (XII) erreicht. Eine Bestätigung dieser Bewertung steht allerdings noch aus, da die beiden Routen noch nicht wiederholt wurden.

Reinhold Messner hat versucht, den Unterschied zwischen dem I. und dem X. Schwierigkeitsgrad Nicht-Bergsteigern folgendermaßen verständlich zu machen: „Schwierigkeitsgrad I ist das Begehen einer steilen Treppe, X das Klettern an einer Raufasertapete."

Es existiert außerdem eine Bewertungsskala für technisches Klettern, die von A0 bis A5 reicht („A" für „artificiel" = künstlich). Bei einer Schwierigkeit von A5 findet die Fortbewegung nur noch an artifiziellen = künstlichen Haltepunkten (Haken, Trittleitern, Klemmkeilen, Friends, Skyhooks, Copperheads, ...) statt.

Für das Eisklettern gibt es eine eigene siebenstufige Skala, die von WI 1 bis WI 7 reicht. WI steht dabei für Water Ice.

Einige Verwirrung bei der Bewertung von Kletterschwierigkeiten stiften unterschiedliche Skalen, die in verschiedenen Regionen der Welt verwendet werden – siehe dazu Wikipedia: Schwierigkeitsskala (Klettern).

Glossar

Erklärungen zu in diesem Buch verwendeten alpinen Fachausdrücken

aper	schneefrei
ausapern	schneefrei werden
ausgesetzt	Stelle, unter der das Gelände steil abbricht und keinen Fehltritt erlaubt
Bergschrund	Spalte zwischen einem Gletscher und einer darüber aufragenden Eiswand
Bigwall	sehr hohe Wand, für deren Durchsteigung meist mehrere Tage nötig sind
Bohrhaken	Haken, der in ein zuvor gebohrtes Loch geschlagen wird
Bolt	englisches Synonym für Bohrhaken
bouldern	seilfreies Klettern in Absprunghöhe, meist mit gepolsterten Bouldermatten auf dem Boden, um Verletzungen möglichst zu vermeiden
Camalot/Cam	zweiachsiges Klemmgerät, das zur Absicherung dient
Cliffhanger/Cliff	hakenförmiges Fortbewegungsmittel beim technischen Klettern
Couloir	steile Rinne im Fels oder Eis
Crux	Schlüsselstelle; schwierigste Stelle einer Kletterroute
DAV	Abkürzung für «Deutscher Alpenverein»
Direttissima	Kletterroute, die annähernd in Gipfelfalllinie verläuft
Dülfersitz	nach dem Kletterer Hans Dülfer benannte Abseiltechnik
DWBO	Deutscher Verband für Wandern, Bergsteigen und Orientierungslauf der DDR
Eisgerät	kurzer Eispickel für steile Eistouren

Eisschraube	Sicherungsmittel im Eis, das eingeschraubt wird
Free solo	Freiklettern ohne Partner und ohne jede Sicherung
freiklettern	zur Fortbewegung werden ausschließlich natürliche Griffe und Tritte benutzt; Haken und andere Hilfsmittel dienen nur zur Sicherung
Friend	Klemmgerät, das zur Absicherung dient
„Gipfelstürmer“	die alpine Gesellschaft „Gipfelstürmer“ ist eine eigenständige Hochgebirgsgruppe des Alpenvereins Innsbruck
Haulbag	Sack, in dem das Material transportiert wird (vor allem in Bigwalls)
Hexentric	sechseckiger Klemmkeil, der zur Absicherung dient
Jümar	spezielle Steigklemme zum Aufstieg am fixierten Seil
Klemmgerät/Klemmkeil	mechanisches Sicherungsgerät, das in Rissen als Fixpunkt verklemmt wird
kombiniertes Gelände	Passagen im Fels und im Eis, die einander abwechseln (typisches Beispiel: Eiger-Nordwand)
Magnesia	Magnesiumcarbonat in Pulverform, das zum Trocknen der Hände von Handschweiß vor und während des Kletterns dient
Messerhaken	Felshaken mit dünnem, messerartigem Schaft
on sight	Begehung einer Kletterroute im ersten Versuch, ohne vorher Informationen über die Besonderheiten der Route zu besitzen
Piaztechnik, piazen	meist in Rissen verwendete Technik mittels Seitgriffen und Gegendruck durch die Füße
Plaisirklettern	(Genuss-)Klettern in sehr gut abgesicherten Routen, meist unterhalb der Leistungsgrenze
Portaledge	leichte Liegefläche mit starrem Rahmen zum Biwakieren in sehr hohen Wänden
Prusikknoten	Knoten, der sich bei Belastung zuzieht und bei Entlastung wieder lockert; er wird in eine Reepschnur geknüpft und dient u.a. zum Aufstieg an einem fixierten Seil
Rampe	steil ansteigendes Band
Randkluft	Spalte zwischen einem Gletscher und einer darüber aufragenden Felswand
Reepschnur	Seil(stück) zwischen 4 und 8 mm Durchmesser; Reepschnüre werden z.B. zur Fertigung von Prusikknoten verwendet
Rotpunkt	Freikletterstil, bei dem eine Route im Vorstieg ohne

	Sturz, ohne Rastpausen und ohne Hochziehen an künstlichen Hilfsmitteln (z.B. Haken) geklettert werden muss
Runout	weiter Abstand zwischen zwei Zwischensicherungen
Sanierung (von Kletterrouten)	das Ersetzen und Ergänzen von altem Sicherungsmaterial durch neues Material, meist in Form von Bohrhaken
Sérac	Eisturm im Gletscherbruch
Skyhook	s. Cliffhanger
Sportklettern	Freiklettern in hohen bis sehr hohen Schwierigkeitsgraden mit sehr guter Absicherung
Spreiztechnik	Klettertechnik, bei der die Beine weit gespreizt werden (z.B. in Verschneidungen und Kaminen)
Statikseil	Seil, das sich nur wenig dehnt; es wird in sehr hohen Wänden oder auf Expeditionen fest verankert und dient als Auf- und Abstiegshilfe
Steigklemme	selbstklemmendes Gerät, das z.B. zum Aufstieg am fixierten Seil verwendet wird; Steigklemmen sind leichter und schneller zu handhaben als Prusikknoten
Technisches Klettern	im Gegensatz zum Freiklettern werden technische Hilfsmittel wie Haken, Klemmgeräte o. ä. nicht nur zur Sicherung, sondern auch zur Fortbewegung genutzt
Topo	Skizze einer Kletterroute oder eines Gebietes
überschlagend klettern	die Partner einer Zweier-Seilschaft steigen jeweils abwechselnd vor
UIAA	Union Internationale des Associations d`Alpinisme; der internationale Dachverband der nationalen Bergsteigerverbände
Verschneidung	zwei Felswände, die in stumpfem Winkel aufeinandertreffen